非遗传承
与群众文化工作创新

任玉婵 张尧 赵越 编著

哈尔滨出版社
HARBIN PUBLISHING HOUSE

图书在版编目（CIP）数据

非遗传承与群众文化工作创新 / 任玉婵, 张尧, 赵越编著. -- 哈尔滨 : 哈尔滨出版社, 2025.6. -- ISBN 978-7-5484-8384-7

Ⅰ.G122；G249.2

中国国家版本馆CIP数据核字第20258JT271号

书　　名：**非遗传承与群众文化工作创新**
　　　　　FEIYI CHUANCHENG YU QUNZHONG WENHUA GONGZUO CHUANGXIN

作　　者：任玉婵　张　尧　赵　越　编著
责任编辑：李　欣
封面设计：北京研杰星空

出版发行：哈尔滨出版社（Harbin Publishing House）
社　　址：哈尔滨市香坊区泰山路82-9号　　邮编：150090
经　　销：全国新华书店
印　　刷：北京鑫益晖印刷有限公司
网　　址：www.hrbcbs.com
E-mail：hrbcbs@yeah.net
编辑版权热线：（0451）87900271　87900272
销售热线：（0451）87900202　87900203

开　　本：787mm×1092mm　1/16　印张：16.25　字数：265千字
版　　次：2025年6月第1版
印　　次：2025年6月第1次印刷
书　　号：ISBN 978-7-5484-8384-7
定　　价：68.00元

凡购本社图书发现印装错误，请与本社印制部联系调换。
服务热线：（0451）87900279

前　言

本书深入探讨了非物质文化遗产（以下简称"非遗"）在现代社会中的传承与发展，并分析了其与群众文化工作的深度融合及创新实践。非遗作为人类文明的重要组成部分，不仅承载了丰富的历史记忆与文化价值，也体现了特定社会群体的精神风貌与生活智慧。然而，在全球化与现代化的浪潮下，非遗传承面临着诸多挑战，如传承主体断档、传统工艺消失、文化认同缺失等问题。因此，如何在新时代背景下，创新非遗传承方式、提升群众文化工作水平，已成为文化学术界关注的重点课题。

本书从非遗的基本概念与现状出发，首先梳理了非遗的定义、分类及其历史沿革，分析了非遗传承在全球化进程中的困境与机遇。在此基础上，深入探讨了群众文化工作的特点与社会功能，明确了其在提升社会文化认同感、增强民族凝聚力、促进地方文化多样性保护等方面的重要作用。尤其是在新时代中国特色社会主义文化建设的背景下，群众文化工作已经从单纯的文化传递向更高层次的文化创造与文化自信建构转型。如何将非遗传承与群众文化工作紧密结合，形成相互促进、协同发展的局面，成为推动文化繁荣与民族复兴的关键。

书中进一步探讨了非遗传承与群众文化工作结合的多维路径，尤其是通过应用数字化技术、发展文化产业和乡村旅游业、开展社区教育及青少年教育等，推动非遗的创新传承。数字化技术的引入，为非遗的保护与传承提供了前所未有的技术支持，从非遗的数字化保护、虚拟展览到网络平台的传播，数字化手段有效突破了地域与时间的限制，极大地提高了非遗的影响力与普及率。而文化产业的兴起，则为非遗传承提供了新的经济动力，不仅拓展了非遗的市场空间，也促进了其在现代社会中的活化与再创造。

乡村旅游作为一种新兴的文化产业形态，将非遗与地方特色文化深度融合，通过挖掘和展示传统技艺与地方风情，提升了地方经济发展水平，也为非遗传承提供了广阔的实践平台。与此同时，非遗在社区教育和青少年教育中的推广，不仅有助于提高社会大众的文化素养，也使年轻一代继承和发扬传统文化，形成跨代际的文化传承机制。本书的各个章节，均结合当前社会发展背景，展示了非遗传承与群众文化工作的创新与实践路径。

本书还特别关注了非遗传承的国际交流与合作。随着全球文化交流的日益频繁，各国在非遗保护和传承方面逐步形成了多元合作机制。国际知识共享、技术合作和文化交流不仅加深了不同文化之间的理解与尊重，也为非遗的全球传播与保护提供了宝贵经验和启示。非遗作为文化多样性的象征，其国际化合作的深化，不仅促进了全球文化的发展，也为非遗的创新传承提供了新的视野和空间。

本书通过多维的分析与深入的案例研究，旨在为学术界、文化工作者及政策制定者提供参考与借鉴。通过对非遗传承与群众文化工作的系统研究，本书期望能够推动非遗保护与传播的创新性发展，促进中华优秀传统文化的复兴及其与全球文化的融合。最终，本书力求促进非遗传承与群众文化工作之间的深度融合，为文化的多样性、可持续性与繁荣发展贡献力量。

本书作者任玉婵负责第一、二、三、五章的撰写工作，共约10万字；张尧负责第四、六、七、八章的撰写工作，共约10万字；赵越负责第九、十章的撰写工作，共约6万字。由于作者水平有限，本书难免存在不足之处，恳请广大读者批评指正。

目 录

第一章 非遗传承的基础与现状 ………………………………………… 1
第一节 非遗概述 ……………………………………………………… 2
第二节 非遗的历史沿革 ……………………………………………… 10
第三节 当前非遗传承面临的挑战 …………………………………… 17

第二章 群众文化工作的特点与重要性 ………………………………… 23
第一节 群众文化工作的基本特征 …………………………………… 24
第二节 群众文化工作的社会功能 …………………………………… 32
第三节 群众文化工作在新时代的意义 ……………………………… 41

第三章 非遗传承与群众文化工作的结合点 …………………………… 49
第一节 非遗的文化价值与群众文化的需求 ………………………… 50
第二节 非遗传承在群众文化工作中的作用 ………………………… 57
第三节 非遗传承与群众文化工作的互动机制 ……………………… 64

第四章 非遗传承在群众文化活动中的实践 …………………………… 73
第一节 非遗元素在群众文化活动中的融入 ………………………… 74
第二节 非遗传承在群众文化活动中的表现形式 …………………… 83
第三节 非遗传承活动的成功案例分析与启示 ……………………… 92

第五章 非遗传承与数字化技术的融合 ………………………………… 99
第一节 数字化技术在非遗传承中的应用 …………………………… 100
第二节 数字化技术对非遗传承的推动作用 ………………………… 108
第三节 数字化非遗传承的未来发展 ………………………………… 116

第六章 非遗传承与文化产业的发展 …………………………………… 125
第一节 非遗的文化产业价值 ………………………………………… 126
第二节 非遗在文化产业中的应用模式 ……………………………… 134

第三节　非遗文化产业的发展策略 ………………………………… 140

第七章　非遗传承与乡村旅游的结合 ………………………………… 149
　　第一节　乡村旅游中的非遗元素 …………………………………… 150
　　第二节　非遗在乡村旅游中的开发与利用 ………………………… 158
　　第三节　非遗乡村旅游的可持续发展路径 ………………………… 165

第八章　非遗传承在社区教育中的推广 ……………………………… 173
　　第一节　社区教育的特点及其与非遗传承的契合点 ……………… 174
　　第二节　非遗在社区教育中的实施策略 …………………………… 181
　　第三节　非遗社区教育的效果评估与改进 ………………………… 187

第九章　非遗传承与青少年教育的融合 ……………………………… 197
　　第一节　青少年教育与非遗传承的契合点 ………………………… 198
　　第二节　非遗在青少年教育中的融入方式 ………………………… 207
　　第三节　非遗教育的实施效果与发展前景 ………………………… 216

第十章　非遗传承的国际交流与合作 ………………………………… 225
　　第一节　非遗传承的国际视野 ……………………………………… 226
　　第二节　非遗传承的国际交流机制 ………………………………… 235
　　第三节　非遗传承的国际合作案例与启示 ………………………… 244

参考文献 ………………………………………………………………… 253

第一章　非遗传承的基础与现状

　　非物质文化遗产作为人类文明的重要组成部分，承载着各民族的精神财富与历史记忆，体现了特定社会群体的生存智慧与文化特色。随着全球化进程的加快，传统文化的多样性面临着前所未有的挑战，非遗的保护与传承问题逐渐引起了国内外学界的广泛关注。在中国，非遗不仅是民族文化的重要体现，也是国家文化软实力的重要象征。因此，明确非遗的定义与分类，梳理其历史沿革，并分析当前非遗传承所面临的挑战，具有重要的理论与实践意义。本章首先从非遗的基本概念入手，探讨非遗的定义与分类体系，分析其在各个领域中的丰富内涵及重要地位。其次，回顾非遗的发展历程，揭示其在历史长河中的传承变迁与文化脉络。最后，本章重点分析当前非遗传承的困境，包括非遗传承主体断档、传统技艺濒危以及现代社会文化认同危机等问题，为后续章节的深入讨论奠定基础。本章通过系统性探讨，既分析了非遗传承的基本面貌及其所面临的现实挑战，又为非遗保护与创新性传承提供了理论依据和实践方向。

第一节 非遗概述

一、非遗的定义

非物质文化遗产（以下简称"非遗"）是指在历史进程中通过各个民族和群体的传承、创造和实践所形成的一系列具有文化价值的表现形式。它不仅仅是物质文化遗产的补充，更是民族文化内涵的重要体现。非遗涵盖的范畴广泛，既包括口头传统和表演艺术，也涵盖社会实践、节庆活动、传统工艺技术等方面，它们共同构成了人类社会的精神文化和智慧成果。非遗在不同历史时期形成并在社会实践中不断发展演变，它蕴藏着深厚的文化内涵，不仅承载了民族文化的记忆，也体现了人类历史的进程和文化的多样性。因此，非遗不仅是一种文化资源，更是民族身份、文化认同和社会凝聚力的重要源泉。

非遗的内涵和外延共同构成一个复杂且不断发展变化的理论体系，它反映了社会各层面的人类活动和文化形态。在较为传统的定义框架下，非遗主要指通过口耳相传、实践和体验进行代际传承的文化形式。然而，随着社会的不断进步与现代化，非遗的范畴逐渐扩展，涉及的领域也变得更加广泛。比如，传统的节庆活动和民间工艺不仅仅是节日的象征或日常生活中的工具，它们通过表演和互动成为一种文化展示和社会行为的载体，具有深刻的象征意义和独特的社区价值。在全球化的影响下，非遗逐渐从一个局限于传统和地方的概念，发展成一个跨越国界、涉及不同民族和文化背景的全球性课题。

非遗的独特性在于它不仅仅是某一历史时期的产物，它在文化传承中不断被赋予新的生命力。与有形的文化遗产不同，非遗强调的是动态的、不断流变的文化形式。它的传承往往依赖于人的记忆和口述，依托于每一代人对传统的理解、体验和再创造。因此，非遗的保育工作更具挑战性，它不仅需要保证文化形式的完整性，还要避免其在现代社会中面临的消失或被扭曲问题。在这一过程中，非遗的核心价值不仅表现为物质的工艺、艺术形式，更在于其所承载的知识、理念、情感以及对自然和社会的认知方式。正因为非遗承载了这一切，它成为文化认同、文化自信、民族凝聚力和社会和谐的重要源泉。

非遗与传统文化紧密相连，但其内涵不仅限于此。它在传承过程中所展现出的活力和创造性使得其在当代文化生活中占据了独特的位置。许多非遗项目不再是单纯的历史遗物，而是成为当代社会生活的一部分，并在现代社会中焕发了新的生机。传统工艺和手工艺在现代设计和艺术创作中不断得到更新与创新，民间表演艺术通过现代化的技术手段得到更广泛的传播和欣赏，节庆活动和仪式也在现今社会中获得了新的意义和功能。非遗在保留传统的基础上，通过创新性的传承和表达，能够与当代生活方式、社会需求及文化交流相融合，形成一种文化的再生与再创造。这种活态的文化传承不仅保持了其传统特质，更赋予了非遗项目现代性的活力和生命力，使得它们在全球文化的语境中具有了持续的文化价值。

非遗与社会、经济和政治之间的关系也不可忽视。在全球化背景下，非遗的保护和传承不仅仅是对文化遗产的维护，它也是社会认同、文化多样性和经济发展的重要内容。对于许多国家和地区而言，非遗不仅是文化身份的象征，它还可能成为地方经济发展的驱动力。在乡村振兴、地方旅游、文化产业等领域，非遗成为促进地方经济和文化建设的重要因素。在这一过程中，非遗作为文化产业的一部分，不仅被保护和传承，还通过创新的方式与现代社会需求相适应，成为创造就业、推动区域经济发展的新动力。此外，非遗也常常作为文化交流的桥梁，促进跨文化的理解与对话，推动不同国家和地区间的文化互动与合作。

非遗的定义不仅仅是对传统文化的保护和传承，它还是对人类文明进步和文化多样性尊重的体现。在全球化和现代化的背景下，非遗的保护不仅需要文化学者的理论支持，还需要政策制定者、社区成员和公众的积极参与。非遗作为文化的一部分，不应当仅仅停留在历史的陈列室中，而应当走向现代社会的舞台，成为推动社会和谐与文化创新的活跃力量。对非遗的保护与传承，是对人类社会和文化本身的认知与尊重，是对所有文化群体在漫长历史中积累的智慧、艺术与思想的敬畏。在当今时代，非遗不仅是文化历史的见证，更是文化自信、社会认同和人类共同精神财富的承载体。

二、非遗的基本特征

非遗作为文化遗产的一种形式，具有独特的内涵和价值，与物质文化遗产相比，它的特征更加抽象，且呈现出动态变化趋势。非遗主要是通过人类的思想、行为、语言、艺术等无形形式传承，它不仅仅包含具体的技艺或表演，更包括了民族或社区在长期历史过程中积累的生活方式、社会习俗、信仰观念等深层文化表达。非遗的最大特点是无形性，这使得其与物质文化遗产在保存和传承的方式上有着显著的差异。它依赖于活生生的实践和不断的再创作，缺乏物理载体和保存形式，因而存在着不可逆的损失风险。这种无形性使得非遗的传承通常依赖于师徒制、口头传递以及社会实践等方式，通过代际传递、集体参与和社会互动来延续和发扬。

非遗的地方性和群体性是其不可忽视的特征之一。每一种非遗形式都与特定的民族、地域或社会群体息息相关，通常具有独特的地方特色和文化背景。无论是民间舞蹈、传统音乐、工艺技艺，还是节庆仪式、口头文学等，都深深植根于当地的生活和历史中。它们不仅是特定群体文化认同的标志，也是社会历史记忆的承载体。非遗的这些文化表现形式往往能够反映出一个地区的自然环境、社会结构和历史背景，是研究和理解特定群体文化的一个重要窗口。正因如此，非遗不仅仅是一种文化形式，它往往包含着特定民族或社区的生存智慧和社会价值观，昭示着这些群体在面对世界的变迁时，如何通过独特的方式维系自我认同和生存空间。

非遗的传播性是其另一显著特征。虽然它与特定地域或群体紧密相连，但在适当的社会条件下，非遗具有较强的传播性。随着社会的变迁，特别是全球化浪潮的兴起，许多传统的非遗形式跨越了地理和文化的界限，进入了其他社会群体和地域。非遗的传播不依赖于物理载体，而是通过人际互动、文化交流、迁徙流动以及信息技术的助力等多种途径进行扩展。在现代社会，尤其是在大规模的国际交流中，非遗形式的跨文化传播成为文化交流和理解的重要组成部分。这种传播不仅使得传统技艺、民俗风情等得以保留,还促进了不同文化之间的相互尊重与借鉴,推动了文化多样性的共存。

非遗作为无形的文化遗产,具有极强的地方性和群体性,其特征决定了它的传承方式与保护路径具有高度的复杂性和多样性。虽然非遗面临着现代化和全球化带来的威胁,但其传播性和适应性仍然为其持续传承提供了可能。在全球化时代,如何在保护非遗的同时,使其能够与现代社会产生有效的互动,是当前文化保护领域亟待解决的问题。非遗不仅是民族身份和文化认同的象征,也是展示世界文化多样性的宝贵财富。在全球文化交流和保护的框架下,非遗的价值和意义远远超出了单一民族或地区的范围,它是全人类共同的文化遗产,值得全球范围内共同关注和努力保护。

三、非遗的分类

非遗是指那些由社区、群体以及个体传承的文化表现形式和传统知识,涵盖了人类社会日常生活的方方面面,其具有高度的地域性和时代性。非遗的多样性和复杂性决定了其分类方式的多元化,不同的分类方法有助于从不同角度认识和研究非遗的内涵与外延。尽管全球范围内对非遗的定义和保护存在一定的差异,但通常可通过多种维度对其进行分类,以便更加系统地理解和有效地进行传承与保护。

按照表现形式来划分,非遗可以分为口头传承、表演艺术、社会习俗、节庆活动以及手工艺技艺等多个类别。口头传承是非遗中最基础的一种形式,涵盖了语言、方言、故事、传说、诗歌等各种通过语言传播的文化内容。它不仅反映了某个民族或地区的语言特色,还承载着人类历史与文化的记忆。表演艺术则包括舞蹈、音乐、戏剧、歌唱等形式,这些艺术形式往往具有强烈的表现性和互动性,是非遗中富有生命力和感染力的重要组成部分。表演艺术不仅是艺术创作的体现,也是社会生活的一部分,它通过表演者的身体语言、声音、表情等方式传递情感和思想,连接了历史与现实。社会习俗和节庆活动则反映了一个民族或地区的生活方式、价值观念和社会组织形式,通常是通过特定的仪式、庆典或活动形式表达对自然、社会及宇宙秩序的理解与敬畏。这些活动具有强烈的社会功能,是群体凝聚力与文化认同的重要体现。手工艺技艺则是指各类传统的工艺技艺,包括编织、雕刻、陶艺、金银饰品制作、传统服饰制作等。这些技艺在日常生活中发挥着重要作用,也深刻反映了一个文化群体的审美观念、劳动方式及生态环境。

另一种常见的分类方式是根据地域进行划分,具体分为地方非遗和民族非遗。地方非遗指的是特定地域范围内形成的、具有地方特色的非物质文化遗产。每个地方由于其独特的地理环境、历史背景、民族构成以及社会习俗,往往拥有一些独具特色的非遗形式,这些非遗往往与地方的经济、文化等因素密切相关。民族非遗则侧重于从民族文化的层面进行划分,它关注的是各个民族的文化遗产和传统实践。民族非遗的特色体现在其具有普遍性的文化象征意义和跨地域的传承性,不同的民族在其语言、节庆、礼仪、音乐舞蹈等方面形成了丰富的文化表达形式,代表了民族的历史记忆、精神追求以及社会组织形态。地方非遗与民族非遗之间存在显著的交叉性和互补性,地方的文化特点往往受到民族文化的影响,而民族的传统也通过地方的载体得以具体化和实践化。

按照历史背景来划分,非遗还可分为古代非遗与当代非遗。古代非遗通常指的是那些具有深厚历史积淀的传统文化形式,它们是在漫长的历史进程中积淀下来的,并且往往具有跨时代的文化价值。古代非遗通常是指在社会变迁过程中仍然得以传承的文化实践,它们蕴含着丰富的历史信息和文化象征,反映了古代社会的生产方式、生活习惯、艺术创作等方面的内容。古代非遗的保护通常面临着更大的挑战,因为它们往往是以口述的、手工的形式存在,传承的链条较为脆弱,且受时代变迁的影响较大。与之相对的是当代非遗,当代非遗是指那些在现代社会背景下仍然活跃并得到传承的文化形式。这些非遗往往受到现代社会的影响,它们在保留传统文化精髓的同时,也表现出一定的现代化特点。现代科技、市场化进程以及全球化等因素对当代非遗的传承和表现形式产生了深刻的影响,使得当代非遗既具有传统的元素,又融入了现代社会的需求和审美。

非遗的分类方式是多维度的、层次丰富的,不同的分类标准能够帮助我们从不同的视角认识和保护非遗。每一种分类方式不仅揭示了非遗的独特性和多样性，也反映了其文化内涵、社会功能和历史价值。无论是从表现形式、地域、历史背景，还是从文化属性的角度进行划分，都能够提供不同的思路来深入理解非遗的核心价值，并为其保护和传承提供有力的理论支持。多角度的分类方式，不仅能使我们系统地认识非遗，还能为全球文化多样性的保护、地方和民族文化的传承及全球文化交流的促进提供更为清晰的框架和思路。

四、非遗保护的意义

非遗作为一种文化表现形式，承载着深厚的历史记忆、鲜明的民族特色和独特的社会价值。它不仅是各族群体、民族和国家历史发展的见证，也是全球文化多样性的重要组成部分。在现代社会，非遗的保护不仅仅是传统技艺和文化形式的保存问题，更是文化认同、社会和谐与国家文化自信的核心体现。非遗的保护具有深远的文化、社会、经济以及政治意义，关乎每一个国家及其民族文化的延续与发展。

从文化传承的角度来看，非遗保护承载着极为重要的责任。文化是一个民族得以延续的根基，而非遗作为文化的重要组成部分，是民族历史、哲学、风俗及社会行为的重要载体。随着时代的发展，尤其是在全球化背景下，许多传统文化形式面临着消失的风险。非遗保护工作不仅是对传统文化形式的继承，更是对文化内涵、精神和价值观的传递。对非遗的保护和传承，能够确保这些独特的文化形式不会随着时间的推移而消失，能够为后代保留与本土文化深度连接的文化资源。这种传承并不局限于物质和技艺的保存，更重要的是精神和思想的传递，使得国家和民族能够在快速变化的现代社会中保持文化的独立性与认同感。

在现代社会，非遗保护的意义还体现在对传统文化认同的强化上。随着现代化进程的加速，传统文化常常面临被边缘化或被忽视的困境。尤其是在全球化的浪潮中，许多地方文化和民族习俗被主流文化逐渐同化，传统的文化元素和精神理念逐步被消解。非遗的保护工作不仅关乎传统技艺的保存，它还为社会提供了反思现代化进程中文化断裂现象的机会。通过对非遗的保护和复兴，人们可以重新审视与过去的文化联系，重新获得对本民族文化的认同感和自豪感。这种认同感不仅帮助人们树立文化自信，也促使社会在面对外部文化冲击时能够更加坚定地守护自己的文化根基。

非遗的保护也具有深刻的社会和政治意义。在当今全球化的背景下，文化成为国家软实力的重要组成部分。通过对非遗的有效保护，国家能够展示其文化的独特性，提升国际形象。非遗不仅能增强民族文化的凝聚力，还能加强国际文化交流与理解。通过与其他国家或地区在非遗领域的合作，各国能够分享各自的文化资源，增进相互之间的文化认知和尊重。非遗作为国家文化的代表，能够成为文化外交的重要工具，提升国家文化在国际舞台上的影响力。这种文化交流不仅能促进各国文化的多样性和共存，也能为全球文化的可持续发展做出贡献。非遗保护的实施使得各国在文化多样性方面达成共识，从而增强了全球范围内对非遗保护重要性的认识。

与此同时，非遗的保护也为现代社会带来了新的经济机会和社会福利。在经济全球化的背景下，文化产业成为推动国家经济增长的重要领域。非遗资源的合理开发和利用不仅可以促进传统文化的传承，还能推动相关产业的发展，为经济注入新的活力。非遗产品的生产和市场化，尤其是在手工艺、传统表演艺术、民族食品和文化旅游等领域，成为许多国家和地区推动经济可持续发展的重要途径。非遗资源的开发与创新，可以带动就业、促进地方经济发展、改善民生条件，为当地社区提供新的发展机遇。

在全球化的今天，非遗保护不仅仅是一个地方性或国家性的课题，它已经上升为全球文化多样性保护的重要议题。随着国际社会对非遗保护认识的逐渐深入，非遗的保护已经成为国际文化交流的重要内容。自联合国教科文组织2003年通过《保护非物质文化遗产公约》以来，非遗保护在全球范围内得到了更加广泛的关注与支持。世界各国通过这一公约及其他国际平台，共同推动非遗保护的全球合作。非遗的保护工作并不局限于文化遗产的物质性保护，更在于对其文化价值的认同与传递。各国在保护和传承本民族非遗的同时，也积极参与全球非遗的多边合作，通过国际文化交流与合作，分享各自的保护经验和成果，共同面对全球文化多样性发展面临的挑战。

非遗保护的意义还体现在促进社会的整体发展上。文化遗产的保护不仅是文化工作者的责任，也是每一个社会成员的责任。在现代社会，非遗保护已经不仅仅是少数专家学者的任务，它需要全社会的参与。通过加强非遗保护的社会参与，能够提升公众的文化意识，增强社会各阶层对传统文化的认同与尊重。教育在非遗保护中的作用尤其重要，通过在学校、社区等层级普及非遗知识，增强年轻一代对非遗的认知和兴趣，能够为非遗的可持续传承培养新的力量。非遗的保护不仅有助于文化的传承，也促进了社会的和谐发展，为建设更加多元、包容和具有文化自信的社会提供了支持。

第二节 非遗的历史沿革

一、非遗的起源与早期发展

非遗深深植根于人类社会发展的初期，其本质上是人类与自然、与社会互动的产物。随着人类社会的逐步发展，非遗作为一种文化表达形式，从最初的生活实践逐渐演变成了获得广泛社会认同的文化符号。许多非遗元素的诞生并非人为设计，而是随着时间的推移，在日常生活和生产活动的反复实践中自然形成的。这些文化形式最初源自人类的生产劳动、生活习俗等，代表了人类在与自然环境相互作用时对生活的智慧和理解。它们以口耳相传的方式不断延续，通过集体记忆与口述历史传递下去，成为族群文化和民族身份的重要组成部分。

在原始社会，非遗的初步发展往往伴随着人类的生存需求和社会功能。早期的人类以狩猎、采集为主，生产力水平相对较低，但他们通过创造性地利用自然资源，逐渐形成了独特的工具制作技艺、手工艺品的制作技艺以及特有的社会性行为规范等。这些生产和生活方式既满足了早期人类基本的生存需求，还反映了早期社会对自然和生命的理解。例如，手工艺品的制作不仅是对材料的加工利用，更是人类精神世界和文化内涵的载体，常常包含着对自然界神秘力量的崇拜与尊重。随着社会分工的出现和集体合作的需要，非遗的表现形式开始趋向多样化，涵盖了民间艺术、传统节庆、语言文字、音乐舞蹈、饮食文化等多个方面，逐渐形成了丰富的文化内容和多样的表达方式。

随着农业社会的到来，生产力的提高使得人类社会进入了更加复杂的阶段，社会结构和文化形态也发生了深刻变化。在这个过程中，非遗的传承和发展不再仅仅局限于个人和家庭之间的口头传递，而是通过更为广泛的社会交往和集体活动得到弘扬。农耕文明不仅改变了人类的生产方式，还深刻影响了人类的文化理念和生活方式。诸如传统的节令性农事活动、节庆仪式、民间传说和歌谣等，都成为民族文化的独特符号，跨越时空和地域的界限，成为人类共同的精神财富。在这个时期，非遗的功能开始超越日常生活，它承载了族群的集体记忆，表达了对自然、社会及历史的敬畏与反思，形成了具有文化认同的符号体系。

进入封建社会以后，随着文化的发展和文明的进步，非遗开始在宫廷、庙会以及社会公众的文化活动中扮演更为重要的角色。尤其是在古代帝国建立与统一后，国家对文化的管理和引导开始逐渐加强，非遗在这一过程中得到了官方的认可和保护。古代的艺术形式、手工技艺、语言文字等，逐渐成为民族文化的核心和象征，越来越多的非遗项目被视为国家文化的瑰宝并予以传承。与此同时，这一时期的非遗传承方式也开始呈现出制度化的特点，形成了较为完备的教育和传承体系。大师级工艺师和艺术家逐渐成为社会的重要人物，他们的技艺和知识通过师徒制等方式得以传承，部分技艺甚至被纳入文化遗产范畴，成为国家和民族文化和历史的重要见证。

但在传统社会中，非遗的传承仍然主要依赖于家庭和社区的力量，这一传承形式具有明显的地域性和族群性。在封闭的社会结构下，非遗传承通常通过一代代的传递，承载着族群对历史的记忆与尊重。虽然这一过程有时伴随着外来文化的冲击与挑战，但由于非遗与日常生活息息相关，其坚韧的生命力使得这些传统文化得以生生不息。随着时间的推移，非遗不仅仅是一种传统技艺或艺术表现，它还逐渐融入社会的各个层面，成为国家和民族身份认同的重要组成部分。

进入近现代社会，全球化和工业化进程的推进使得传统的非遗传承方式受到了前所未有的冲击。在西方工业革命之后，技术的进步和现代化的浪潮使得传统手工艺和生产方式逐渐被机器化、标准化的生产模式所替代。随着大规模工业化和城市化的发展，许多传统的生产与生活方式逐渐消失或被边缘化，非遗的传承面临着前所未有的挑战。尤其是20世纪后半叶，随着大众化的文化消费和科技的迅速发展，传统的非遗项目逐渐失去了原有的社会功能和文化氛围。此时，非遗的定义和保护问题逐渐被提上国际议程，联合国教科文组织等国际机构开始认识到非遗保护的重要性，并在全球范围内推动非遗的保护与传承。

非遗的早期发展伴随着人类社会从原始社会到现代社会的逐步演变，在这一过程中，非遗作为文化传承的载体，不仅承载了历史记忆，也反映了各个时代人类对文化、艺术和社会的理解。在全球化与现代化的浪潮中，非遗面临着严峻的挑战，但同时也获得了新的保护和传承机遇。非遗作为文化身份的重要体现，其传承不仅关系到文化的延续，更对国家和民族的文化认同、社会凝聚力及文化多样性的保护起着至关重要的作用。

二、非遗的传承方式与挑战

非遗的传承方式在历史长河中经历了多次演变，其核心始终围绕着口传心授与师徒相传这一传统方式展开。这一传承模式强调直接的文化体验与一对一的教育方式，传承人通过亲身示范与言传身教，将技艺、知识与文化内涵一代代地传递下去。在过去的数百年里，这种方式无疑在维护和延续民族文化、保持传统技艺的纯粹性方面发挥了不可替代的作用。然而，随着现代社会的变迁，传统的传承模式逐渐暴露出一些局限性，非遗的传承面临着前所未有的挑战。

社会结构的剧烈变化是传统传承方式面临的首要挑战之一。随着工业化、城市化进程的加快，农村与城市之间的文化差异逐渐加大，许多传统文化在现代化的洪流中逐步被边缘化。人口流动的加剧，尤其是年轻一代的城市化趋势，使得许多非遗的传承体系遭遇危机。在传统的传承模式中，非遗多依赖于地理位置的稳定性与代际间的近距离生活，然而随着农村人口的外流与城市文化的兴起，许多传统技艺逐渐丧失了生存的土壤，文化传承的纽带被切断。因此，非遗的传承不仅面临着物理空间的割裂，还遭遇了文化认同的挑战。

随着教育体系的现代化，非遗的传承逐步脱离了纯粹的口耳相传模式，走向了制度化与规范化的教育体系。然而，现代教育体系的普及在某种程度上未能有效解决非遗的传承问题。当前的教育体系强调学科化、知识化、科技化，非遗往往被视为"边缘化"内容，缺乏系统的课程设计与专门的传授渠道。这使得非遗的传承与教育体系逐渐脱节，尤其是在一些缺乏文化传承传统的城市地区，非遗几乎成为过时的艺术形式，难以得到有效的传承与延续。尽管近年来，社会各界已逐渐意识到这一问题，部分地方和机构也尝试将非遗融入基础教育或高等教育课程中，但由于缺乏足够的专业力量与教学资源，非遗的传播仍然面临着难以跨越的障碍。

科技的迅猛发展改变了人们的学习与知识传递方式。数字化技术的普及为非遗的传承提供了新的机遇，但也带来了新的挑战。数字化技术在非遗保护与传承中的应用，虽然在一定程度上改善了非遗的保存条件，使得一些传统技艺得以通过影像、录音等形式保留下来，但这种非现场的传承方式并不能完全替代面对面的实践与互动。非遗所承载的文化精髓，往往蕴含在实际操作、情感传递与群体活动中，而这些是通过数字化手段难以完全再现的。非遗技艺的传承不仅仅是知识的简单传递，更是一种通过身体记忆与心灵契约的互动过程，这一点是数字化无法替代的。因此，尽管数字化手段为非遗的保护提供了有力支持，但它依然无法完全解决非遗的活态传承问题。

随着全球化进程的加速，非遗的传承不仅面临着传统传承方式的局限，也遇到了文化同质化的威胁。在全球范围内，西方主流文化的广泛传播使得地方性文化逐渐被边缘化。尤其是在许多发展中国家，对传统文化的认同感和自信心受到现代化价值观的冲击。非遗作为地方性、民族性的文化表达，面临着被全球文化潮流同化的风险。在这一过程中，非遗的多样性遭遇了严峻的挑战，它不再仅仅是本民族的独特表现，更是全球文化框架中的一部分。这种文化认同的冲突，导致了非遗在传承过程中的困境，尤其是一些传统技艺和习俗的传承人，往往难以获得足够的社会认同与支持。传统技艺的衰退与消失，既是社会变迁的结果，也反映出文化传承在全球化语境下的困境。

非遗的商业化发展也成为其传承过程中不可忽视的一大挑战。在现代市场经济的环境中，许多非遗项目逐渐被包装成旅游商品、文化创意产品等，这种商业化运作虽然一定程度上推动了非遗的传播与普及，但也使得非遗的内涵和精髓受到了扭曲。非遗本身作为文化传承的载体，具有独特的历史文化价值和社会意义，但在商业化过程中，部分非遗项目被过度消费和表演化，失去了其原本的文化属性和精神内涵。商业化使非遗的传承逐渐走向浅层化和符号化，成为纯粹的观赏性内容而非真正的文化实践,这使得非遗的活态传承面临着严峻考验。

在现代社会,非遗的传承方式与其面临的挑战相互交织,形成了复杂的局面。传统的口传心授与师徒传承方式,尽管在历史上发挥了重要作用,但在现代社会中逐渐暴露出其局限性。非遗的活态传承不仅需要依赖传统的传承模式,还需要适应现代教育体系的改变,利用科技手段进行创新性保护,并与全球化背景下的文化交流保持良性互动。同时,非遗的保护与传承还应警惕商业化带来的文化异化现象,在商业利益与文化传承之间找到平衡。面对这些挑战,非遗的传承必须在尊重传统的基础上,探索符合现代社会需求的新途径。只有通过多层次、多元化的传承方式,非遗才能在当代社会焕发出新的生命力,持续传承并发挥其独特的文化价值。

三、现代化进程中的非遗变迁

在现代化进程中,非遗的变迁反映了社会发展、文化传承和时代变革的深刻交织。工业化、城市化和全球化的快速推进,给传统的非遗形式带来了巨大的冲击与挑战。许多曾经代代相传的技艺、传统节庆和民俗习惯在现代社会的背景下逐渐走向边缘化,有些甚至面临着消失的风险。传统的非遗传承方式,往往依赖于个体和家庭的口传心授,但随着社会结构和生活方式的变革,这一传统的传承模式显然已难以应对当今社会的变迁需求。伴随着工业化的浪潮,生产方式、劳动力结构以及生活节奏发生了巨大的变化,许多传统技艺和手工艺未能适应新兴市场的需求,逐渐失去了生存空间。特别是在城市化的进程中,乡村地区大量青壮年人口流向城市,导致非遗的传承出现了断层,许多传统文化和技艺的传承和创新也因此受到了严重制约。

在这一过程中,非遗的保护和传承逐渐从传统的依赖个体和家庭的模式转向了更加系统化、组织化的保护模式。政府和文化组织作为非遗保护的重要力量,在这一转型中起到了关键作用。各级政府通过政策引导、资金支持和立法保护等手段,为非遗的传承提供了保障。政府部门不仅制定了相应的法律法规,还通过设立非遗名录、组织评选和认证活动等方式,推动了非遗的认定和保护。此外，各类文化组织、学术机构以及民间力量的参与，也为非遗的传承注入了新的动力。文化传承的主体从单纯的个体和家庭扩展到了更广泛的社会层面，形成了政府主导、文化组织协作、社会各界参与的多元保护体系。

随着现代化进程的推进，非遗面临的挑战和变迁促使社会各界更加重视非遗的价值与意义。在这一过程中，非遗不仅被视为文化传统的延续，也被赋予了新的时代意义，成为国家文化软实力的重要体现。在全球化的语境下，非遗的价值逐渐被当作国家文化认同的重要标志之一。尤其是在国家文化自信的构建过程中，非遗作为民族精神的载体，其独特的文化符号和历史传承功能，成为文化身份认同和文化多样性保护的重要支撑。随着这一认知的深化，非遗保护逐渐从单纯的文化保护转向了文化发展和文化创新的结合，非遗的传承不再是对过去的固守，而是与现代社会需求相契合的创新发展。

然而，非遗的现代化转型并非一帆风顺。尽管社会各界的努力使得非遗得到了前所未有的关注，但在具体实践中，传统技艺和习俗的现代化发展依旧面临着许多困境。传统的手工艺、舞蹈、音乐等形式，尽管在传承过程中得到了一定程度的保护和复兴，但在现代社会的生产模式和消费观念的推动下，许多非遗项目依然难以突破生存困境。例如，传统手工艺品的生产往往无法与现代市场需求接轨，其制作工艺繁复且成本高昂，难以与大规模的工业化生产相竞争，导致其市场逐步萎缩，甚至面临失传的风险。与此同时，许多传统节庆活动和民俗习惯，虽然在形式上得到了保存，但其原有的社会功能和文化意义却因社会结构的变迁而发生了异化，难以唤起现代人的深刻共鸣。

在这一背景下，非遗的保护不仅仅是对传统技艺的机械性复制，更是对其文化内涵的再创造与再造。现代化的非遗保护不仅要避免非遗在形式上的消失，更要注重其精神内核的传递，赋予其时代价值。这意味着，非遗的传承不能仅仅依赖于传统的手工艺者和民间艺人，而应当通过与现代社会需求的结合，探索出一条文化创新的道路。如何在保持传统文化特色的基础上，使非遗能够适应现代社会的生产和消费方式，是非遗传承中面临的重要课题。文化创新和创意产业的结合，成为非遗现代化转型的重要途径之一。通过将非遗元素与现代设计、艺术创作以及文化产业相结合，非遗能够焕发出新的生命力，并在全球文化产业中占据一席之地。

数字化技术的应用为非遗的现代化转型提供了新的可能。随着科技的发展，数字化技术已经成为非遗保护的有力工具。通过数字化手段，将传统技艺、音乐、舞蹈等内容进行录制、存储和传播，非遗的保护进入了一个新的阶段。数字技术不仅能有效地保存传统文化的形态，还能通过互联网等平台进行全球传播，使得非遗资源得以广泛传播并被全球观众所认知。这种技术手段的应用，不仅为非遗的保护提供了技术支持，也为其创新转型提供了更大的空间。

非遗在现代化进程中的变迁是复杂而多维的。随着社会结构的变化、生产方式的创新以及文化消费观念的转变，传统的非遗形式面临着巨大的挑战。然而，随着政府、文化组织以及社会各界力量的共同努力，非遗的保护和传承逐渐从传统的个体式传承转向了更为系统化的社会性保护模式。现代化的非遗传承不仅依赖于技术手段的支持，也需要在文化创新和社会需求的基础上进行深刻的思考和探索。非遗的现代化进程是一个不断试探、调整和发展的过程，其最终目标不仅是传承传统，更是赋予传统新的生命力与时代价值，使其在全球化的背景下焕发出持久的文化魅力。

第三节　当前非遗传承面临的挑战

一、传统传承方式的断裂

传统文化的传承不仅仅是对某一技艺或艺术形式的学习与模仿，更是文化认同、历史记忆与社会习俗的延续。然而，随着现代社会的变革，许多传统的非遗技艺面临着严峻的传承困境，尤其在年轻一代中，传统技艺的掌握者逐渐减少，许多珍贵技艺的传承随着时间的推移遭遇了难以弥补的断裂危机。这一现象的背后，不仅仅是单一的技术失传，更是深刻的社会变革与文化断层的体现。

进入现代社会以来，随着城市化进程的加速与信息化时代的到来，传统的生产生活方式发生了深刻变化。曾经在乡村、手工业或传统工艺作坊中流传的技艺，随着生产力的发展与市场需求的变化，逐渐被现代化生产手段所取代。尤其是一些依赖手工技艺、地方性强的传统工艺，未能适应快速变化的现代生产模式，其市场需求急剧下降，这些技艺逐步退出了历史的舞台。而随着大量青少年投身于现代科技行业、城市白领工作以及其他相对高收入的职业，传统技艺在年轻一代中的吸引力和实用性日益减弱。技艺传承者多为年长者，他们由于年龄及健康状况等因素，无法承担繁重的技艺教授任务，而年轻人对这些传统技艺的兴趣和认知不足，导致了非遗技艺的知识流失和技能断层，极大影响了传统文化的延续。

与此同时，现代教育体系的普及和社会对创新能力的日益重视，使得传统技艺的传承面临更多的挑战。当前的教育体系倾向于培养学生的现代化技能，关注科技、文化、艺术等方面的现代知识，而对于传统文化和技艺的学习显得不够重视。传统手工艺、民间艺术等非遗项目往往缺乏系统化的教育传承机制，无法进入主流的教育体系中，从而导致许多年轻人对这些技艺缺乏基本的认知与兴趣。这种现象使得非遗的传承不仅依赖于有限的师徒关系，还受到环境、地域和经济条件的制约，进而加速了传承链条的断裂。

技术的进步和生活方式的转变,也对传统非遗技艺的传承产生了深远的影响。许多传统手工艺产品的生产方式往往依赖于特定的自然条件和传统工艺设备,而现代化生产手段的普及使得这一过程的经济效益和生产效率有了显著提升。这种技术的替代性使得一些传统的工艺失去了市场竞争力,从而导致其生存空间被压缩。例如,传统的织锦、刺绣、陶瓷、木工等技艺在现代工业化生产模式下无法与机器化生产的产品竞争,传统技艺无法得到足够的市场需求和商业支持,这使得许多传统工艺在经济上逐渐丧失了生存的动力。更重要的是,随着市场经济的快速发展,消费者的审美和需求也发生了显著变化,许多人更倾向于追求现代、时尚、便捷的商品,而对传统手工艺的兴趣日渐淡化。由此导致的市场需求的萎缩进一步加剧了传统技艺的生存危机。

信息化技术的飞速发展虽然为文化传播提供了新的渠道,但也带来了文化的同质化问题。在数字化和全球化的浪潮中,传统的地方性文化和技艺往往无法适应跨文化交流的需要,面临着逐渐边缘化的困境。大量的外来文化与流行文化迅速抢占了年轻人的注意力,传统文化和技艺常常无法在娱乐、科技等新兴领域与其竞争。尤其是在互联网和社交媒体的影响下,年轻人越来越青睐现代化的生活方式,非遗技艺的吸引力持续衰减。传统文化往往被贴上"老旧"的标签,其价值未能有效转化为年轻一代能够理解和接受的形式,导致了非遗技艺的传承危机。

不仅如此,非遗技艺的传承方式也未能适应现代社会的需求和变革。传统的"师徒传承"模式虽然在过去发挥了重要作用,但在当今社会,这一模式显得越来越难以适应。师徒传承依赖于个体的口耳相传和长期的实践,但随着社会人口的流动性增强和教育体系的完善,越来越多的年轻人无法通过这种方式获得非遗技艺的学习和实践机会。同时,技术的革新与工作方式的改变也使得"师徒制"在现代社会中的有效性受到质疑。许多年轻人对传统技艺缺乏深入了解,也难以看到这些技艺背后的文化价值,从而使得师徒关系中的传承链条变得脆弱。

面对这一系列问题,非遗技艺的传承面临着巨大的挑战,传统的传承方式亟待革新。无论是社会需求的变化、市场竞争的压力,还是教育体系与文化认同的转型,都使传统非遗技艺的传承链条受到严重的威胁。为了应对这一困境,亟须通过创新的方式来促进非遗技艺的传承。这种创新既包括非遗教育的体系化建设，也包括现代科技手段的有效应用，同时还应重视非遗与现代产业、文化创意等领域的融合，只有在多方力量的协作下，才能有效弥合非遗传承中的断裂，确保这些宝贵的文化遗产能够在现代社会中继续焕发光彩，代代相传。

二、现代化与全球化的冲击

现代化与全球化的迅猛发展对传统文化，尤其是非遗的传承与发展产生了深刻的影响。随着科技进步、产业化和城市化的不断推进，人类社会的生产方式、生活方式以及价值观念经历了前所未有的变化。传统文化是一个民族的精神家园和文化认同的根基，但在现代化的冲击下，这一文化体系的主导地位受到威胁。与此同时，全球化加速了文化的交流与碰撞，外来文化在各国社会中迅速传播，这不仅改变了人们的生活习惯和思想观念，也导致了本土文化的深刻变革。非遗作为传统文化的核心组成部分，在现代化和全球化的双重冲击下，面临着生存空间日益萎缩的困境。

现代化进程带来的最大变化之一是生活方式的转型。在过去，传统的生产和生活方式通常紧密依赖于地方性文化，非遗项目如传统工艺、地方戏曲和节庆习俗等在日常生活中扮演着不可或缺的角色。然而，随着工业化和城市化的到来，许多原本以农业为基础的社区逐渐转向以城市和工业为中心的生活模式，传统的生产活动和生活方式逐步被机械化、标准化的现代生产方式取代。这一变化不仅改变了人们的生活节奏，还在无形中消解了传统文化的价值和实用性。例如，许多传统手工艺品的生产不再是日常生活的一部分，手工艺者也逐渐消失，而大众化的机器化产品则在市场上占据了主导地位。传统文化在这样的环境中逐渐失去了它的实际功能，变得愈加抽象，难以融入现代社会的生产和消费体系。

现代化的影响不仅体现在物质文化层面的变革，更深刻地体现在人们的价值观和世界观的转变中。现代社会强调科学理性、效率和全球性视野，这种价值观的转变对传统文化的认同感和传承方式产生了直接影响。在传统社会中，文化认同通常是基于家族、地域和历史的纽带建立起来的，人们对于非遗文化的认同感较强，文化传承也自然地融入了日常生活的每一个环节。然而，现代社会强调个人主义和全球化价值观，个人与传统文化的联系逐渐松动，传统文化的影响力不断下降。尤其是在年轻一代中，传统文化的认同感和归属感逐渐被现代消费文化和全球流行文化所替代，传统的节庆、习俗以及手工艺等逐渐被忽视或遗弃。现代化使得人们更倾向于追求物质上的便利和生活质量的提升，而非物质文化的精神传承似乎不再是生活的必需。

全球化趋势也对传统文化产生了巨大影响。全球化使得文化交流的速度大大提升，广度大大增加，世界各地的文化、思想和理念以前所未有的方式交汇与碰撞。全球化的推进促使外来文化迅速进入各个国家和地区，并在短时间内深刻地改变了人们的生活方式和文化观念。从电影、音乐到时尚、饮食，再到生活习惯，全球化的文化产品无孔不入地渗透到人们的日常生活中，尤其是信息技术和数字化的普及，使得外来文化的传播更加迅速与广泛。在这种文化流动的过程中，地方性文化尤其是传统文化面临着前所未有的边缘化危机。许多地方性文化元素未能有效地融入全球化的文化体系中，它们往往只能作为"过时"的象征存在，逐渐失去其在现代社会中的影响力。与此同时，外来文化的冲击使得本土文化的优势和特色逐渐减弱，非遗文化的生存空间也因而遭遇压缩。

全球化带来的文化同质化趋势是非遗传承面临的一大挑战。全球化不仅加速了西方主流文化的扩展，还推动了消费文化的全球普及，许多传统文化的元素因无法适应这种全球化的文化体系而逐渐丧失了其生存的土壤。例如，传统节日、民俗习惯以及地方性的艺术形式等，常常被现代化的节庆和娱乐方式所替代。传统节日的庆祝活动不再是人们日常生活的中心，而被全球化的商业化节庆和娱乐活动所替代。传统工艺也难以与现代化的大规模生产方式相抗衡，手工艺品逐渐被价格更低廉、生产更为高效的工业化产品所替代。这种全球化带来的文化同质化趋势，加剧了传统文化的衰退，使得非遗的生存空间更加狭窄，许多非遗项目面临着"消失"或"博物馆化"的命运。

面对现代化与全球化的双重冲击，非遗的保护和传承显得尤为紧迫。传统文化的逐步失落不仅仅是文化遗产的流失，更是社会集体记忆的消逝，许多具有历史价值和文化意义的传统形式正在快速地消失。全球范围内的文化保护机构和政府部门已经开始意识到这一问题的严重性，并采取了一系列措施来应对这一挑战。国际社会在非遗保护方面的合作逐渐加强,许多国家和地区通过文化政策、文化交流以及数字化技术等手段,积极开展非遗的保护和传承工作。在全球化的背景下,非遗的保护不仅是各国的文化责任,更是全球文化多样性保护的共同任务。虽然现代化和全球化对非遗的生存环境造成了挑战,但也促使各国文化界认识到非遗的价值,并加强了国际合作与资源共享。这种合作不仅在保护传统文化方面起到了积极作用,也为非遗的创新性传承提供了新的途径。

三、非遗保护的资金与资源问题

非遗作为一种独特的文化财富,承载着深厚的历史内涵和民族精神,其保护和传承对于维护文化多样性、推动社会可持续发展具有不可替代的作用。然而,在全球化及现代化进程的背景下,非遗的保护面临着日益严峻的挑战,尤其是在资金与资源的保障方面,广泛存在着不足和不平衡。非遗保护不仅是一项文化任务,它还涉及经济、社会、政治等多个层面的协调和互动,而这些方面的不足往往表现得最为突出。

资金问题是制约非遗保护工作的核心难题之一。尽管各国和地区普遍意识到非遗保护的重要性,但由于非遗保护有其特殊性质,它不同于传统文化遗产,往往缺乏足够的财政支持和资源配置。与有形文化遗产的修复工程相比,非遗的保护通常无法量化其直接的经济效益,因此在许多国家,非遗的保护经费较难获得,尤其是在一些发展中国家和地区,非遗保护的资金来源有限,无法满足日益增长的保护需求。保护非遗需要投入大量的人力、物力和财力,尤其是在一些文化传统较为复杂的地区,资源的匮乏使得非遗的有效保护和传承面临巨大困难。

非遗保护资金的分配和使用缺乏有效的管理机制,也是一个不可忽视的问题。许多地方虽然有一定的保护资金来源,但由于缺乏透明、科学的资金管理体系,导致资金无法准确、高效地流向真正需要的领域。非遗保护工作的实施,往往涉及多个层级和部门的协调,资金的流动过程中可能会受到地方政府的行政干预,甚至存在滥用和挪用的风险。因此,不管资金是否充足,如何确保资金的合理利用,都是保障非遗保护成效的关键。尤其是在非遗项目的选择、评估和监督等环节，资金的管理和使用情况直接影响到非遗保护工作的质量和效率。

除政府资金外，非遗保护还亟须依赖社会资本的投入。然而，非遗保护项目的公益性质使得其市场化运作难度较大。传统的商业化模式很难与非遗的保护需求相匹配，许多非遗项目由于缺乏市场竞争力，无法吸引足够的社会资金支持。此外，部分非遗项目的保护和传承，缺乏长远的规划和可持续的发展模式，导致其短期内难以产生经济效益，进而影响到社会资本的流动与投入。即便如此，随着非遗在全球文化中的地位逐渐上升，社会公众对非遗保护的关注度也在不断提高，部分民间组织、文化企业和公益基金会开始在非遗保护领域展开合作，但整体而言，社会资本的投入仍显不足。

在资源保障方面，非遗保护不仅涉及资金的投入问题，还涉及保护工作的人员、技术、设备、资料等多方面的资源需求。非遗保护的复杂性和多样性要求具有较高专业水平的人才投入。然而，在一些国家和地区，专业人员的短缺以及人才流失问题较为严重，造成了非遗保护领域的人力资源严重不足。由于非遗的保护工作通常是长期、复杂的过程，需要具有深厚的文化背景和超群的实际操作技能的人才参与，这对于大多数发展中国家的非遗保护工作来说，是一项巨大的挑战。此外，非遗保护不仅依赖传统工艺的传承，还需要与现代科技相结合，数字化技术、信息化管理、文化创意等手段的应用，需要相应的技术资源和设备支持。而在许多地区，尤其是资源匮乏的乡村或偏远地区，科技资源和设备的匮乏，进一步加剧了非遗保护工作的困难。

在全球范围内，非遗保护的资金和资源问题还表现在国际合作的层面。尽管各国政府和国际组织普遍认识到非遗的全球性价值，但在跨国文化遗产保护的资金和资源配置上，依然存在着显著的不平衡。一方面，部分发达国家和地区的资金投入相对充足，能够通过国际合作平台或非政府组织实现资源的共享与流动，但与此同时，许多发展中国家和地区的非遗保护面临着资源匮乏和资金不足的双重困境。国际合作资金流动不均，使得全球范围内非遗保护的进展具有明显的区域差异。对于一些文化传统较为独特、保护条件较为艰苦的地区而言，获得足够的资金和资源支持显得尤为困难。

第二章 群众文化工作的特点与重要性

群众文化工作是文化建设的重要组成部分，它直接关系到社会的文化认同、民族的文化凝聚力以及国家的文化繁荣。在新时代的社会背景下，群众文化工作的重要性越发突出，尤其是在推动社会主义核心价值观的传播、提升人民群众的文化素质以及促进文化事业和文化产业发展的过程中发挥着不可替代的作用。群众文化工作不仅仅包含文化活动的组织与策划，更是社会文化服务体系建设的一部分，旨在为广大民众提供丰富的文化体验与精神享受。因此，深入探讨群众文化工作的基本特征与社会功能，能够帮助我们更好地理解其在现代社会中的重要地位和多重意义。本章围绕群众文化工作的内涵与特点展开讨论，分析其在推动社会文明进步、促进文化平等、增强社会凝聚力等方面的深远影响。同时，本章还着重剖析群众文化工作在新时代的历史使命与现实意义，特别是在文化自信的建设、国家文化软实力的提升以及全面建成社会主义现代化强国过程中，群众文化工作所肩负的历史责任与实践路径。通过本章的分析，读者将更全面地理解群众文化工作在当代社会中的深远影响及其与非遗传承的内在联系。

第一节 群众文化工作的基本特征

一、普及性与基础性

群众文化工作作为一种社会文化实践，具有普及性与基础性，其影响力并不局限于特定的文化精英或高端群体，而是深入到广泛的社会基础层面，尤其在基层社区与农村地区发挥着至关重要的作用。这种工作模式的核心在于通过文化活动的普及与教育，增强大众的文化意识，提高人民群众的整体文化素养，并推动社会各阶层文化需求的多元化发展。群众文化的普及性决定了它在社会生活中广泛渗透的特性，这不仅是一种文化传递的过程，更是文化认同和社会融合的有效路径。

普及性的核心在于其面对的对象为广泛的社会群体，尤其是那些传统文化资源相对匮乏的区域与群体。在许多农村与基层社区，文化活动往往是提升当地居民文化素质与生活质量的有效途径。群众文化工作通过丰富多彩的文艺形式，如歌舞、戏曲、民间艺术等，打破了文化传承的门槛，广泛吸引了各类社会群体的参与。这种参与并不局限于文化艺术的消费层面，更深入到文化生产与创造的层面，使不同阶层、不同背景的人们都能在文化活动中找到自己的位置，激发他们的文化创造力和认同感。通过这一过程，群众文化成为连接个体与社会、传统与现代、地方与全球的纽带，推动了文化的普及与传播。

基层社区和农村地区的群众文化工作具有特殊的基础性，它是国家文化建设的重要基石，往往承担着文化根基的塑造与文化价值观的传播任务。文化工作的基础性体现在其对民众的长期影响力和深远作用，尤其是在乡村振兴和社会治理的过程中，群众文化工作起到了重要的稳定作用。农村地区的群众文化活动不仅是娱乐和消遣方式，更是教育、思想引导和价值传播的重要载体。在乡村文化的建设中，文化活动的开展能够有效调动居民的积极性，提升其参与度，增强他们的集体主义精神、社会责任感和对本土文化的认同，进而促进乡村社会的和谐发展。这种基础性的文化功能，使群众文化成为国家文化政策与社会发展战略中的重要组成部分。

群众文化工作的普及性与基础性并非孤立存在，而是相互促进、相互依存的。普及性为基础性提供了广泛的受众群体和扎实的社会基础，而基础性则为普及性提供了深厚的文化土壤和长久的社会支持。在这一过程中，文化的传播不再是单向的，而是一个双向互动的过程。文化生产者与受众之间通过参与、互动、反馈，形成了文化发展的良性循环。特别是在基层社区和农村，文化活动不仅是文化的接受者，更是文化的创造者与传播者。群众文化工作逐步向基层延伸，不仅能让广大群众接触到文化资源，更能引导他们通过自己的参与提升对文化的理解与认同，从而加强社会的文化凝聚力。

二、多元性与包容性

群众文化工作是社会文化发展的重要组成部分，其多元性与包容性不仅体现了文化内容的广泛性，还反映了文化服务对象的广泛性和文化表达形式的多样性。随着社会的不断进步和人民群众文化需求的日益增长，群众文化工作逐渐从传统的单一模式发展到如今更加丰富和多维的层面。它涵盖了各类文化形式，包括但不限于文学、艺术、音乐、舞蹈、戏剧等多种表现方式，旨在通过多样化的形式满足不同群体、不同年龄段、不同地域和文化背景人群的文化需求。

这一多元性不仅表现在文化形式和内容的丰富上，更体现在文化的传播方式与接受方式上。每个人的文化需求、审美标准以及表达方式都存在差异，群众文化工作正是在这种差异性中找到了其存在和发展的空间。从传统戏曲到现代音乐，从民间舞蹈到当代戏剧，群众文化工作的内容不断更新和拓展，致力于满足不同人群在不同时间、不同场合下的文化需求。例如，对于年轻人来说，现代流行音乐和街舞等文化形式更具吸引力，而对老年群体而言，传统戏曲、民间艺术等文化形式可能更容易引起共鸣。因此，群众文化工作的多元性正是通过提供丰富的文化选择，来包容不同社会群体的文化偏好，推动全体社会成员的文化参与和共享。

多元性与包容性是群众文化工作中不可或缺的两个重要特征。它不仅体现在文化内容上,更体现在文化的接受度和包容性上。现代社会的多元化和全球化带来了不同文化之间的频繁互动和碰撞,如何在这种文化多样性中找到一个平衡点,是群众文化工作需要面对的重要课题。社会中不同族群、不同语言、不同信仰背景的人群,往往在文化习惯、文化认同以及文化表现方式上存在差异。群众文化工作正是在这种多样化的文化土壤中,探索和创造出能够容纳和融合各类文化传统的方式。它不仅尊重每一种文化的独特性,还通过文化的交流与融合,提升社会的文化包容度与接纳能力,推动社会各阶层、各族群的和谐共处。

群众文化工作的包容性体现在它对不同文化传统和表现方式的尊重。无论是地方传统文化,还是外来文化,群众文化工作都在尊重其独特性的基础上,创造条件让其在更广泛的社会层面上得到传播和发展。例如,某些地方性的传统节庆和习俗,虽然起源于特定的地理区域和族群,但通过群众文化工作的推动,这些传统文化能够跨越区域和民族的界限,得到更大范围的参与和认同。与此同时,外来文化的引入和传播,也在一定程度上丰富了本土文化的内涵,促进了文化的交流与相互影响。包容性不仅让不同文化在平等的基础上相互交流,还能激发新的文化创意,促进社会创新,从而促进社会文化的全面发展。

在全球化进程加速的今天,群众文化工作中的多元性和包容性也变得尤为重要。全球化不仅带来了文化的交流与碰撞,还使得不同文化在更广阔的空间内互动与交织。不同国家、不同地区、不同民族的文化传统和艺术形式相互影响、相互融合,在世界文化的舞台上呈现出更加丰富多彩的面貌。群众文化工作在这种文化交流中扮演着重要角色,它不仅推动了本国文化的传承和创新,还在全球范围内传播本土文化的独特魅力。同时,群众文化工作也承担着调和不同文化间矛盾与冲突的责任,促进不同文化群体之间的相互理解与认同,推动社会的和谐发展。

除了文化形式和内容的多元化外,群众文化工作的包容性还体现在它对社会各类群体的关注和照顾。不同的社会群体,由于社会地位、文化背景、教育程度等因素的不同,其文化需求也各不相同。群众文化工作能够根据这些需求差异，设计出符合各类群体特点的文化活动和项目，从而保证每个群体都能够在文化生活中找到自己的位置。城市中的年轻人，可能更倾向于参与现代舞蹈、音乐会、街头艺术等时尚潮流；而对于农村地区的老年人群体，传统的书法、戏曲表演、民间歌舞等活动则可能更具吸引力。通过这种精准的文化服务，群众文化工作实现了对不同群体的包容和关照，使每个群体都能够在丰富的文化活动中获得精神上的满足和愉悦。

群众文化工作还通过多层次、多元化的方式推动了社会的文化平等。文化平等不仅意味着文化资源的共享，更意味着不同社会群体、不同文化背景的人群在文化表达上享有平等机会。每一种文化形式、每一个文化表达的机会都不应该被排除在外。群众文化工作通过多样化的文化活动和项目，让不同群体能够在一个平等的文化平台上展示自己的文化特色和艺术才能。这种文化平等的实现，促进了社会的文化包容和多样性的维护，推动了社会文化领域的和谐与繁荣。

三、公益性与服务性

群众文化工作作为社会文化建设的重要组成部分，其本质在于服务人民群众，推动社会文化的普及与发展。与其他文化形式相比，群众文化工作具有鲜明的公益性和服务性特点。这一特点使得群众文化工作不仅在促进文化的普及、弘扬社会主流价值观、增强社会凝聚力等方面具有独特的作用，同时也在提升人民群众的文化素质和精神生活质量方面，发挥着不可替代的功能。

公益性是群众文化工作的核心特征之一。作为以服务社会、造福人民为目标的文化活动，它不追求经济利益的最大化，而是将重点放在文化价值的普及和社会福利的提升上。群众文化工作并不是以商业化运作为出发点，其目的是确保所有社会成员，尤其是社会中较弱势群体的成员，都能平等地享有文化资源和文化服务。不同于商业化的文化产业，群众文化工作关注的是全体社会成员的文化需求和精神需求的满足，特别是在乡村、社区等文化资源相对匮乏的地方，通过开展形式多样的文化活动、建设公共文化设施，使得文化惠及每一个公民，缩小了地区间、城乡间文化差距。

群众文化工作的公益性体现在其所提供的文化服务具有广泛性和普遍性。它并非局限于某一特定群体或人群，而是面向所有社会成员，尤其是那些通常未能充分参与文化生活的群体。通过为广泛的群众提供丰富多彩的文化活动，群众文化工作不仅为人们提供了多样化的文化选择，还增强了人民群众的文化获得感和参与感。这种文化服务不仅关乎物质和精神的满足，更关乎社会公平与正义的实现。在这个过程中，群众文化工作起到了桥梁作用，帮助人们跨越经济、教育、地域等多重社会壁垒，使得文化成果能够惠及社会的每一个角落。

与商业文化形式相比，群众文化工作的服务性则更加突出。服务性体现在其为社会提供的文化产品不仅是为了满足市场需求，而是为了提升民众的文化素质和精神生活质量。文化产品的形式、内容和组织方式都紧密围绕着社会的需求，特别是人民群众日常生活中的实际需求。在这个过程中，群众文化工作不仅要满足人们基本的文化需求，更要通过创新和服务提升人们的精神境界，丰富他们的文化生活。尤其在现代社会，随着信息化、全球化的深入，传统的文化形态已经不能完全满足人们日益多样化的文化需求，而群众文化工作则通过其灵活多样的服务形式，在满足基础文化需求的同时，也为社会提供了文化创新的可能。

群众文化工作的服务性不仅表现在对文化内容的提供上，更体现在文化服务的方式上。在这一过程中，群众文化工作的实施者们不仅仅是文化内容的传递者，更是文化服务的提供者。无论是通过文化中心、社区活动，还是通过文化讲座、文艺演出等形式，群众文化工作通过多种途径和方式，推动文化产品和文化活动的普及。服务的对象从文化程度不高或从未接受过文化教育的基层群众，到有一定文化基础的群体，群众文化工作的服务范围和服务对象非常广泛，显示出了其高度的普适性。这种服务性也体现在其不分年龄、不分背景、不分性别的普遍性上，它不仅满足了基本的文化娱乐需求，还通过文化活动的组织和文化环境的营造，使得社会成员能够在日常生活中找到精神寄托，享受更高质量的文化生活。

群众文化工作的公益性与服务性还体现在其对社会稳定与社会进步的促进

作用上。文化作为一种软实力，承载着社会的价值观和道德规范，而群众文化工作的根本目标之一，就是通过文化活动的组织与推广，培育和弘扬社会正能量，促进社会的和谐与进步。通过对优秀传统文化、社会主义核心价值观的传承与普及，群众文化工作能够有效增强公民的社会责任感和使命感，推动社会成员形成正确的价值观和行为规范。与此同时，群众文化工作通过打造和谐的文化氛围，也能有效化解社会矛盾，提升社会治理水平。文化活动往往是社会融合的重要载体，通过组织群众参与文化活动，能够促进不同群体之间的相互理解与包容，增强社会的凝聚力和向心力。

群众文化工作的公益性和服务性还需要依赖于社会各界的支持与参与来实现。政府的扶持和投入是保障群众文化工作顺利开展的重要因素。通过政府对公共文化设施的建设、对文化活动的资助、对文化人才的培养等多方面的政策支持，群众文化工作能够更加顺利地实现其服务目标。同时，社会力量的参与也是群众文化工作得以持续和深化的关键。企业、社会组织、文化志愿者等各类社会力量的积极参与，为群众文化工作提供了丰富的资源和多样的形式。这种政府与社会力量的合作，不仅提升了群众文化工作的整体效能，也为文化工作的创新发展提供了广阔的空间。

四、地方性与参与性

地方性与参与性是群众文化工作的重要特征和内在要求，在文化政策的制定与实践中扮演着至关重要的角色。每个地区、民族、社会群体所拥有的历史背景、文化习俗、生活方式等因素，使得文化活动呈现出多样性与地域性特征。这种地方性的差异性决定了群众文化工作的内容、形式和推广策略。在这样的文化生态中，文化活动的策划和实施必须考虑到当地的特殊需求和特点，只有这样，才能真正促进文化的深度传播和群众的广泛参与。群众文化工作依托地方性展开，它不仅是文化传播的工具，更是文化认同、社会互动和集体意识的重要载体。地方性不仅仅指地理和文化的差异，也涵盖了社会的生活方式、经济发展水平和历史传承的不同。正因如此，群众文化活动需要因地制宜，尊重地方文化的独特性与多样性，从而确保文化活动能够真正贴近群众的生活，形成深入人心的文化认同。

地方性的特点赋予了群众文化活动鲜明的地方色彩和深厚的文化内涵。不同地区的历史积淀和风土人情对文化活动的内容和形式起到了决定性的作用。例如，在一些传统的乡村地区，民间艺术、节庆活动和地方传统技艺仍然是文化活动的核心内容，而在城市地区，随着现代化进程的推进，群众文化活动则更加多元化，涵盖了现代艺术、影视文化等内容。地方文化的多样性要求群众文化工作在策划时充分考虑地域差异，尊重当地的历史文化传统，同时注入现代社会发展的需求。在实践中，文化活动的策划者需深入调研当地的文化习俗与需求，理解当地群众的文化期望，通过设计符合当地特色的文化活动，既能增强群众的文化认同感，又能促进地方文化的传承和创新。

参与性是群众文化活动的另一个关键特征，体现了群众文化工作对公众文化需求的回应以及文化服务的互动性。文化活动不仅仅是单向的文化传递，更是双向的互动过程，公众不仅是文化的接受者，还是文化活动的创造者和参与者。群众文化工作的最大魅力之一便是它的广泛性和包容性，它吸引着不同的社会群体广泛参与，从而推动了社会各阶层间的文化交流与互动。在参与过程中，个体的文化认知和文化体验得到升华，群体之间的文化认同和共同体意识也在无形中得到了加强。通过参与文化活动，群众能够感受到文化带来的情感共鸣，进一步增强集体认同感和归属感，形成对家乡、对集体、对民族的认同，这不仅有助于个人的文化认知形成，也有助于社区凝聚力的提升和社会和谐的推动。

群众文化活动的参与性也体现在它对个体自我表达的鼓励和对社会多样性的接纳。在许多地方，群众文化活动并不是由少数文化精英或官方机构主导的，而是群众自己发起、组织和参与的。这种由下而上的参与模式不仅使文化活动更加贴近群众的日常生活，也促使文化形式更加丰富多样，涵盖了传统的歌舞表演、手工艺制作等，也有现代的社区集市、街头艺术等。群众通过积极参与这些活动，不仅获得了文化娱乐的机会，还能通过自己的方式表达个人情感和社会立场，形成独特的文化交流方式。这种参与性使得文化活动不再是精英文化的展演，而是普及文化的有效载体，使得文化的传播更加广泛，也使得文化在更大范围内实现了交流与融合。

地方性与参与性还在一定程度上决定了文化活动的持续性与稳定性。由于地方性文化活动高度契合地方群众的文化需求，它们能够得到较高的参与度和较长时间的延续。在一些地方性节庆、传统技艺和民间艺术的传承中，群众的自发参与成为活动延续的主要动力。地方性的文化活动往往具有深厚的群众基础，这种基础保障了活动的持续性，也使得这些活动能够在更大程度上促进地方文化的振兴。与此同时，地方性文化活动的成功举办还能吸引更多的参与者，推动地方经济和文化的共同发展。在一些小型地方性活动中，群众的参与不仅仅体现在文化表现层面，还包括志愿服务、文化策划、活动组织等多个方面，从而能够进一步促进地方文化的多层次发展。

第二节 群众文化工作的社会功能

一、促进社会和谐

群众文化工作在促进社会和谐方面发挥着至关重要的作用。组织和开展各种形式的文化活动，不仅丰富了社会成员的精神生活，而且为不同社会群体之间的互动与交流提供了平台，进而推动了社会的和谐发展。文化作为社会共同体的基础和纽带，其作用远远超出了娱乐和艺术层面。它不仅是人们情感表达和思想沟通的渠道，更是推动社会成员相互理解和包容的有效方式。

社会和谐的构建依赖于各个群体之间的和睦共处、共同发展，而群众文化工作正是通过文化活动的普及，消除不同群体之间的隔阂，促进共同价值观的认同。不同社会群体，特别是不同文化背景的群体，在长期的社会互动中，往往因为观念、习惯、利益等方面的差异产生冲突与隔阂。而群众文化工作的核心之一，就是通过各种文化活动，搭建起沟通和交流的桥梁，让不同群体的人们在共享文化成果的过程中，逐渐理解彼此的不同，尊重彼此的文化，最终实现社会的和谐共生。

群众文化工作不仅限于传统意义上的文化娱乐活动，它还能通过具有深远意义的文化传播，促进各类群体之间的相互理解和融合。文化活动本身具有教育意义，通过开展各类讲座、展览、演出、节庆等形式，能够有效地传递社会主义核心价值观，弘扬社会正能量，激发公众的社会责任感和参与感。在这一过程中，个体对社会的认同感和归属感得到增强，社会整体的凝聚力和向心力也随之提升。特别是在当前社会中，传统与现代、城市与乡村、不同民族、不同阶层之间的文化差异依然存在，群众文化活动为社会成员提供了一个共同的文化平台，让人们在活动中互动、交流，找到共同点，减少误解，增进彼此的信任与友谊。

群众文化工作还能在促进社会和谐的过程中发挥重要的引领作用。随着社会的发展，传统的文化形式与现代文化的碰撞产生了不少新的社会问题，这些问题往往与文化认同、价值观冲突密切相关。开展具有创新性的群众文化活动，能够在一定程度上引导公众树立正确的价值观、道德观和社会责任感。比如，文化活动中所倡导的诚信、公正、友善、包容等理念，能够潜移默化地影响人们的行为模式，促使他们在日常生活中更加注重社会公德与对他人权益的尊重。通过群众文化的引导，社会成员能够更好地理解共存的意义，减少个体之间因价值观差异而产生的冲突，为社会注入更多的和谐力量。

在推动社会和谐的过程中，群众文化工作也具有重要的社会功能。文化活动本身为社会提供了丰富的精神食粮，通过文化活动的开展，人们不仅能满足自己的精神需求，还能从中获得心理上的慰藉和社会认同感。在现代社会中，物质生活水平虽然不断提高，但精神文化层面的满足仍然是很多人内心的渴求。通过组织群众性文化活动，能够在满足人们文化需求的同时，增强社会成员的凝聚力。这种文化上的共鸣不仅仅体现在传统节日、文艺演出等形式中，还体现在对社会责任、道德行为、集体主义等更为深层的文化理念的传承上。

群众文化工作在促进社会和谐方面的价值，往往体现在对社会成员个体层面上的影响。通过丰富的文化活动，尤其是参与式文化活动的开展，个体不仅能获得娱乐和放松，还能在其中找到自我表达的空间，体验到社会归属感。人们在共同参与文化活动时，能够在平等和尊重的氛围中，感受到与他人的情感连结，增强彼此的理解和友谊。这种文化活动中的互动，既是对个体精神世界的丰富，也是对社会生活秩序的正向推动。在这种背景下，群众文化工作超越了单纯的文化供给功能，在很大程度上成为促进社会关系和谐的重要途径。

群众文化工作对社会和谐的促进作用，还表现在它能够有效地消解社会中的冲突与矛盾。在多元化的社会中，尤其是在现代城市化进程中，不同社会群体之间因利益差异、文化背景、教育水平等方面的不同而形成的矛盾和冲突是不可避免的。而群众文化活动作为一种具有普遍性的文化实践，可以在一定程度上缓解这些冲突，通过文化交流和文化认同的方式，为社会提供一个共建和谐的空间。通过文化活动的组织，社会成员不仅能在精神层面上获得满足，还能在互动中理解他人的需求和立场，从而促进社会的多元共存，减少对立与排斥。

　　群众文化工作是构建社会和谐的重要支柱之一，开展文化活动，不仅能为人们提供娱乐和休闲的空间，更能够促进社会成员之间的交流、理解和包容，增强社会的凝聚力与向心力。在群众文化活动中，社会各个群体之间能够相互尊重、共同进步，减少社会冲突，增强社会整体的和谐性。随着社会的不断发展，群众文化工作必将在更广泛的层面上发挥重要作用，为社会的长治久安提供文化保障。在多元化的社会环境中，群众文化工作通过其独特的社会功能，能够推动文化认同的形成和社会资源的共享，为社会的和谐与稳定提供强有力的支持。

二、推动文化传承

　　在全球化进程加速的今天，文化的传承不仅是民族身份的维系，更是社会进步与文化多样性的重要体现。群众文化工作，作为文化传播和传承的重要载体，承担着丰富和传承民族文化的责任。它不仅通过系统化的组织方式激发民众的文化认同感，也为传统文化在现代社会的持续发展提供了现实土壤。尤其是在传统节庆、民俗活动和传统工艺的传播过程中，群众文化工作不仅使这些文化形式得到广泛传播，还能将其与当代生活相结合，实现了传统文化在现代社会的创新性传承。

　　文化传承的核心问题之一是如何在现代社会背景下保持传统文化的活力，避免其逐渐失去生机。传统文化是一个民族独特精神和历史积淀的体现，它承载着丰富的社会记忆和特殊的情感价值，而在快速变化的社会中，传统文化常常面临着被遗忘或传承断裂的风险。群众文化工作正是在这种文化传承的关键节点上，起到了至关重要的作用。通过系统的节庆活动和民俗仪式的组织，群众文化工作帮助人们在具体的社会实践中感知、体验并传承传统文化，使传统文化的根基得以深植于社会日常生活之中。

　　传统节庆活动作为群众文化的重要组成部分，不仅仅是单纯的节日庆祝，更是文化传递的一个重要渠道。节庆活动承载了人们对历史、节令、祖先和自然等的敬仰，通过一种集体参与的方式，将古老的习俗、仪式和文化传承方式一代代传递下去。无论是在传统的农耕社会,还是在现代城市的节庆中,传统节庆活动始终是人们文化认同和集体记忆的载体。随着社会现代化进程的推进,传统节庆并不局限于地方性的庆祝活动,更通过现代传播手段和跨文化交流,走向了更广泛的社会舞台。这种传统节庆文化的延续与创新,不仅促进了传统文化的复兴,也使其在现代社会中焕发出新的生命力。

除了节庆活动,民俗活动作为群众文化工作的重要组成部分,也发挥着不可替代的作用。民俗活动通常是与日常生产生活紧密相关的,它们体现了一个民族在长期社会实践中形成的生活方式、行为规范和思想理念。民俗活动不仅具有鲜明的地方特色,更承载了深厚的历史记忆和高度的文化认同。通过对民俗活动的保护和传承,群众文化工作使得这些深植于民众心中的文化符号得以不断传承与创新。在当代社会,随着人们的生活方式和生产方式的变化,传统民俗的表现形式和传播方式也发生了相应的转变。群众文化工作在这一过程中扮演着文化再造者和文化传播者的角色,通过对民俗的现代化转化,使其更好地适应当代社会的需求,并增强了其文化生命力。

传统工艺作为一种物质文化的表现形式,承载着深厚的文化内涵与历史价值。它们代表了一个民族在物质生产方面的智慧与技巧,同时也是社会文化认同的具体体现。随着工业化和现代化的推进,传统工艺的生产和传承面临着巨大的挑战,很多传统技艺面临失传的危险。群众文化工作的推动,有助于这些传统工艺的挖掘、整理和创新,使它们在现代社会中获得新的生命力。通过非遗保护、文化遗产的再创造以及传统技艺的普及等方式,传统工艺不仅在生产过程中找到了新的契机,也在文化消费市场中获得了新的发展空间。群众文化工作的作用,不仅在于保护传统工艺的技术,更在于通过各种传播途径将其文化价值传递给公众,增强公众对传统文化的认同感和自豪感。

在传统文化与现代生活的融合过程中,群众文化工作还通过形式上的创新来实现文化的传递与更新。现代社会虽然日益信息化和网络化,但人们对传统文化的认同和需求并未减弱。尤其是在文化消费日益多元化的今天,群众文化工作通过现代科技手段,使传统文化能够跨越时空的限制,进入每个人的生活之中。通过数字化、网络化等手段,传统节庆、民俗活动和工艺技艺得以更为广泛地传播，既能使传统文化进入全球化的视野，又能使其在保持本土特色的同时与现代社会紧密联系。通过文化的创新性传承，群众文化工作让传统文化不仅存在于记忆之中，更深深植根于当代人的生活实践之中。

群众文化工作的一个重要目标是增强文化的包容性与多样性。传统文化的传承，不是单纯地继承过去的文化形式，更是在当代社会的背景下对这些文化形式的创新和再造。文化的创新性传承，强调的是文化的多样性和开放性，使不同文化之间能够在相互尊重和理解的基础上进行交流与融合。群众文化工作通过促进这种跨文化的交流，帮助传统文化与现代文化、民族文化与全球文化进行有机的互动与融合，从而推动文化在新的社会背景下不断发展和创新。

三、提升公民素质

提升公民素质是现代社会发展中的重要议题，而文化素养作为衡量公民综合素质的重要指标之一，日益受到社会各界的关注。在当今全球化与信息化深入发展的背景下，提升公民的文化素养不仅是国家文化建设的需求，也是推动社会全面发展的关键因素。群众文化活动，作为一种广泛且具有群众基础的文化形式，能够有效地促进公民文化素质的提升，培养积极健康的社会风尚，并为社会精神文明建设注入新的动力。通过多样化的文化活动形式，群众文化能够充分激发个体的文化参与意识，促进其文化认同与社会责任感的增强，从而形成一种推动社会整体进步的强大合力。

群众文化活动具有广泛的群众基础和普及性，其主要特点是面向普通大众，尤其是在城乡社区、学校、企事业单位等社会各个层面广泛开展。通过组织各种形式的文化活动，如文艺演出、传统节庆、公益讲座、手工艺展览等，群众文化活动为公民提供了一个参与和展示自身才艺的平台。这些活动不仅促进了文化的传播和交流，还为广大民众提供了理解和传承传统文化的机会。公民在参与这些活动的过程中，逐步提高自身的文化素质，从而形成对本民族文化的深厚认同与自豪感。特别是在全球化进程加速的今天，文化自信成为推动社会发展的核心动力，而群众文化活动通过强化文化认同感，促进了文化自信的培育，帮助个体在多元文化环境中保持自身文化的独立性与特色。

文化素质的提升不仅仅体现在对传统文化的传承上，更体现在现代社会价值观和公民道德的塑造过程中。随着社会的发展和变革，公民素质的内涵也逐渐拓展，不再局限于知识和技能的积累，更包括对社会责任、道德规范、法律意识、环保意识等多方面素质的培养。在这一过程中，群众文化活动发挥着不可替代的作用。通过艺术形式的表达、思想观念的传播，群众文化活动引导公民树立积极健康的生活态度与行为规范，塑造其正确的社会价值观。人们通过参与文化活动，不仅在情感上得到满足，也在思想上获得启迪，从而激发更强烈的社会责任感和集体主义精神。这种精神力量的传递，最终促进了社会公共秩序和道德风尚的形成，为社会的精神文明建设提供了有力支持。

在推动文化素养提升的过程中，群众文化活动的影响是深远的。它不仅促进了个体的自我成长，也推动了整个社会的进步和发展。随着社会经济的发展，人们的物质需求逐渐得到满足，精神需求逐步成为社会关注的重点。在这一背景下，群众文化活动成为满足民众精神需求、提升民众文化素养的重要途径。通过不断丰富文化活动的内容和形式，群众文化不仅有效推动了文化多样性的展现，也增强了社会的凝聚力与向心力。特别是在一些社会变革和文化融合的过程中，群众文化活动通过展现多元文化的交融与碰撞，帮助人们更加理性地看待文化差异，培养包容和理解的心态，为社会的和谐发展奠定了坚实的基础。

文化素养的提升不仅是个体层面的改变，也在社会层面形成了广泛的影响。随着公民文化素养的提高，社会整体的精神风貌得到了显著改善。人们的思想观念、行为规范和价值追求都发生了积极的变化，这些变化体现在日常生活的方方面面，反映在对待他人、对待社会的态度中。高素质的公民群体不仅具有较强的道德责任感，也具有较强的社会责任意识，他们在面对社会问题和社会变革时，更加理性与成熟，能以一种积极向上的心态参与到社会建设中。在这种社会环境中，集体的行为规范逐渐形成共识，社会的凝聚力和向心力不断增强，推动着社会向更加文明、和谐的方向发展。

文化素养的提升也是社会创新发展的重要推动力。当一个社会的公民群体具备较高的文化素养时，其创新能力和社会适应力也会增强。文化素养的提升不仅提高了个体的审美能力，增加了其思想深度，也增强了其对社会变革和科技创新的敏感度。在信息化、科技化快速发展的当今社会，创新已成为社会发展的核心驱动力。群众文化活动通过培养公民的批判性思维和创新意识，促使其更加开放地接受新观念、新技术，推动社会科技创新与文化创新的双轮驱动。因此，提升公民文化素养不仅是文化建设的目标，也是社会持续创新性发展的动力源泉。

四、增强国家认同感

群众文化工作在现代社会中扮演着至关重要的角色，其功能并不局限于文化的传递和传播，还在于其在塑造国家认同感和促进民族团结方面发挥的独特作用。文化作为社会的精神纽带和历史传承的载体，承载着国家的历史记忆、社会价值观及民族自信心。通过群众文化活动的开展，民族文化得以传承和弘扬，国民对国家的认同感因此增强，社会成员之间逐渐形成共同的文化情感和价值共识，从而为社会稳定与发展提供了强大支撑。

国家认同感的形成是一个复杂的社会心理过程，它深受历史、文化、经济及政治等多重因素的影响。在这个过程中，文化尤其是民族文化起到了极其重要的作用。文化不仅仅是社会行为的规范，更是人们情感的寄托，是每个个体对国家、民族及其历史文化的认知与认同。当一个国家能够有效地传递其文化价值，并使人民在这一文化价值的框架下形成共同的情感纽带时，国家认同感就能够得以增强。而这一切的基础正是群众文化工作。

通过民族文化的弘扬，群众文化工作为社会成员提供了一个共同的文化平台，使不同背景、不同经历的群体在文化的共同感召下形成了高度的文化认同感。民族文化不仅是历史遗产，它也是当代社会发展的精神动力，体现了国家的独特性和文化自信。群众文化工作通过组织各类文艺活动、节庆活动及地方传统文化的传承活动，使得这些文化符号深入人心，成为全体国民共同的文化财富。在这一过程中，文化不再停留在对过去的记忆与缅怀上，而为当代社会注入了新的文化能量，使得国家认同感的增强成为可能。

国家认同感的增强不仅是文化的传递过程，也是文化认同的再塑造。在现代社会中,随着全球化和信息化进程的加速,社会成员的文化背景日益多元化,个人与国家、民族之间的文化连接也变得日益复杂。为了确保国家认同感的形成和巩固,群众文化工作必须根据社会变迁和文化需求的变化,进行创新性发展。这一过程中,群众文化的任务不单是将传统文化传递给下一代,更是在文化的多样性中发现和塑造一种共同的文化认同,使得民族文化在全球化的浪潮中不仅得以保存,而且能够在全球化语境中展现出独特的魅力。

群众文化工作还通过加强社会各个群体的文化参与感与归属感,推动社会各阶层之间的相互理解和尊重。当社会成员在多元文化的互动中形成文化共识,并在此基础上建立起对国家和民族的认同时,整个社会的凝聚力和向心力也得到了提升。这不仅有助于促进社会的稳定与和谐,也为国家的发展注入了持续的动力。文化认同感的增强使得社会成员在面对国家和社会的挑战时,能够更好地团结一致,共同应对各种外部压力与内部矛盾,为国家的稳定和社会的长治久安提供了坚实的文化基础。

在此过程中,群众文化工作不仅要注重传统文化的传承和弘扬,更要关注现代文化的创新性发展。随着社会的进步,人民的文化需求不断升级,对文化的要求也逐渐从满足基本的娱乐需求转向更高层次的精神追求。这一转变促使文化工作者不得不思考如何在传承的基础上进行创新,如何在坚守文化根脉的同时,引领社会文化的发展方向。创新并非对传统文化的否定,而是在尊重传统的基础上,对文化元素的重组与再创造,形成与时代特征相契合的文化形式。在这个过程中,群众文化工作不仅能传递传统文化的精髓,还能培养人民的文化认同感,让现代文化成为国家认同的重要组成部分。

群众文化工作通过提高公民的文化素质和文化参与度,增强了社会成员对国家文化的认同。这一认同并不仅仅表现为对文化符号的认同,更表现为情感上的认同。当人们在文化认同中感受到民族的凝聚力和集体记忆时,他们对国家的认同感会随之加强。这种认同感并不是单纯依赖于物质的归属感,而是人们对国家、民族的情感依赖和精神认同。群众文化工作通过文化活动的组织和文化传播平台的构建,使得这种情感认同在社会中广泛传播,并成为社会共识的一部分。

随着信息技术和数字媒体的发展,群众文化的传播方式和形式也发生了深刻的变化。传统的文化形式通过互联网、社交媒体等现代传播方式被更广泛地传播,文化认同感的形成也不再局限于特定区域或群体。通过数字平台,全球范围内的文化元素得以快速流动和交汇,国家认同感的传播形式也呈现出更加多元化和全球化的趋势。在这种背景下,群众文化工作不仅仅是本地文化的传递者,还成为跨文化交流和文化融合的重要载体。通过对不同文化形式的引入和融合,群众文化工作在增强国家认同感的同时,也帮助构建了更加开放、包容和多元的文化认同体系。

第三节 群众文化工作在新时代的意义

一、促进社会转型与变革

新时代的群众文化工作处于社会转型和变革的关键时期。在全球化、信息化及社会结构深刻调整的背景下，群众文化作为社会文化的基础和载体，不仅要满足人民日益增长的文化需求，还承担着推动社会文明进步和价值观转变的重要责任。社会的不断进步和变革对文化的需求越发多元化和复杂化，群众文化工作者必须深刻认识到这一变化，并积极回应，以文化的力量促进社会各领域的转型与创新。

社会转型意味着社会结构、经济模式、文化形态等方面的深刻变革。这一过程伴随着人们思想观念、生活方式、价值取向的迅速变化。特别是在现代化、城市化、全球化日益加速的背景下，群众文化工作面临着前所未有的挑战与机遇。人民群众的文化需求不仅停留在物质层面，更向精神文化、审美体验、情感认同等多维度拓展。面对这样的需求，传统的群众文化形式已逐渐显得单一和过时，需要通过文化的创新与多样化表达来回应新时代的呼唤。这不仅是对文化工作内容和形式的创新，更是对文化工作价值导向的深刻重构。

在社会转型的过程中，群众文化工作需要关注价值观的转变。随着市场经济的发展和科技革命的推进，个体主义、功利主义等社会思潮逐渐占据主流地位，传统文化中的集体主义、家国情怀等价值观受到冲击，社会成员的价值认同逐步发生变化。文化作为思想观念的载体，必然在这一转型过程中扮演着至关重要的角色。群众文化工作不仅要满足人民群众对娱乐、休闲和多样化精神文化的需求，更要通过价值引导、思想启迪、情感共鸣等方式，推动社会主义核心价值观的传播与践行，引导社会大众树立正确的世界观、人生观、价值观。

社会转型中的价值观变化不仅仅是个体层面的转变，更是全社会集体价值观的转型。在此背景下，群众文化工作应当强化公共文化服务功能，注重提升文化的公共性和普及性，使文化成为人民群众思想文化建设的核心力量。通过建设多层次、广覆盖的文化服务体系，群众文化工作可以将社会主义核心价值观融入日常生活的各个方面，从而促进社会整体文明水平的提高。文化的力量不应局限于某个单一领域，而应通过与社会各方面的深度融合，推动社会转型与变革的健康有序发展。

社会的变革不仅仅体现在经济结构和政治制度的调整，也体现在社会成员的思想观念、生活方式以及文化认同的变化中。在这一过程中，群众文化作为思想文化传播和社会教育的重要途径，承担着至关重要的责任。它不仅是文化自信的载体，也应成为文化认同的纽带，帮助社会成员建立起共同的文化认知，促进社会各阶层之间的理解与和谐。在这种情况下，群众文化工作不仅要关注文化产品的创新与多元化，还应注重文化精神和价值观念的引领，以期在快速变化的社会中提供一种精神上的稳定和力量。

文化是社会发展的灵魂，也是社会转型的重要推动力。在新时代的社会变革中，群众文化工作不仅是社会进步的见证者，更是社会转型的推动者。文化能够在根本上影响人们的思维方式和行为方式，进而影响社会的价值取向和社会结构的变动。因此，群众文化工作不仅要注重文化产品的生产和文化服务的提供，更要注重文化的价值引领作用。通过有效的文化传播，强化社会对公共事务、集体责任、社会正义等方面的关注，群众文化能够成为促进社会进步的重要力量。

在社会转型与变革的过程中，文化的作用逐渐从单纯的娱乐和休闲功能，向推动社会发展的核心功能转变。文化的传承不仅仅是对过去的记忆和对传统的延续，更是对当代社会需求的深刻回应。新时代的群众文化工作需要在传承中华优秀传统文化的基础上，创新文化的表现形式，使其更符合新时代人民的需求，进而促进社会的全面进步与文明发展。通过多种形式的文化活动、文化项目、公共文化服务平台等，群众文化可以成为推动社会转型、促进社会和谐的重要力量。

文化不仅影响着个体的思想观念和价值选择，也深刻影响着整个社会的发展轨迹。社会的文明进步离不开文化的支撑，文化的繁荣离不开社会转型的推动。群众文化工作既要关注文化资源的均衡分配，满足人民群众的基本文化需求，也要积极引导文化资源向更高层次、更广阔的领域延伸，推动社会变革中的价值观和生活方式的革新。文化引领能够有效促进社会成员之间的认同和沟通，推动社会的和谐与稳定，为实现社会的全面进步和现代化建设提供强大的精神动力和文化支持。

二、推动经济发展与文化创新

在当前经济全球化的背景下，文化已不再局限于传统的精神象征和人文遗产，它已经逐步融入经济发展的核心层面，成为推动社会发展和经济增长的重要因素。特别是在经济全球化进程中，文化的多样性与独特性成为各国在国际竞争中争夺话语权和市场份额的重要资源。在这个大背景下，群众文化工作的深化与创新，已不再是单纯的文化领域建设，它承担着将文化与经济紧密结合，推动全面发展的责任。文化产业的发展和文化产品的创新，不仅能有效提升国家的文化软实力，还能为经济增长提供新的动力，创造新的增长点。文化产业的繁荣，不仅促进了文化资源的转化和再生，也为社会提供了多层次、多元化的就业机会，推动了相关产业链的发展。

文化产业作为文化与经济的交汇点，具有独特的经济价值和社会意义。它是经济结构调整中的一项重要内容，涉及广泛的创意产业、艺术产业、数字媒体产业等多个领域。随着科技的进步，尤其是信息技术的迅速发展，文化产业的形式日趋多样化，文化内容的生产和传播方式也逐步走向数字化、网络化、全球化。通过现代化的技术手段，文化产品的创新不仅拓宽了传统文化的表现形式，还通过跨界融合，形成了众多新兴的文化产业形态。这种文化产业的创新，极大地丰富了文化消费的层次，提升了文化消费的广度和深度，也促使文化成为带动经济增长的新动能。在这一过程中，群众文化工作在文化产业发展中的作用越发重要。它不仅关乎文化的传承与发展，更关乎经济的发展与社会的稳定。

文化产品的创新是推动文化产业和经济发展的核心驱动力。传统文化产品的形式已无法满足日益多样化的市场需求，新的文化产品形式和内容的创新，是提高市场竞争力和文化影响力的关键所在。现代技术尤其是数字技术为文化产品的创新提供了强有力的支撑。数字化文化产品的出现，使得传统文化的创作、生产、传播和消费方式发生了深刻变化。无论是数字艺术、虚拟现实中的文化体验，还是基于互联网平台的文化内容传播，都打破了传统文化传播的地域和时空限制，实现了文化内容的全球共享。文化产品创新不仅丰富了人们的文化生活，也为经济发展带来了巨大的市场潜力。文化产品的创新，可以推动文化产业链的延伸和升级，促进相关领域的技术革新和人才培养，进而推动经济的整体转型与发展。

文化产业的扩张和创新，也为国家提升文化软实力提供了有力支撑。文化软实力是国家综合实力的重要组成部分，是国家在国际竞争中赢得话语权和影响力的重要途径。随着世界文化格局的变化，传统的硬实力竞争已不再是唯一的竞争手段，文化的影响力逐渐成为国际竞争中不可忽视的力量。在这种背景下，国家通过文化产业的发展与创新，展示了本国独特的文化魅力和价值观念，增强了国家在全球舞台上的文化吸引力和认同感。通过文化产品的传播，国家可以有效地向外界输出本国的文化，塑造国家的国际形象，增强文化影响力，进一步推动经济的发展与国际化进程。

群众文化工作并不局限于文化的生产与消费，它还在推动社会整合、促进社会和谐方面发挥着重要作用。在经济发展日益依赖文化产业的今天，文化产品的多样性和创新性使其不仅能满足市场的需求，更能促进实现社会融合和价值认同。群众文化工作可以促进各类文化形式的交流与互动，帮助社会成员形成共同的文化认同感。尤其在全球化浪潮的推动下，文化的多元性和差异性日益凸显，如何通过文化促进社会各阶层、各民族之间的理解与包容，成为文化工作的一项重要任务。文化不仅是经济发展的催化剂，它也是社会发展的润滑剂。推动文化产品创新与文化产业的发展，不仅能满足人民群众日益增长的文化需求，还能推动社会各界形成更为紧密的文化联系，进一步增强社会的凝聚力和向心力。

文化产业的繁荣还能促进地方经济的发展，尤其是在乡村振兴和区域经济发展的过程中，文化产业发挥着不可或缺的作用。在传统农业经济逐渐转型为现代服务业和知识经济的过程中，文化产业为地方经济带来了新的发展模式。挖掘地方特色文化资源，发展地方文化产业，可以有效推动地方经济的多元化发展。尤其是通过文化旅游、文化创意产业等新兴业态的发展，地方经济能够实现从单一依赖资源型经济到文化驱动型经济的转型。同时，地方文化产业的发展也为地方就业、社会稳定提供了新的机会，促进了经济的全面繁荣。

文化创新不仅推动了文化产业的发展，还为社会提供了更多的文化表达方式和文化体验形式。在现代社会，文化不仅是提供精神享受的载体，它还具有更广泛的社会功能。文化创新在丰富文化表达形式的同时，也推动了社会公共文化服务的创新性发展。文化创新可以拓展文化参与的渠道，增强社会成员的文化参与感和归属感。这种文化参与不限于文化产品的消费，还包括文化活动的组织和文化创作的互动。全社会通过积极参与文化活动，能够有效增强社会的文化活力，推动社会文明的进步。

三、满足多元文化需求

在新时代背景下，随着社会的快速发展和人们生活方式的多元化，文化需求呈现出前所未有的复杂性和多样性。人民群众的文化需求不再是单一的、统一的，而是逐渐向着个性化、差异化和多层次发展，这种趋势对群众文化工作提出了新的挑战和要求。为了满足这种日益多样化的文化需求，群众文化工作必须在深刻理解社会各群体文化特征的基础上，提供更为精准、细化的文化服务，确保不同社会群体和地区的文化需求能够得到积极的响应和充分的满足。

社会结构的变化导致了群体间文化需求的差异。城市与乡村、不同年龄段、不同社会阶层、不同职业背景的人群，在文化消费上的兴趣和偏好存在明显不同。城市中年轻人对时尚、创新、跨文化的内容需求日益增强，而老年群体则更加重视传统文化和怀旧情感的体现；相较之下，乡村地区的居民对于传统节庆、乡土文化的参与需求则更为强烈。面对这种文化需求的多元化，群众文化工作者必须通过精细化的服务设计，细分文化服务对象，以实现更有针对性和更具个性化的文化产品供给。

在这一过程中,地域差异对文化需求的影响也不容忽视。中国地域辽阔,各地的历史背景、文化传统、风俗习惯存在巨大差异,这种差异直接影响了各地区人民的文化需求。例如,北方地区的居民在文化活动中可能更加注重传统戏曲和民间艺术,而南方地区的居民则可能对江南水乡特有的文化活动或民间工艺更加感兴趣。此外,不同区域经济发展水平的差异也进一步推动了文化需求的多样化。经济发达地区的居民可能更倾向于选择现代化、高科技、娱乐性强的文化活动,而经济欠发达地区的居民则可能更关注传统文化的传承与保护。群众文化工作需要根据这种地域性差异,因地制宜地设计文化服务项目,确保不同地区居民的文化需求能够被充分满足。

文化资源的优化配置是满足多元文化需求的核心。群众文化工作的开展不仅仅是满足文化需求的简单任务,更是对文化资源进行合理调配和高效利用的过程。随着科技的进步和信息化时代的到来,数字技术已经成为满足多元文化需求的重要工具。通过互联网平台、数字化展览、虚拟现实等技术手段,文化资源得到了更广泛的传播和应用,文化服务的可达性和多样性大大增强。这种技术的应用不仅能帮助将传统文化的遗产数字化保存,还能将文化活动推向更加广泛的受众,尤其是对于地处偏远地区的群体而言,数字化手段能够有效打破地域与时间的限制,使文化服务覆盖更加广泛。

为了实现文化资源的优化配置,群众文化工作不仅需要依赖传统的文化设施和活动,也应当积极探索现代化的文化服务模式。传统的文化活动如戏曲、书法、绘画等仍然具有不可替代的独特魅力,但在面对新时代的文化需求时,单一的文化形式往往难以满足多样化的群体需求。因此,开展群众文化工作需要不断创新服务形式、拓展内容领域,增强文化产品的多样性和互动性。通过传统文化产业与文化创意产业的结合,融合传统与现代元素,开创更多具有本土特色的文化品牌,能够有效吸引不同群体参与。同时,文化产业与教育、旅游等产业的联动,可以拓宽文化服务的开展渠道和传播路径,实现文化资源的多维度共享。

个性化、针对性文化服务的提供还需要更加深入的社会调研和文化需求分析。为了更好地把握人民群众日益变化的文化需求,群众文化工作者必须加强对不同社会群体的文化习惯、兴趣爱好和消费模式的研究。这不仅仅是对文化活动形式和内容的选择问题，更是对文化服务方式、文化传播渠道的精准设计。社会调研和数据分析能够帮助文化工作者发现潜在的文化需求，找出某些群体尚未被满足的文化需求空白，从而开发出更具创新性和吸引力的文化产品。

在满足多元文化需求的过程中，文化服务的包容性和公平性也需要受到高度重视。社会中不同群体的文化需求差异往往是由多种因素造成的，包括经济条件、教育水平、生活方式等。因此，文化服务必须遵循公平原则，确保不同社会群体，无论是富裕还是贫困、是否接受过高等教育，都能够平等享有文化服务。这就要求政府、社会组织和文化工作者在制定文化政策和实施文化项目时，不仅要考虑到不同群体的文化需求，还要考虑到如何消除文化服务中的不平等现象，实现文化服务的普及化和公平化。

开展新时代群众文化工作，必须顺应文化需求的多样化趋势，积极调整工作重点和方法，提供个性化和有针对性的文化服务。在满足多元文化需求的过程中，文化资源的优化配置、技术手段的应用、区域差异的考虑以及公平性原则的保障，都是重要的环节。实施这些举措，可以实现文化资源的最大化利用，使文化服务能够覆盖到每一个社会群体、每一个地区，推动全民文化素质的提升，促进社会的和谐发展。

第三章　非遗传承与群众文化工作的结合点

　　非遗与群众文化工作在理论与实践中具有深刻的联系。非遗作为民族文化的重要组成部分，蕴含着丰富的历史、艺术与技术价值，具有鲜明的文化符号性与强烈的社区认同感。群众文化工作则通过广泛的文化活动与社会服务，满足广大人民群众对文化认同与精神享受的需求。在这一背景下，非遗传承与群众文化工作如何有效结合，成为文化学术界与社会实践中的重要课题。本章将深入探讨非遗与群众文化工作之间的结合点与互动机制，首先分析非遗的文化价值与群众文化需求之间的内在契合点，揭示非遗作为文化资源在满足群众文化需求方面的独特作用。其次，重点探讨非遗传承在群众文化工作中的多重作用，分析其如何通过文化活动的形式促进社会文化认同与群体归属感的提升。最后，本章还将探讨非遗传承与群众文化工作之间的互动机制，揭示两者相互促进、共同发展的路径与方法。通过本章的研究，读者将对非遗传承与群众文化工作的深度融合有更全面的认识，为后续章节中对具体实践的讨论提供理论支持与实践框架。

第一节 非遗的文化价值与群众文化的需求

一、非遗作为文化认同的载体

非遗作为一个涵盖广泛的文化范畴，不仅仅是历史与传统的象征，它还深刻地嵌入民族的文化认同之中，发挥着重要的文化凝聚功能。非遗所承载的并非单纯的物质形式或技艺，它是一种跨越时间与空间的文化符号，蕴含了一个民族或文化群体在漫长历史过程中所积淀的智慧与情感。这些文化符号能够在现代社会中唤起个体对自己文化根源的认知与认同，进而形成共同的文化记忆和精神纽带，从而强化群体的文化身份与社会认同。

非遗所具备的文化认同功能，可以追溯到其深厚的历史渊源和独特的文化内涵。非遗所传承的民间艺术、技艺、节庆习俗、口头传统等，都是在长期历史演变中形成的文化载体，它们不仅是具体历史情境中的文化产物，更承载着某一文化群体的价值观、思想理念和行为规范。对于一个民族来说，非遗是其文化自信的体现，它维系着一个民族的历史文化脉络，促进了文化记忆的传承与延续。当代社会中，随着全球化进程的加速，传统文化面临着巨大冲击，非遗作为一个民族文化身份的重要标志，显得尤为关键。它不仅为个体提供了文化认同的基础，也为群体的文化自觉提供了情感依托。在这个过程中，非遗的传承与保护显得尤为重要，因为它直接关乎一个民族文化认同的保持与更新。

非遗在群众文化工作中的作用，不仅仅体现在物质形态的保存和技艺的延续，更在于它能够在群体中引发文化认同，进而形成强烈的文化归属感与民族自觉。群众文化工作是基层文化建设的核心内容，其目的之一就是帮助个体与群体认识并理解自己的文化根基，树立对本民族文化的认同。非遗在这一过程中起到了至关重要的作用。它通过直接体验和参与，能够让群体成员深入理解和认同自身文化的独特性与价值，进而实现文化自觉的提升。通过非遗的传承与发扬，群众文化工作能够强化文化认同的内在动力，激发社会各阶层对于传统文化的尊重与热爱,形成全社会的文化认同意识。

在当今时代,非遗的文化认同功能尤为重要。随着社会的发展与全球化的推进,许多传统文化在面临外来文化的冲击时显得脆弱,甚至有被遗忘或消失的风险。非遗作为文化认同的载体,提供了对传统文化的有力支撑。它不仅是一种文化的延续,更是一种精神上的再生与再创。通过对非遗的深入挖掘和保护,现代社会能够重新找回那些在历史长河中曾经消逝的记忆与智慧,这种过程本身就有助于增强民族的文化自信与自豪感。尤其是在当代社会的文化多样性背景下,非遗成为每一个群体彰显自身文化历史的认同与精神自豪感的象征。

非遗对于文化认同的支持,还体现在它能够为个体和群体提供一种历史性和情感性的纽带。众多非遗项目的传承,往往伴随着丰富的社会情感和集体记忆。这些情感和记忆并不是抽象的,而是深深扎根于某一社会群体的日常生活与传统习俗中。非遗传承过程中所展现的情感纽带,往往能够帮助个体找到自我与集体的连接点,从而强化个体在文化认同中的参与感和归属感。在现代社会,随着个体化趋势的日益加剧,人们的情感联系趋向碎片化,而非遗恰恰通过其鲜明的社会属性与深厚的传统基因,为个体提供了一种情感与历史的归属感,帮助其找到文化认同的根基。通过对非遗的传承与再创,社会成员能够重拾文化传统中的价值观与世界观,从而提升文化认同感。

非遗的文化认同功能也表现在它为不同文化群体之间的理解与尊重提供了桥梁。在全球化进程中,世界各地的文化不断碰撞和交融,许多文化在遭遇外来文化影响时容易陷入"文化同质化"的困境。然而,非遗作为一种地域性、民族性特征鲜明的文化形态,其独特性使其在全球文化多样性的环境中显得愈加不可或缺。它不仅是一个民族独特文化身份的体现,也是促进文化间对话与交流的有效工具。通过非遗的国际化传播,世界各地的文化群体能够更加深入地理解和欣赏彼此的历史与传统,进而促进文化的多样性与共存性发展。非遗作为文化认同的载体,帮助各文化群体在相互尊重与理解的基础上构建文化多样性体系,共同推动全球文化的繁荣与进步。

非遗的文化认同功能也反映在其对社会变革与时代发展的适应与回应上。

随着社会的不断变革，非遗在文化认同中的角色并非一成不变。它随着时代的变迁而发生着适应性变化，既保持了传统文化的核心要素，又融入了当代社会的发展需求。这种动态变化的特性使得非遗在新时代的文化认同中仍然保持着生机与活力。它通过与现代文化的结合与创新，使传统文化不断焕发新的生命力，成为当代社会文化认同的有力支撑。非遗作为文化认同的载体，不仅是一种对过去的传承，更是一种与当代文化互动的文化形式，它既可以为传统文化的保护提供基础，也能为现代社会的文化认同提供丰富的内涵和外延。

二、非遗在地方文化建设中的独特作用

非遗作为地方文化的重要组成部分，其在地方文化建设中的作用不容忽视。非遗不仅是传统技艺、表演或习俗的集合体，更是一种深刻承载地方历史、社会关系和文化认同的文化现象。经过在地域、民族和历史背景中的积淀，非遗演变为具有鲜明地方特色的文化符号。因此，非遗的保护与传承在强化地方文化独特性的过程中发挥了不可替代的作用。随着现代化进程的推进，全球化和文化同质化的压力日益增大，如何维护和发展地方特色文化成为一个亟待解决的问题。而非遗，凭借其鲜明的地域性和历史性特征，在这一背景下扮演着独特而关键的角色。

非遗的传承不仅是对传统文化的保护，也是地方文化自信和文化认同的体现。地方文化在很大程度上依赖于其历史文化资源的积淀，而这些资源往往表现为地方特有的艺术形式、风俗习惯、传统节庆等。非遗作为这些文化资源的集中体现，为地方文化的建设提供了丰富的内涵和表现形式。对这些文化元素的传承与保护，可以有效维系地方的文化特色，增强地方居民对自身文化的认同感和归属感。当居民能够在非遗的保护和传承过程中看到本土文化的价值和独特性时，他们对于家乡的自豪感会自然得到提升。这种文化认同不仅增强了地方文化的凝聚力，也使得地方文化在当代社会的传播中具有了独特的吸引力。

在地方文化建设的过程中，非遗往往与群众文化密切相关。群众文化是指以广大人民群众为主体的、日常生活中广泛存在的文化活动和文化形式，而非

遗恰恰是这些文化活动中的重要组成部分。非遗作为地方文化的一部分，其深厚的历史背景和丰富的文化内涵，使其能够在群众文化中发挥重要作用。通过对民间艺术、地方戏曲、传统手工艺等方面的传承，非遗为地方文化注入了鲜活的生命力。非遗的保护和传承不再是单纯的文化活动，也是一种社会行为，涉及社区、家庭和个体的参与。在这一过程中，居民的文化认同感不断得到加强，地方文化的凝聚力也在不断提升。

非遗的传承与地方文化的建设相辅相成，二者共同推动地方文化的发展。在现代社会，地方文化建设不仅仅是一个文化领域的问题，它还涉及社会经济、政治和文化多个层面的互动。在这一过程中，非遗作为一种文化资源，其保护和利用具有双重意义。一方面，非遗的传承有助于增强地方文化的活力和持续性，能够为地方文化提供源源不断的文化动力；另一方面，非遗的保护也能提升地方在文化市场中的竞争力。在全球化的浪潮中，地方特色文化的保护和传承成为一种重要的文化战略，而非遗作为这一战略的核心内容，其价值在不断被重新认识。

非遗的独特性不仅体现在其艺术表现形式和社会功能上，更体现在其与地方经济和社会发展的关系中。在许多地方，非遗的传承不仅是文化活动，它还与地方经济发展密切相关。传统手工艺、地方戏剧、民间艺术等非遗项目往往与地方的经济活动紧密相连。通过对非遗的保护和传承，许多地方不仅保护了文化遗产，还创造了经济价值。例如，非遗的传承推动了与之相关的旅游业、手工艺品产业等地方经济的蓬勃发展。非遗所蕴含的文化价值及其与地方经济的结合，为地方文化建设带来了更广泛的社会影响力和良好的经济效益。

在地方文化建设中，非遗的教育功能也不容忽视。非遗不仅是历史的见证，更是当代文化教育的重要资源。通过将非遗纳入地方文化教育体系，能够有效地推动非遗的传承，培养居民对地方文化的认知和热爱。非遗教育不限于传统技艺的传授，它还包括对非遗文化内涵的理解与发扬。通过对非遗文化的学习和实践，居民，尤其是年轻一代能够更深入地了解地方的历史背景、民族传统和文化特色。非遗作为一种文化教育资源，能够促进地方文化的传承与创新，帮助居民在继承传统的基础上进行创新，推动地方文化朝着更具时代感的方向发展。

非遗的保护和传承有助于提升地方文化的社会影响力。随着信息化、现代化进程的推进，非遗的传播方式发生了深刻变化。数字化技术的发展使得非遗的记录、保存变得更加高效，其传播更加广泛。通过数字化手段，非遗文化得以更广泛地传播到世界各地，吸引了更多的国际关注。地方文化通过对非遗的保护和创新，能够在全球文化体系中占据一席之地，从而增强其在全球文化竞争中的影响力。这不仅提升了地方文化的自信心，也为全球化背景下的文化交流和对话提供了重要的途径。

非遗的传承与地方文化的建设，最终指向的是文化的可持续发展。对非遗的有效保护和传承，不仅可以维护地方文化的独特性，还能促进地方文化在现代社会中的创新性发展。非遗作为地方文化的重要组成部分，它的保护和传承有助于地方文化在全球化背景下保持其多样性和独特性，避免陷入文化同质化的困境。通过非遗的传承，地方文化能够在现代社会中焕发新的生命力，在全球文化体系中展现其独特的魅力。这不仅是对历史文化的敬畏与尊重，也是对未来文化发展的积极推动。

三、群众文化需求对非遗传承的推动作用

随着现代社会的迅速发展和人民生活水平的持续提升，群众对文化的需求逐渐转向精神层面的丰富，非遗作为重要的文化资源，因其深厚的历史底蕴和鲜明的地方特色，在满足公众日益增长的文化需求中扮演着愈加重要的角色。文化消费的多样化和个性化，使得非遗成为与现代生活紧密结合的重要组成部分，它不仅是民族文化认同的体现，也是社会价值传递的载体。在这种背景下，非遗的传承与活化得到了前所未有的关注，成为人民文化需求的一项关键内容。非遗的传承不局限于技艺的保存和传递，它的更新与发展已逐步适应现代社会的需求，形成了一种新的文化表现形式，推动了大众对传统文化的认同和对其传承的热情参与。

在社会发展过程中，传统的节庆活动、民间艺术和地方技艺等非遗项目的传承逐渐形成热潮。这些文化形态不仅仅是历史的遗产，更是在现代社会中

具有深远影响的活态文化。随着现代传播方式的广泛应用，尤其是新媒体和数字技术的普及，非遗的传播途径变得更加多元化，能够迅速覆盖广泛的受众群体。通过现代化的传播平台，非遗项目得以在更大范围内推广，让大众能够更加便捷地接触、了解并参与其中。群众文化的需求和非遗传承的推动之间形成了互动关系，非遗项目不仅满足了人们对文化的消费需求，也在满足过程中促进了文化的不断传承和创新。非遗所蕴含的历史记忆和民族符号，通过这种现代化的传播途径，获得了更旺盛的生命力，也获得了社会各界对其保护和传承的更多关注与支持。

随着大众对文化认知层次的深化，非遗的文化价值不再局限于传统技艺的保存，而逐渐演变为一种蕴含深厚审美内涵与历史价值的文化体验。现代人对传统文化的需求，远不止于简单的模仿和再现，他们期望在传承中加入创新元素，使传统文化在当代社会中焕发新的活力。传统形式的非遗经过创新的包装与展现，能够在现代社会中找到新的生长空间。例如，一些传统节庆活动通过结合现代娱乐形式和互动体验，吸引了大量年轻人参与；民间艺术通过与当代艺术潮流的结合，不仅保留了传统技艺的精髓，还增添了时代感和趣味性。非遗通过这种方式得到重生，成为适应当代社会文化需求的重要组成部分，促进了群众对其认同与对其传承的参与。

非遗的传承不仅仅是文化的保留，它还涉及社会责任和文化使命的履行。随着社会的发展和人民文化需求的提升，非遗成为教育、传承和创新的多重载体。在一些地方，非遗项目不仅成为文化活动的一部分，还通过社会组织和社区教育等形式，使得更多的群众参与其中，尤其是青少年和儿童。非遗的传承通过这种方式与社会发展相融合，使其不仅具有历史价值，也具有现实意义。这种方式不仅是文化技艺的传递，更是社会责任感的培养和文化认同的塑造。通过广泛的群众参与，非遗不仅能在传统文化的基础上不断发展与创新，还能加强社会成员之间的文化认同，促进社会的凝聚力的形成和文化的多样性发展。

在今天的社会中，非遗的活化传承已经不再是孤立的传统文化保存任务，而是整个社会文化生态的一部分。群众对非遗的需求日益增多，推动了非遗的创新传承。这种需求并不是基于对传统文化的怀旧或简单的复古情怀，更是出于对多元化、个性化文化体验的追求。在经济全球化和文化多样化的背景下，人民越来越注重在全球化浪潮中保持文化自信和文化独立。非遗作为民族文化的重要代表，其保护和传承成为强化民族认同感和文化归属感的重要途径。通过参与非遗的传承与创新，人们不仅能寄托对传统文化的情感，也能在当代社会中找到自己的文化定位和精神归属。

更重要的是，非遗传承与群众文化需求之间形成了良性循环。在当今社会，非遗传承已经不仅仅是单向的文化传递，它在现代生活中的作用和价值逐渐多元化。在满足人民群众日益增长的精神文化需求的同时，非遗也能通过这种需求的激发，不断创新和进化。群众对非遗项目的热情参与，不仅推动了对非遗的传承和保护，也促进了非遗与社会各方面的深度融合。通过这种深度融合，非遗项目能够在现代社会中找到更加广阔的发展空间，不仅增强了文化的生命力，还为社会的文化发展贡献了更多的力量。

第二节　非遗传承在群众文化工作中的作用

一、提升群众文化的教育功能

非遗在群众文化工作中不仅是文化传统的传递工具，它还具有重要的教育功能，在当代社会的文化传承与创新过程中，非遗的教育作用显得尤为突出。随着社会的现代化发展，尤其是在全球化背景下，传统文化的地位和价值面临着日益严峻的挑战。传统文化的流失现象，导致了许多民族的文化认同感和自豪感的弱化，而非遗作为民族文化精髓的载体之一，发挥着至关重要的作用。特别是在群众文化的推广中，非遗不仅是连接过去与未来的纽带，更是深化文化教育的重要途径。

在这一背景下，非遗的教育功能尤为显著，其对青少年的影响更不容忽视。青少年是国家的未来，是文化传承的主力军。因此，通过非遗的传播与教育，帮助青少年更好地理解和传承本民族的文化，培养他们的文化认同感与自豪感，成为现代社会文化教育的重要任务。非遗作为一种活态的文化表达形式，不仅让青少年接触到传统的艺术形式和技艺，更能引发他们对历史的兴趣，激发他们对民族文化的认同。在对非遗的学习过程中，青少年不仅是在接受技能的传授，更是在经历一场深刻的文化教育过程，这一过程能够帮助他们更好地认识和理解自己所在的文化环境，塑造他们的文化观念和价值取向。

通过非遗的学习，群众特别是青少年群体能获得更多的历史、社会和文化层面的教育。非遗作为文化的传承载体，蕴含了丰富的历史信息和社会智慧。每一种非遗项目的背后，都有一个独特的故事，这些故事反映了不同历史时期、不同社会结构中的人们如何与自然和谐相处，如何在社会变迁中传承智慧和经验。非遗的教育功能不仅体现在技艺的传授上，更在于通过这些技艺的学习，受众能够深入了解这些技艺所承载的文化思想和历史背景。通过这一过程，学习者不仅能对传统文化产生浓厚的兴趣，还能在潜移默化中培养起对文化遗产的敬畏之情，进而增强社会责任感。

非遗的教育价值还在于它能够培养民众的文化素养。文化素养是指个人在文化认知、文化表达、文化理解等方面的综合能力，它反映了个体对文化现象的感知、理解、审美及参与的能力。非遗，作为文化传统的一部分，不仅具有极高的历史和艺术价值，还能通过具体的学习与实践，帮助民众提升其文化素养。通过参与非遗项目的学习和创作，民众可以更深刻地感受到文化的内涵与魅力，从而对传统文化产生一种认同感和归属感。非遗的传承过程常常是互动性和实践性强的，民众不仅从书本上获得知识，更通过实际操作和亲身参与来获得经验，这种体验式学习方式，有助于他们更深刻地理解和掌握文化知识，并在实践中提升个人的文化创造力与表现力。

在非遗的教育功能中，还有一个至关重要的层面就是它能够加强社会责任感的培养。非遗的传承不仅是个人的事情，更是社会共同体的责任。传统技艺的保护与传承不仅需要技术上的支持，还需要社会各界的共同参与和推动。通过对非遗的学习与传承，民众能够更清晰地认识到保护非遗的重要性，意识到每一种传统技艺、每一项民间艺术背后都蕴藏着巨大的文化和社会价值。通过这一过程，民众尤其是青少年将能够培养起对传统文化的尊重，并通过参与非遗的传承活动，增强对社会文化发展的责任感。在现代社会中，非遗的保护与传承面临许多挑战，包括技术失传、观念淡漠、市场化压力等，在全社会范围内增强文化责任感，推动非遗保护工作，需要每一个社会成员的共同努力。非遗的教育在促进社会整体文化认同的同时，增强了社会的文化凝聚力。

非遗的教育功能并不限于传递历史和文化，它更具有激发创新的潜力。随着时代的发展和社会的进步，传统的非遗技艺和文化形式也面临着现代化与创新的需求。非遗并非一成不变，它必须随着时代的进步而不断创新，以便适应新的社会需求。在群众文化的推动下，非遗教育能够通过创新与实践的结合，培养青少年的创造性思维，让他们在学习传统技艺的同时，结合现代的艺术创意和技术手段，推动非遗在现代社会中的创新发展。传统技艺和艺术形式的创新，不仅能增强其生存的活力，也能让非遗在新时代的背景下焕发出新的生命力。

通过非遗的传播与教育，尤其是在群众文化的推广过程中，能够有效地提高民众，特别是青少年的文化素养和社会责任感。这种教育并不限于对传统技艺的学习，它更是一种文化认同和社会责任的内化过程。通过对非遗的深入理解和参与，青少年能够更加清晰地认识到自己所处的文化环境，提升文化认同感和自豪感，同时也能够增强他们作为文化传承者和保护者的责任意识。在这一过程中，非遗不仅仅是文化的传递工具，它还有助于推动文化创新和社会责任感的增强。通过这一机制，非遗教育的功能得到了全面的发挥，也为当代文化教育的创新性发展提供了深刻的启示。

二、促进文化认同感与社会凝聚力的形成

非遗传承不仅是一项文化保护任务，更是社会凝聚力和文化认同感形成的重要途径。在当代社会，随着全球化的推进与文化多样性的交流互动，许多传统文化面临着逐渐消失的风险。非遗传承，尤其是在群众文化工作中扮演的角色，已逐步成为形成社会凝聚力、促进文化认同的重要力量。非遗不仅承载着历史与文化的记忆，它的传承和复兴也体现着人们对于自己文化身份和民族自信的认同与强化。在这一过程中，群众的广泛参与起到了核心作用。群众不仅是非遗文化的受益者，也是其传承过程的积极参与者，能够通过实际行动感受到文化的深厚内涵与社会价值。

非遗传承使社区和社会成员建立起对传统文化的深刻认同。当一个民族或地区的居民通过日常的文化活动、节庆仪式、传统技艺的学习与实践等方式与非遗紧密相连时，他们的文化认同感得到了增强。这种认同感的增强并非简单的文化回归，而是通过再创造与再传播的过程实现的。群众通过参与非遗活动，不仅能感受到自身文化的延续性，还能在这一过程中与他人产生认同互动，进而形成共同的文化记忆与社会归属感。在这种文化认同的基础上，社会成员会更容易形成共同的价值观与行为规范，促进社会的稳定与和谐。

非遗作为文化自信的源泉，对民族团结具有重要的推动作用。文化自信的基础建立在对传统文化的尊重与认同上，非遗的传承为这一过程提供了强有力的支持。通过非遗的传承，人民群众对本民族的历史、传统与价值观有了更加

深刻的理解，从而增强了对本民族文化的认同与自豪感。在面对全球化带来的文化冲击时，非遗作为传统文化的精髓部分，能够有效提升社会成员的文化自信，增强集体认同，进而提高社会整体的凝聚力。在多元文化交织的今天，非遗的传承不仅有助于巩固本民族的文化根基，也为其他民族和文化提供了相互理解与包容的契机，促进了社会的整体和谐与稳定。

与此同时，非遗的传承还具有重要的社会功能，它能够在促进社会稳定方面发挥积极作用。一个社会的稳定不仅依赖于经济、政治等层面的稳定，还依赖于社会成员之间的文化认同和情感纽带。非遗传承作为群众文化工作的一部分，其独特的文化性质决定了它在促进社会稳定中的重要作用。通过广泛的非遗文化活动，人民群众能够在共同的文化平台上进行互动与交流，从而增强相互间的信任与理解。在这种文化的共同体验中，社会成员的归属感和凝聚力得到了进一步提升。这种文化纽带的作用，不仅有助于消弭社会中的文化隔阂，还能有效缓解社会中的冲突与矛盾，促进社会的和谐发展。

非遗传承与社会凝聚力之间的关系，在现代社会中尤为明显。随着城市化进程的加速与社会结构的不断变迁，许多传统的社会联系和人际交往方式正在逐渐消失。在这种社会变革的背景下，传统文化的传承显得尤为重要。非遗的传承能够在一定程度上填补社会转型带来的文化空白，为现代社会注入更加多元与丰富的文化内涵。它为现代人提供了一种重新连接传统、感知历史的途径，并在此过程中激发人们对社会的责任感与归属感。群众参与非遗传承活动时，个人在社会中的角色和位置逐渐明确，社会成员之间的联系变得更加紧密，从而形成了一个文化认同感强、情感连接紧密的社会网络。

非遗在促进社会凝聚力提升的同时，还能推动社会的多元文化融合。在多元文化的背景下，社会的认同不再仅仅基于单一的文化元素，而是建立在对多种文化形式的共同尊重与理解上。非遗作为一种独特的文化表现形式，能够在多文化社会中发挥桥梁作用，促进不同文化背景的人群之间的交流与融合。通过对非遗的共同保护与传承，不同群体可以在平等和互鉴的基础上进行文化对话，从而达到文化认同的共享。这种文化认同的多元化，不仅有助于减少文化冲突，还能增强社会的包容性与适应性，为社会的长期稳定发展创造有利条件。

非遗的传承具有深远的社会教育意义。它不仅是对过去文化的传承，更是对未来社会精神文明的塑造。在日常的群众文化活动中，非遗的教育功能往往被忽视，而这一功能恰恰是非遗传承的核心之一。通过对非遗的学习与实践，社会成员尤其是年轻一代能够更加直观地感受到传统文化的独特魅力与深厚底蕴，从而增强对本民族文化的认同。这种文化教育不仅体现在传统技艺和习俗的传授上，还涵盖了对社会责任感、历史意识和文化自信的培育。通过对非遗文化的学习和传承，下一代能够在更为丰富的文化背景下成长，并在此过程中形成对自身文化和社会的深厚情感，进一步促进社会的长治久安。

三、推动文化多样性的保护与发展

文化多样性的保护与发展在当代社会已经成为全球文化议题的核心之一。随着全球化进程的推进，文化之间的交流与融合不断加深，然而，全球文化也面临着同质化的压力，许多地方性、民族性文化正在逐渐消失或被边缘化。在此背景下，保护和发展文化多样性，尤其是地方性与传统文化的保护，成为各国文化政策的重要目标之一。非遗作为传统文化的重要组成部分，在推动文化多样性保护方面起到了至关重要的作用。它不仅是民族和地区文化特色的体现，更是全球文化生态的一个独特维度，承载着人类历史的智慧与创造。非遗的传承对于保护文化多样性、促进文化的相互理解和尊重，以及构建和谐的全球文化环境，具有深远意义。

在全球化的语境下，非遗所代表的地方性文化面临着前所未有的挑战。现代化、工业化、城市化等因素导致了传统生活方式和技艺的逐步消失，许多民族的语言、艺术形式和传统工艺正面临着消亡的危机。非遗的保护和传承是确保这些文化不被遗忘、不被永久性销毁的关键。通过对非遗的保护，不仅能保存民族文化的精髓，还能维护文化的多样性，使其在全球化的浪潮中不被同化。非遗的保护是一项跨国界、跨文化的共同任务，它要求全球范围内的各国加强对地方性和民族文化的关注与尊重，同时也促使各国文化政策和实践朝着多元共存、相互尊重的方向发展。

文化多样性不仅仅是各国、各民族之间差异的体现，更是人类文明发展的重要资源。非遗作为文化多样性的重要载体，承载着各种传统智慧和民族的历史记忆。对非遗的传承和发扬，不仅能传递历史与文化的深刻内涵，还能促进全球文化间的交流与对话。在这一过程中，非遗不仅仅是某个地区或民族的独特文化表现，它还可以成为不同文化之间沟通的桥梁。通过非遗的共享与传播，世界各国可以加深对不同文化传统的理解与尊重，打破文化隔阂，促进全球文化的和谐共生。非遗传承的国际化不仅仅是一个文化输出的过程，更是一个多元文化相互碰撞、对话和融合的过程。这一过程中，非遗传递的不仅是技艺与形式，更是一种跨文化理解和交流的价值观。它鼓励人们在尊重文化差异的基础上，共同探讨人类文化的共同点，推动全球文化的多样性和包容性发展。

非遗的保护与传承也为文化产业的发展注入了新的活力。近年来，随着社会对传统文化的重视和对非遗价值的认同，非遗已经不再仅仅是历史的遗产，它成为当代文化创意产业的重要资源。在全球文化产业的竞争中，非遗作为独特的文化资源，不仅能提供丰富的文化内容，也能成为创新的源泉。通过合理开发和利用非遗资源，可以创造出既具有传统文化特色又符合现代社会需求的文化产品。非遗与现代技术的结合，尤其是在数字化、互联网等领域的应用，使得非遗的保护、传承和创新进入了一个新的时代。通过数字化手段，非遗不再局限于物理空间，它可以突破时间和地域的限制，广泛传播到全球，成为文化产业的一部分。非遗的创意转化与文化产业的结合，推动了文化产品多样化的发展，创造了新的经济价值，并为文化的可持续发展提供了支持。

文化多样性的保护不仅仅是对传统文化的保存，也包括对文化创新的支持。非遗的传承和发展并非意味着一味复古，它需要在现代社会的语境下进行创新。非遗的创新性传承是文化多样性发展的内在动力。在现代社会，非遗的技艺和形式需要与当代社会的需求和审美相结合，才能在全球文化中找到属于自己的位置。非遗的创新不仅仅是对传统形式的改良，更是对传统文化精神的现代诠释。通过创新，非遗可以焕发新的生命力，既能够保留传统文化的核心价值，又能适应现代社会的变化，满足人们对文化、艺术和审美的需求。非遗的创新性传承促进了文化多样性在当代社会中的体现，它使传统文化在不断变化的社会中得以保存，并与现代社会产生新的互动。

非遗的保护和传承与全球文化的相互尊重密不可分。文化多样性是人类社会发展的动力源泉，尊重和理解不同文化之间的差异是实现全球文化和谐的前提。在这一过程中，非遗不仅是一种文化表达，还体现了一种文化的价值观和生活方式。全球化的进程促进了文化间的交流和碰撞，但同时也带来了文化同质化的风险。非遗作为独特的文化资源，在这一背景下发挥着独特的作用。它代表了一个民族、一个地区独特的历史记忆和文化认同，是全球文化多样性的具体体现。通过非遗的保护与传承，全球文化不仅能保留丰富的多样性，还能通过文化间的互动与合作，促进世界各国之间的和平与理解。

在全球化的影响下，非遗的传承不仅仅是一个地方性问题，它已经成为全球文化的一部分。通过国际合作与交流，非遗得以跨越国界、跨越民族，成为世界文化遗产的一部分。各国对非遗的关注与保护，促进了全球文化多样性的发展，使得不同文化能够在平等与尊重的基础上共存。非遗的传承不仅仅是对过去的守护，也是对未来的承诺。通过保护和传承非遗，我们不仅能保存历史的记忆，还能为未来的文化创新提供源源不断的灵感与动力。在推动文化多样性的保护与发展的过程中，非遗将继续发挥其重要作用，成为世界文化遗产保护的重要组成部分。

第三节 非遗传承与群众文化工作的互动机制

一、群众文化工作对非遗保护的制度支持

群众文化工作在非遗保护中的作用不可忽视，尤其是在制度支持方面，它为非遗的持续传承和创新提供了坚实的基础。通过政策的制定与制度的完善，群众文化工作为非遗保护提供了全方位的保障，确保了非遗资源在现代社会中的生存和发展。非遗的保护并非对传统技艺、艺术形式、节庆活动等的简单保存，更是对文化多样性基因的延续、对民族特色及历史记忆的传承与弘扬。制度的支持在这一过程中起到了关键性作用，它不仅为非遗的保护创造了法律框架和执行机制，也为其与现代社会需求的结合提供了指导。

在非遗的保护过程中，政府扮演了至关重要的角色。政府部门引导制定与非遗保护相关的政策和法规，这些政策和法规不仅为非遗项目的传承提供了保障，还通过明确的法律条文对非遗的价值和意义进行再认识和再评价。政府的政策支持是非遗保护体系中的基础，它通过财政支持、技术援助、人才培养等多方面的措施，确保非遗资源能够在现代社会中得到有效传承与创新。这种政策层面的保障为非遗的创新发展提供了必要的条件，同时确保其在尊重传统的基础上能够与时俱进，适应新时代的发展需求。

在法律层面，非遗的保护也需要明确的规定和法律框架来加以约束和引导。许多国家已经出台了一系列专门针对非遗保护的法律法规，这些法律法规不仅明确了非遗的定义与范围，还规定了非遗传承的基本要求及保护措施。通过这些法律制度的实施，非遗传承的主体责任得以明确，社会各界的参与和支持得以促进。这些法律法规不仅对非遗传承人的行为进行规范，还对社会各界在非遗保护中所应承担的责任和义务提出了具体要求，能有效推动全社会形成对非遗保护的共识和行动力。

政策和制度的支持还能为非遗的创新提供支持。传统非遗项目在保护和

传承过程中，往往面临着如何在传承的基础上进行创新的问题。传统的非遗项目具有深厚的文化根基，但随着社会的发展，单纯的保护往往难以满足当代社会对文化产品多样性和创新性的需求。此时，政策和制度的支持便显得尤为重要。政府通过推动非遗项目与现代文化产业相结合，为非遗创新提供了必要的资金、平台和市场支持。这种支持不仅帮助非遗在现代社会中焕发新的生命力，还使其在保护传统文化的同时，更好地满足现代社会的需求。

在实际操作中，群众文化工作通过组织和协调各种资源，推动非遗保护的社会化进程。非遗的传承不仅是政府部门的责任，社会各界的参与同样至关重要。群众文化工作能够调动广大民众的参与热情，增强他们对非遗的认知和保护意识。通过社会化的参与机制，非遗的保护不再是单一的、局限于某个群体的工作，而是全社会共同参与的文化事业。在这一过程中，群众文化工作通过多种形式，如公益活动、文化节庆、教育培训等，推动非遗的传播与保护，增强公众对非遗的文化认同感和自豪感。

群众文化工作通过制度的支持还能加强非遗保护的长效机制。非遗的保护不是短期的项目，需要建立持续性、系统性的保障机制。在这一方面，群众文化工作能够通过合理的资源配置和长期的规划，为非遗保护提供制度性保障。这些保障措施包括非遗资源的定期评估与监测、人才的持续培养、技术手段的不断创新等，它们确保了非遗项目能够在良好的环境中实现可持续发展。通过制度的保障，非遗的传承能够历久弥新，随着社会的变化而不断适应与创新。

群众文化工作还能通过国际交流与合作，为非遗保护提供更广阔的视野与平台。随着全球化的深入，文化交流的频繁，非遗的保护也不再是某一国家或地区的单一任务，而是全球发展共同体的责任。在这一背景下，群众文化工作通过国际合作机制的建立，推动非遗的跨国交流与保护。各国可以通过共享经验、资源互通、技术援助等方式，形成全球性的非遗保护网络。这不仅增强了非遗的多样性和丰富性，也推动了全球范围内文化多样性保护的进程。

群众文化工作在非遗保护中发挥着不可或缺的作用，特别是在政策和制度支持的层面上，它为非遗的传承提供了坚实的法律保障和社会支持。通过政府的引导与扶持，非遗保护更加规范和系统，而通过法律和政策的保障，非遗的传承能够在现代社会中保持其生命力和活力。群众文化工作的制度支持不仅确保了非遗的持续传承，也为其创新性发展提供了条件，推动了非遗与现代社会的融合与发展。非遗的保护不再是单纯的文化遗产的保存，而是通过制度的支持，成为一项全社会共同参与的文化工程，促进了文化认同的建立和文化自信的增强。

二、非遗传承可提升群众文化工作的丰富性

非遗作为人类文化的重要组成部分，承载着各个民族独特的历史记忆、社会价值和生活方式。随着社会的不断发展与变革，非遗逐渐被认知为具有时代价值的文化资源，其在文化传承、社会发展和文化认同中占据着日益重要的地位。在群众文化工作中，非遗不仅为传统文化的保护与传承提供了重要的支撑，还为群众文化活动的内容创新与丰富性提升提供了源源不断的动力。通过将非遗元素巧妙地融入群众文化工作中，能够在保留地方特色的基础上，进一步提升活动的文化内涵与艺术魅力，从而促进文化参与度的提升，增强公众对传统文化的认同感与归属感。

群众文化工作是指通过组织和开展文化活动，推动公共文化服务体系建设，提升公众文化素养，进而促进社会和谐与文化繁荣的系统性工作。这一工作不仅涵盖了传统文化的传播与推广，还涉及现代文化创意的融合与创新。非遗作为群众文化工作的重要资源，其独特的文化价值和历史积淀，能够为群众文化活动提供更加丰富的内容与表现形式。在当代，非遗的传承与创新成为文化工作的重要组成部分，特别是在地方文化建设和社区文化振兴中，非遗元素的应用为群众文化活动注入了鲜活的生命力。

非遗的丰富性不仅体现在其表现形式的多样性上，还体现在其内涵的深刻性上。传统节庆、民间工艺、歌舞艺术、口头传说等非遗项目承载着各民族悠久的历史、智慧与生活经验，其传承与发扬不仅能促进传统文化的保存，还能激发人们对文化遗产的敬仰与传承意识。将这些非遗元素引入群众文化活动中，无论是在城市广场的文艺演出，还是在乡村的文化节庆活动，都能有效丰富活动的文化内涵，使活动内容更具吸引力与参与感。这种文化元素的融合使

群众文化工作从单一的娱乐活动转变为具有深厚文化底蕴的艺术表现,能够激发公众的文化认同感与自豪感,提升群众的文化参与度。

非遗元素的融入,能为文化活动带来多重价值。一方面,非遗在群众文化活动中的应用,能够帮助公众更直观地感受到传统文化的魅力,激发文化自觉。非遗的表现形式多种多样,从传统的民间歌舞到独特的手工艺,从节庆活动中的习俗表演到民间工艺的现场展示,每一项非遗项目都蕴藏着丰富的文化信息与历史内涵。通过这些生动的文化展示,公众可以在参与和体验中加深对传统文化的理解与认同,进而提升自身的文化素养。另一方面,非遗的融入,还能提升文化活动的艺术性与独特性。传统的民间艺术和技艺往往具有极高的艺术价值和极强的视觉冲击力,这些元素的展示不仅能吸引观众的注意,还能在感官上带来震撼与享受,从而增强文化活动的吸引力和艺术魅力。

非遗元素的广泛融入,不仅使群众文化活动内容更加多样,还能提升活动的地域特色和文化认同感。在现代化、全球化的背景下,传统文化的地方特色面临着一定的流失风险,非遗作为地方文化的代表,能够有效弥补这一缺失。通过在各类群众文化活动中加入具有地方特色的非遗项目,可以使活动更具地方特色和文化色彩,增强地方居民的文化认同感和归属感。这种认同感的增强,不仅能提升社区的凝聚力,还能激发居民对地方文化的保护与传承责任,进一步推动地方文化的振兴与发展。无论是民族地区的传统节庆活动,还是城市中的地方文化展览,非遗的融入都能够为活动注入独特的文化魅力,使其不仅具有娱乐性,还富有深刻的文化价值。

非遗的融入为群众文化活动提供了更加广泛的受众群体和文化参与的机会。传统文化的多样性和包容性,使得其能够与现代社会的各类文化需求和表达形式相契合。随着社会的多元化发展,群众文化活动的形式日趋多样,非遗作为文化资源的多样性与广泛性,能够为不同群体提供产生文化认同和情感共鸣的契机。无论是老年人对于传统手工艺的热爱,还是年轻人对民间舞蹈和歌唱艺术的兴趣,非遗都能够在不同群体中找到共鸣点。这些群众文化活动的开展,能够有效吸引不同年龄、不同兴趣群体参与,进一步扩大群众文化活动的覆盖面和影响力。

非遗元素的融入不仅丰富了文化活动的内容，还能强化活动的教育功能和社会意义。非遗作为文化传承的载体，蕴含着独特的历史与社会价值，将其融入群众文化工作中，有助于引导公众深入思考传统文化与当代社会的关系，促进文化认同的塑造和文化传承的实践。这种教育功能的强化，使群众文化活动突破了单纯的娱乐属性，而成为文化传承与思想启迪的重要平台。通过参与非遗的传承，公众不仅能接触到丰富的文化资源，还能在这一过程中了解历史、感悟生活、提升个人素养，进一步推动文化自信的建立。

三、非遗教育与群众文化活动的有机结合

非遗作为传统文化的载体，承载着独特的历史记忆和文化内涵，体现了各民族在长期社会实践中的智慧结晶。在当今全球化的背景下，非遗的保护与传承不仅需要技术和理论的支持，更需要通过广泛的社会参与来实现其活态延续。群众文化活动作为一种基层文化形式，以其广泛的群众基础和生动的表现形式，为非遗的传承提供了一个有效的平台。非遗教育与群众文化活动的结合，恰恰填补了非遗传承过程中存在的实践空白，并为文化的普及与深化创造了条件。两者之间的有机结合，不仅能提高公众对非遗的认知与参与度，也有助于推动地方文化的振兴与发展。

非遗教育具有深远的社会意义。其核心在于通过对传统技艺、民俗活动、传统艺术等方面的教育，使得非遗能够在当代社会中得到有效的传承。这一过程不仅仅是技艺或知识的传授，更是一种文化认同与情感共鸣的培养。非遗教育的形式可以多种多样，工作坊、讲座、展览等方式不仅为公众提供了直接参与和体验的机会，也通过互动式的教学模式提升了非遗教育的吸引力和实效性。而群众文化活动作为文化传播的基础形式，具有深厚的群众基础和广泛的社会覆盖面。这类活动通过不同的文化表现形式，传递着地域性和民族性的文化信息，并且在促进社会和谐、增强文化认同方面发挥着重要作用。非遗教育与群众文化活动的结合，是对传统文化的传承与创新的推动。

将非遗教育引入群众文化活动中，可以有效促进非遗知识的普及和技术的传授。群众文化活动中的非遗教育项目，通常能够吸引不同层次和年龄的参与

者。特别是在地方节庆、社区活动等场合，通过互动式的教育形式，非遗能够在群众中扎根，激发他们对本土文化的兴趣和认同。参与者通过亲身体验非遗技艺，能够加深对传统文化的理解，同时也能在这一过程中形成对非遗的尊重与保护意识。此外，非遗教育不局限于传统技艺的传授，还包括文化理念的传播。通过接受非遗教育，群众能够更好地理解非遗的社会功能和文化价值，从而在日常生活中自觉地保护与传承这些文化遗产。

非遗教育能够极大地丰富群众文化活动的内涵和形式。传统的群众文化活动往往集中于娱乐、表演和节庆等方面，而加入非遗元素后，这些活动的文化价值和教育意义得到了升华。社区文化活动引入非遗的传统工艺、舞蹈、戏曲等内容，不仅为观众提供更为丰富的艺术享受，也通过活动本身对参与者进行文化熏陶。非遗教育的加入，使得这些活动不再单纯是表演和娱乐，而是具有了更深层的文化功能，促进了公众对传统文化的认知与理解。在这一过程中，非遗成为文化活动的灵魂，增强了文化活动的教育性和互动性，也使得参与者在欣赏艺术的同时，深入了解文化的传承意义。

将非遗教育融入群众文化活动，还能提升公众的文化创造力和文化自信心。非遗并不是一成不变的，它在传承的过程中需要不断进行创新性发展。群众文化活动作为一个开放的平台，为非遗的创新提供了空间。通过教育，参与者不仅学到了传统技艺，还可以在实践中进行创新，创造出符合现代审美和实用需求的文化产品。例如，非遗技艺的现代化应用、传统节庆活动的创新形式，都能通过群众文化活动中的教育与实践得到进一步发展。通过这种方式，非遗不仅能在当代社会中得到传承，还能焕发出新的生机和活力。这种文化的创新不仅仅体现在艺术形式上，更表现在文化精神和文化价值的传承上。通过非遗教育与群众文化活动的结合，传统文化得以在现代社会中得到更广泛的传播和发展，公众在参与文化活动的过程中，不仅获得了文化享受，更加深了对自己文化身份和历史的认同。

在推动非遗教育与群众文化活动的结合时，还应注重文化活动的参与性和包容性。非遗的传承不仅需要传承人和专家的努力，还需要普通公众的广泛参与。通过开放式的教育模式，非遗教育能够在更广泛的社会群体中得到推广，并促使社会各界共同参与到非遗的保护与传承中来。群众文化活动为这种广泛参与提供了可能性，通过丰富的文化形式和多样的教育手段，非遗教育能够跨越社会阶层、年龄、职业等限制，达到最大范围的普及效果。此外，非遗教育与群众文化活动的结合，还能增强文化多样性和社会的文化包容性。在不同的文化背景和社会环境中，非遗的价值和意义可能有所不同，教育和活动的互动，可以帮助公众更好地理解和尊重不同地域、民族的传统文化，增强社会文化的包容性，促进其和谐发展。

四、地方文化创新与非遗传承的互相促进

地方文化的创新与非遗传承之间的互动机制为我们提供了一个深刻理解文化持续性和发展性的视角。非遗的保护不仅仅是对传统形式的守护，它的传承需要与时俱进，不断适应社会和文化的变迁。这一过程中，群众文化工作发挥着至关重要的作用。群众文化工作作为文化建设的重要组成部分，承担着文化传播、创新和传承的多重职能。它不仅是传统文化的传递者，也是文化创新的催化剂。非遗的活化与再创造，正是在这种互动中得到了推动，体现了传统文化在现代社会中的多样性表现及其文化价值的延续。

非遗的活化传承是一种将传统与现代结合的动态过程，这一过程中对传统文化进行适当的创新和改造是必要的，也是可持续发展的前提。随着时代的发展，社会需求不断发生变化，非遗作为一种具有历史文化底蕴的遗产，它的传承不仅包括原生态的保存，更重要的是能够与现代社会的生活方式、审美需求以及技术手段相融合。因此，非遗的现代转化是不可避免的，这一转化不仅仅是形式的创新，更是内容和精神的创新。通过创新的方式重新赋予非遗新的生命力，使其在新的文化语境下继续发挥影响力，避免其成为遗弃的过往或过时的陈列品。群众文化工作在这一过程中提供了一个重要的创新平台，赋予非遗新的内涵和外延，使其能够适应当代社会的需求与发展。

地方文化的创新与非遗的传承是双向互动的过程。在这一互动中，地方文化创新依赖于非遗的深厚根基，而非遗的传承又离不开地方文化的不断创新。非遗不仅仅是某一时期或某一地方的历史遗存，它更是地方文化的一部分，承

载着该地区的历史记忆、民俗风情和社会认同。地方文化的创新为非遗的现代化和全球化提供了新的思路和途径，同时，非遗的文化底蕴也为地方文化创新提供了源源不断的动力。通过创新，地方文化可以从传统的束缚中解放出来，释放出更为丰富的文化能量，并在现代社会中焕发出新的活力。非遗的传承在这种创新的过程中得以重生，它不再是静止的、封闭的文化符号，而是一个能够灵活适应社会变革的动态存在。

地方文化的创新，不仅体现在形式和表达方式的转变上，也体现在文化生产、传播和消费的方式上。随着文化产业的发展和信息技术的进步，非遗的传承不再局限于传统的口耳相传和师徒传授。现代技术手段，尤其是数字化技术的广泛应用，为非遗的保护与传承提供了新的可能。地方文化创新能够通过数字化手段将非遗内容呈现给更广泛的受众，打破了地域和时间的限制，使得非遗的价值能够在更大的范围内得到传播。同时，非遗的现代转化也需要根据现代社会的需求进行适当的改编，使其更符合现代人的审美趣味和生活方式，从而增强其生命力和吸引力。在这一过程中，群众文化工作的创新不限于对非遗项目本身的保护，还包括对非遗的创新性展示、体验和教育，使非遗成为当代社会和人们日常生活的一部分。

在非遗的活化与地方文化创新之间的互动中，也需要特别关注文化传承中的社区参与。非遗传承不仅仅是政府或文化机构的责任，它还需要地方社区的广泛参与。社区作为文化的基本单位，具有天然的非遗传承优势，因为许多非遗项目往往起源于社区，是社区文化的核心内容。地方文化的创新往往源自社区成员的需求与创造，他们对非遗的理解、应用和再创造能够使其更具时代感和吸引力。通过鼓励社区参与非遗的传承和创新，可以促进传统文化在现代社会中的活跃表现，也可以增强地方居民的文化自信和认同感。群众文化工作通过多层次、多维度的参与形式，为社区成员提供了一个参与非遗传承与创新的平台，推动了非遗文化的地方性发展和多样性表现。

非遗传承的创新不仅仅是在传统文化内核的基础上进行外延性的延伸，它还包括对文化认同的再构建。在全球化的背景下，许多地方的传统文化面临着文化认同的危机。非遗的现代转化不仅能帮助地方文化更好地与全球文化进行对话，还能促进地方居民对自身文化的认同与尊重。通过对非遗的创新性解读和传承，能够强化地方文化的独特性，使其在全球文化大潮中占有一席之地。而群众文化工作则提供了多样化的途径，帮助地方文化在现代社会中找到自己的位置。通过创新性的传播与展示，非遗不仅能增强地方文化的凝聚力，还能促进文化的可持续发展。

第四章　非遗传承在群众文化活动中的实践

　　非遗传承的核心在于实践，如何将非遗元素融入群众文化活动中，如何让非遗在当代文化生活中焕发生机，是非遗保护与传承中的关键问题。群众文化活动是连接非遗与社会大众的桥梁，通过这些活动，非遗得以广泛传播与传承，同时也促进了群众对传统文化的认知与认同。在这一背景下，非遗如何融入文化活动中，如何通过不同形式的表达展现其独特的艺术魅力与文化价值，成为本章讨论的重点。首先，探讨非遗元素在群众文化活动中的具体融入方式，分析传统戏剧、民间舞蹈、手工艺等非遗形式如何在现代文化活动中焕发活力。其次，深入分析非遗传承在文化活动中的具体表现形式，揭示其如何通过各种艺术手段与文化载体呈现出丰富的文化内涵与地方特色。最后，本章结合国内外的成功案例，分析非遗传承活动的实践经验与启示，探索非遗在群众文化活动中的可持续发展路径。通过对这些实践案例的分析，读者能够更好地理解非遗传承的实际操作和应用价值，为文化活动的策划与组织提供借鉴。

第一节 非遗元素在群众文化活动中的融入

一、非遗元素的选择与提炼

非遗元素的选择与提炼是非遗传承与创新过程中的核心环节。在现代社会，非遗不仅是传统文化的体现，也是文化认同和社会凝聚力的重要源泉。因此，在将非遗元素融入各种文化活动和现代生活中时，如何精心选择和提炼这些元素成为一个不可忽视的关键问题。非遗的种类繁多，涵盖了手工艺、传统音乐、舞蹈、戏剧等多种形式，其背后蕴含的文化价值、技艺特征和历史背景都是选择和提炼时必须深刻理解和尊重的内容。

非遗元素的选择必须立足于其文化代表性与地域特色。每一个非遗项目都是特定历史、地理和社会背景下的产物，承载着独特的文化记忆和情感诉求。不同地区、不同民族的非遗项目具有鲜明的地域性和地方性，这些文化元素不仅在地方层面发挥着重要作用，也在全球化的背景下形成了文化多样性的重要组成部分。在选择非遗元素时，必须审视其在文化传承中的代表性，考虑其是否能够准确反映该地区或民族的文化特色与历史传统。例如，某些地方的传统手工艺，可能具有不可复制性和独特性，这使得这些手工艺的文化代表性尤为突出。因此，只有将那些具有显著地域特色和文化代表性的非遗项目纳入选材范围，才能确保所选择的元素能够体现该地区或民族的文化底蕴。

在进行非遗元素选择时，还需要综合考虑其在当代社会中的接受度与适应性。随着社会的不断变化，传统非遗元素需要与现代社会的需求、审美和生活方式相契合。这并非要求对非遗内容进行大幅度的修改或改变，而是要在传承的基础上，注入现代化的表现形式或应用方式，以便其能够更好地融入现代文化活动中。

接下来的关键步骤是非遗元素的提炼。提炼非遗元素意味着要从繁杂的非遗项目中剖析出其核心价值和独特特征。这一过程不仅是对非遗内容的简化，更是对其深层文化内涵的理解和升华。每一个非遗项目都有其特定的技艺特点和表达方式，在提炼过程中，必须深入挖掘其背后的文化意义。例如，某些非遗元素在艺术表现上可能显得复杂繁复，但其蕴含的情感和思想却是值得提炼的精髓。提炼工作能够将非遗元素中最具代表性、最具感召力的部分突出出来，使其在融入现代文化活动时，能够更好地触动观众的内心，激发他们的文化认同感和情感共鸣。

在提炼过程中，非遗项目的历史背景和技艺特征是不可忽视的重要内容。非遗的历史背景不仅构成了其文化价值的基础，也为其技艺特征的传承提供了理论依据。每一个非遗项目的形成和发展，都与特定的历史、社会和文化环境密切相关。因此，在提炼非遗元素时，必须对其历史背景进行充分的研究和理解，只有掌握了其历史脉络，才能真正理解该非遗项目的内在价值。技艺特征则是非遗项目最直观的表现，它不仅展现了传统文化的技艺之美，还反映了这一技艺在历史上对人们生产和生活的深远影响。

提炼非遗元素的过程中，需要关注其传承的方式与创新的空间。非遗的传承不仅仅是复刻和再现传统，更要在现代社会中找到新的生命力和表达方式。这就要求在提炼非遗元素时，能够在保持其核心价值的基础上，进行适当的创新和变革。创新不仅限于表现形式的创新，还包括传播方式、参与方式等方面的创新。例如，传统舞蹈可以结合现代舞蹈元素进行重新编排，传统手工艺品可以与现代设计相结合，形成具有市场竞争力的文化产品。在这一过程中，非遗元素的创新与传承是相辅相成的，创新的空间不能脱离非遗元素的文化根基，而应当在尊重传统的基础上进行适当的拓展。

非遗元素的选择与提炼是一个复杂且深刻的过程，涉及文化传承、技艺保存、社会需求等多个方面。精心地选择与提炼，不仅能确保非遗元素的文化内涵得以准确传达，还能为其在现代社会中的传承与发展提供新的契机。非遗作为文化遗产的活态表现，只有通过不断选择与提炼，才能在现代社会中焕发出新的生命力，成为文化传承的重要载体。通过这一过程，非遗不仅能为当前的文化活动提供丰富的内容，也能为未来的文化创新奠定坚实的基础。

二、非遗元素的现代化转化

在当代文化发展的过程中，非遗作为历史悠久、富有深厚文化底蕴的资源，承载着传统社会的记忆与智慧。然而，随着时代的变迁，非遗的传承面临着新的挑战。在现代化进程中，如何使这些非遗元素既能够保持其传统文化的核心，又能在当代文化语境中得到创新性表达，已成为文化传承中的关键课题。在现代群众文化活动中，非遗元素的融入往往需要通过一系列的现代化转化手段，以适应当下社会的需求与审美观念。这个过程不是简单的形式转变，而是需要在尊重传统的基础上，进行更深层次的创新与融合，使其能在新的社会背景中焕发出独特的文化活力。

现代化转化的核心在于通过一种创新的方式，使传统非遗能够与当代文化进行有效对接。在这一过程中，非遗的传统形式和内涵不应被轻易改变或消解，而应保持其独特的文化价值与精神内核。这意味着，非遗元素的现代化转化不应仅仅是形式上的创新，也不仅仅是为了迎合市场和大众的需求，而应该是一个多维度的、有深度的文化再创造过程。通过这种方式，非遗元素不仅能在现代文化活动中得到有效传承，还能吸引更多年轻群体的关注，进而实现其文化的可持续发展。

要实现非遗元素的现代化转化，首先需要通过现代科技手段的介入来推动其创新发展。信息技术、数字化工具和虚拟现实等技术的应用，为非遗的现代化转化提供了广阔的空间。运用数字化手段，不仅能对传统技艺进行记录与保存，还能通过虚拟平台展现其艺术表现的多样性。例如，传统的手工艺可以通过三维建模与虚拟现实技术，使观众能够在虚拟空间中体验其制作过程和文化内涵。这样，不仅为传统技艺的保护提供了技术支持，同时也使其得以在全球范围内传播和展示。这种技术的介入让非遗的传承不再局限于物理空间和地域范围，极大地扩展了其传播范围，扩大了其影响力。

艺术表现形式的创新也是非遗现代化转化的重要途径。传统的非遗元素常常依赖于特定的艺术表现形式，而现代社会的艺术创作方式更加多元与开放。随着当代艺术语言的变化，非遗传承者可以通过跨界的艺术表现形式，对非遗

第四章　非遗传承在群众文化活动中的实践

元素进行更加丰富和多样的再创作。例如，将非遗的音乐、舞蹈、戏剧等传统艺术形式与现代舞蹈、音乐、戏剧等艺术形式相结合，创造出更加符合现代审美与文化需求的表现方式。在这一过程中，非遗的内涵得到了更深层次的再现，而传统与现代的结合也为艺术作品注入了新的活力与创意，使其更具当代性和吸引力。这种艺术形式的创新不仅能提升非遗的表现力，也能推动传统文化在现代社会的广泛传播和认同。

除了艺术创新，跨领域的互动方式同样为非遗的现代化转化提供了新的契机。跨领域合作能够打破传统文化传承的单一维度，为非遗元素提供更多的发展空间。在文化创意产业的背景下，非遗元素常常被与旅游、教育、传媒等多个领域相结合，形成跨领域的互动模式。例如，非遗与旅游业的结合，不仅能让游客在体验传统文化的同时，感受到现代化的便利和创意，也能提升地方经济和文化产业的整体竞争力。这种跨领域的互动方式为非遗的现代化转化提供了多样化的实现路径，使非遗不局限于单纯的文化传承，更成为一种能够融入当代社会多维度的文化资源。

非遗元素的现代化转化还涉及文化消费与社会需求的适应性。在现代社会，随着人们生活方式的改变，文化消费的方式也发生了巨大变化。传统的非遗项目需要通过更加贴近公众生活的方式展现其价值，才能吸引更多人关注与参与。以数字化、社交媒体等新兴传播手段为媒介，非遗的表现形式得到了更加多元化的呈现。无论是通过短视频、网络直播，还是通过社交平台进行互动，非遗在这些现代传播途径中的应用，极大地提升了其受众群体，尤其是年轻群体的关注度。通过现代传媒技术，非遗能够更加灵活地进入人们的日常生活中，不再是难以接触的远古文化，而是与现代生活紧密相关的文化资产。这种文化消费方式的创新，使非遗能够在现代社会中继续发挥其独特的文化价值。

非遗元素的现代化转化不仅是文化传承中的一种创新方式，更是传统文化在全球化背景下重新审视和再生的过程。通过现代科技手段、创新艺术表现、跨领域互动等方式，非遗传承者不仅能使非遗在现代社会中获得新的生命力，还能使其与当代文化语境更加紧密地结合，为全球文化多样性的保护与发展贡献力量。这一转化过程所带来的不仅是文化层面的深远影响，更是社会和经济层面上的积极推动，使非遗的保护与传承进入了更加开放和包容的时代。

三、非遗元素与群众文化活动的有机结合

非遗元素与群众文化活动的有机结合，既是对传统文化的一种活态传承，也是在当代社会中对集体文化认同的深度挖掘。在全球化和信息化程度日益加深的背景下，如何在现代社会中实现非遗元素的有效融入，并通过群众文化活动实现其有机结合，已成为文化传承和社会文化创新的重要课题。群众文化活动本身作为一种集体性、广泛参与的文化实践形式，具有极强的社会性和互动性，其核心价值在于通过民众的广泛参与，激发文化活力，提升社会凝聚力。因此，非遗元素的融入不仅是文化传承的需求，更是社会文化互动的一部分，体现了文化的动态性和生命力。

群众文化活动的根本特征是其广泛性和包容性，这种特性使其成为非遗元素融入的理想平台。非遗作为地方性、民族性的文化表达，在传承传统文化和技艺的同时，也要适应时代的变迁。非遗元素进入群众文化活动的过程中，必须考虑到如何在现代社会条件下让传统文化更具生命力，如何通过群众的参与实现其可持续的传播与发展。在这一过程中，非遗的文化价值与群众文化活动的互动性和群众性形成了互为支撑的关系。非遗元素作为群众文化活动的文化核心，能够通过与群众的日常生活和文化实践相结合，实现文化的自我更新和振兴。通过这种有机结合，非遗得以在现代社会中重焕生机，同时也能有效增强群众的文化认同感和归属感。

非遗的融入不是单一的文化展示，它更应当注重群众的参与感与互动性，才能真正实现其在社会中有效的传播和传承。传统的非遗展示形式虽然能够在一定程度上呈现文化的魅力，但单纯的展示并不足以激发群众的参与欲望和文化认同。相反，非遗元素如果能在群众文化活动中得到更广泛的应用，特别是在技艺表演、手工制作、节庆活动等互动性强的环节中，其传承和普及的效果将会更加显著。通过亲身参与，群众不仅能对非遗有更直观的感知和体验，还能在互动过程中深化对非遗背后文化的理解，从而形成更为深刻的文化认同。

非遗的有机融入需要充分考虑其与群众文化活动的契合性，特别是在活动形式和内容的设计上要做到既保留非遗的文化特质，又能与现代群众文化的需求相结合。现代社会的群众文化活动，越来越注重形式的多样性和参与的广泛性，而非遗文化本身就具有非常丰富的表现形式，无论是传统的手工艺、民间艺术，还是地方性节庆，它们都能以多样化的方式呈现。在这种背景下，非遗的融入需要更多地考虑如何在群众文化活动中增强其表现形式的多元性，使其既保有传统的精髓，又能适应现代社会的审美和互动需求。此外，群众文化活动的参与者多样，涵盖了不同年龄、性别和社会背景的人群，这也要求非遗在融入过程中要充分考虑到社会群体的差异性，提供个性化、多层次的参与机会，使每一位参与者都能够根据自身的兴趣和需求，找到与非遗文化的契合点。

非遗元素与群众文化活动的结合，还能在实践中实现文化自信的培育和文化认同感的增强。在当今社会，许多地方和民族在面对现代化和全球化的冲击时，逐渐产生了对传统文化的认同危机。非遗的有机结合为文化自信的培育提供了新的途径，通过在群众文化活动中的广泛传播与实践，非遗能够帮助现代社会的成员重新认识本民族文化的价值，增强对传统文化的认同感。与此同时，非遗元素的融入不仅仅是对传统文化的复兴，它也通过与群众文化活动的互动，促进了社会成员的文化互动与理解，增强了文化认同的多元性和包容性。群众文化活动中的非遗元素，尤其是在节庆、演艺、展示等场合的运用，能够直接让人们感受到文化的多样性与活力，进一步促进文化认同的生成和传承。

文化的传承离不开群体的参与和共识。在这一过程中，非遗作为传统文化的代表，它的生命力不仅体现在技艺的传承上，更体现在社会群众的认同与参与中。非遗元素与群众文化活动的结合，能够推动传统文化从过去的单纯遗存走向生动的当代文化实践，实现文化的创造性转化。在这一过程中，非遗并不是孤立的、静态的，它通过群众的互动与参与，形成了与现代生活的深度契合。群众文化活动通过广泛吸引社会群体参与和跨文化的互动，使得非遗在新的文化背景下焕发出新的生命力，同时也推动了社会文化的繁荣，增强了其多样性。

四、非遗元素对群众文化活动多样性的促进作用

非遗作为一种传统文化的活态表现，其独特的艺术形式和丰富的文化内涵，为群众文化活动注入了新鲜活力，并在促进文化活动多样性方面发挥了至关重要的作用。非遗不是对传统文化的简单再现，它通过不断创新和多维度的融合，为社会文化生活的各个层面带来了丰富的层次感与多元性。非遗元素的引入，使得群众文化活动不仅展现出原有的地方特色，还能跨越时空界限，吸引不同文化背景和不同兴趣爱好的群体参与其中，进一步增强了群众文化活动的丰富化和多样化。

非遗元素为群众文化活动的多样性提供了广阔的表达空间。每一个非遗项目都是特定历史背景下，经过长期社会实践和文化积淀形成的具有独特价值的文化符号。无论是民间艺术、传统技艺、节庆习俗，还是地方性风俗，它们承载的不仅是过去的历史记忆，也代表了某一群体或地区在漫长时间中的文化传承。当这些非遗元素进入群众文化活动中时，它们不仅能提供一种新的文化体验方式，还能在多元的文化互动中，促进不同文化背景、不同社会阶层之间的认同与理解。无论是城市的文化节庆，还是乡村的民俗活动，非遗的引入都推动了传统与现代、地方与全球的交融，形成了文化表达的多样化形式。这种多样性为文化活动的组织者提供了更加丰富的创作灵感和表现方式，也促进了文化活动的创新。

非遗在文化活动中的多样性体现，不仅在于其传统形式的呈现，还体现在其与现代元素的有效结合上。随着科技进步和社会需求的变化，非遗的现代转化成为提升其参与度和影响力的重要途径。在一些文化活动中，非遗的表现形式逐渐拓展到数字化、虚拟化的领域，如非遗技艺的数字展示、非遗文化的多媒体呈现等，这些创新形式的出现，使得传统的非遗元素能够以全新的姿态出现在公众面前，吸引了更多年轻群体的关注和参与。与此同时，非遗项目的跨界融合也为文化活动增添了更多层次感和丰富性。通过与现代艺术、设计、科技等领域的融合，非遗元素得以展现出更加多元的表现形态，使得传统文化不

仅能在当下获得传承，还能适应现代社会的发展需求，从而更好地推动文化活动的深度发展和多样化发展。

非遗元素的加入不仅丰富了文化活动的内容形式，也提升了群众文化活动的社会价值和文化品位。在许多地方，节日庆典、民间舞蹈、手工艺术等传统项目通过非遗的融入，成为社区和社会凝聚力的重要象征。民众参与其中，不仅能在娱乐中获得愉悦，还能在其中汲取文化养分，增强对本土文化的认同与自豪感。随着非遗项目逐渐成为文化活动的核心组成部分，这些活动的文化品位和社会影响力得到了有效提升。它们不是单纯的娱乐消费场所，更是弘扬社会价值、传递文化精神的重要平台。在许多文化活动中，非遗元素的深度融入增强了文化活动的社会功能的多样化。通过传统与现代的结合，非遗不仅能传递社会历史记忆，还能为当代社会提供文化反思与情感认同的空间。

在具体的实施过程中，非遗元素在群众文化活动中的融入，往往体现为传统文化的创新演绎。例如，一些地方通过创新形式对传统节庆活动进行再创造，使其既能够保持传统的文化韵味，又能适应现代社会的发展需求。在这一过程中，非遗的传承不再是固守形式，而是通过与现代社会需求的对接，形成了一种既尊重传统又适应当下文化环境的文化现象。这种对非遗的创造性转化，使得非遗元素不仅具备了更强的生命力，也让文化活动的内涵得到了深化和拓展。

非遗元素的融入，还极大地促进了不同文化之间的交流与融合。随着社会的不断发展，跨文化的交流日益频繁，非遗作为文化多样性的代表，其作用愈加突出。通过文化活动平台，非遗成为文化交流的重要媒介，不仅促进了本土文化的传播，也为外来文化提供了交流和融合的机会。尤其是在国际化的文化活动中，非遗不仅能作为文化传承的载体，还能成为文化交流的桥梁。在多元文化的背景下，非遗的多样性使其在文化活动中成为具有包容性和适应性的文化资源，进而推动了不同文化之间的理解与认同。

非遗元素的多样性推动了文化活动的多重发展，尤其是在促进社会文化的融合和创新方面，起到了不可忽视的作用。它不仅为传统文化的传承提供了新的发展路径，也为当代社会的文化创新开辟了新的思路。在许多文化活动中，非遗通过与现代生活的结合,形成了更加丰富的文化表现形式,拓宽了群众文化活动的参与面。随着非遗元素的逐渐深入,群众文化活动的内容也变得更加充实与多元,不同群体、不同文化背景的民众都能够在这样的活动中找到属于自己的文化认同点。可以说,非遗元素的加入不仅提升了文化活动的艺术品位,也为社会文化的发展注入了新的动力,推动着文化活动的持续创新与发展,最终形成了一个更加丰富、包容、多元的文化生态系统。

第二节　非遗传承在群众文化活动中的表现形式

一、传统艺术表现形式的再现

传统艺术表现形式的再现是非遗传承的重要方式之一，具有独特的文化价值与历史意义。非遗艺术以其深厚的文化底蕴和鲜明的地域特色，承载着人类社会的记忆与智慧。通过传统艺术表现形式的再现，非遗不仅能保持文化的连贯性与延续性，还能有效地将传统艺术转化为一种可被现代社会接受和认同的文化表达方式。在这一过程中，传统艺术表现形式充当了历史与现代之间的桥梁，它们不仅是过去文化的载体，更是当代社会精神与审美的补充与延伸。

在当代文化活动中，传统歌舞、戏曲、民间艺术等形式作为非遗的载体，承担着传承与发扬的双重任务。传统歌舞、戏曲以及民间艺术，是非遗的核心组成部分之一，其艺术表现形式包含了复杂的社会功能与情感表达。这些艺术形式所蕴含的民间智慧和集体记忆，不仅反映了特定历史时期的社会风貌，也传递了深刻的情感与独特的价值观。在当代社会，尽管现代科技与娱乐形式的不断发展带来了新的文化表达方式，但传统艺术形式所表现出的独特魅力依然在文化活动中占据着不可替代的地位。通过这种传统艺术的再现，非遗得以跨越时间与空间的障碍，重新融入现代社会的文化生活中，焕发出新的活力。

再现传统艺术表现形式，不仅是对艺术本身的重现，它还承载了深厚的历史文化意义。每一段传统歌舞、每一出戏曲表演、每一件民间艺术作品，都像是一部活生生的历史书，生动地再现了过去社会的生活方式、习俗、思想与信仰。这些艺术形式通过表演者的身体、声音、动作和情感表达，展示了传统文化的独特魅力。观众通过这些再现，不仅能体验到艺术的美学价值，还能感受到文化的力量与时代的传承。传统艺术表现形式的再现，实质上是一种历史的重塑，它通过艺术的方式让当代社会更为清晰地了解和理解自己文化的根源，从而增强了社会文化认同感和历史认同感。

传统艺术表现形式的再现，除了对历史文化的再现外，还充满了现代社会对过去文化的再创造。在全球化的背景下，传统艺术表现形式与现代社会的融合已成为非遗传承中的一个重要趋势。在此过程中，非遗不仅不再是单纯的历史遗留物，它与现代艺术、现代技术以及现代观众的需求相结合，形成了一种新的文化形态。通过创新性的呈现方式，传统艺术形式能够吸引更多的现代观众，尤其是年轻一代的观众，从而使传统文化得到更广泛的传播与认同。在这些新的艺术表现形式中，传统与现代相互交融，既保留了传统艺术的精髓，又注入了现代创意与表现手法，使传统艺术形式更具生命力与时代感。

在这种再现的过程中，非遗的保护与创新是并行不悖的。传统艺术形式的再现不仅仅是对过去的复制，它更需要在现代背景下进行创新与重塑。艺术家和文化工作者们通过对传统艺术形式的研究与探索，在保留其核心文化价值的基础上，加入了更多现代元素，使得非遗艺术能够更加符合当代人的审美需求与文化期待。这种创新并非简单地改变艺术形式的外观，而是通过对艺术本质的理解和诠释，使其在表达上更加丰富、立体和多元。这种创新不仅让传统艺术焕发出新的生命力，还使其能够与当代社会的价值观、生活方式以及精神需求进行更深层次的对接。

通过传统艺术表现形式的再现，非遗的传承不局限于一个物理空间，它还在现代社会的多维度文化活动中得到更广泛的扩展与表现。非遗的艺术再现往往是通过节庆活动、文化展览、演出等形式进入大众视野，并通过各种艺术媒介传播至全球各地。这些文化活动不仅成为传播传统艺术的重要渠道，还形成了一种跨越国界、跨越文化的文化交流平台。在这些国际化的文化场合中，传统艺术的表现形式不仅向世界展示了本民族的历史与文化，也促进了不同文化间的交流与对话。通过非遗艺术表现形式的再现，各国文化之间的互动不断加强，人类社会对文化多样性与共同遗产的认知也在不断提升。

传统艺术表现形式的再现还对非遗的传承起到了社会教育作用。在现代社会，传统艺术不仅仅是对过去的回顾，更是对现代社会的一种启示与反思。通过这种艺术表现形式，非遗能够向公众传递传统的价值观念、道德规范与审美标准，帮助社会成员尤其是年轻一代更好地理解和传承文化传统。非遗通过艺术的语言向观众讲述历史，传递智慧，引发情感共鸣，在无形中培养了公众的文化素养与责任感。这种再现过程不仅帮助社会成员认同并尊重传统文化，还使其成为社会凝聚力的来源，增强了民族自豪感与文化自信心。

传统艺术表现形式的再现是非遗传承中的一个核心环节，它不仅再现了历史文化的多样性与复杂性，也为现代社会注入了历史的记忆与文化的情感。这一过程既是对传统文化的传承与保护，也是对文化创新与发展的探索。在现代社会，非遗的再现不仅仅是对过去的追溯，它还充满着创新与活力，成为现代社会文化多样性和精神文明的重要组成部分。通过传统艺术形式的再现，非遗不仅得到了更广泛的传播，也促进了全球文化的交流与对话，最终形成了更加丰富和多元的文化生态。

二、互动参与性活动的引入

互动参与性活动的引入已成为现代群众文化活动的重要特征，并在非遗传承的过程中展现出独特的价值。传统的非遗传承模式多以讲解和展示为主，观众往往仅仅是被动的接受者，非遗的传承和传播依赖于专业人员的演绎和介绍。然而，随着文化活动形式的逐渐多元化，单一的传承方式已不能满足公众日益增长的文化需求，互动性和参与性逐渐成为非遗文化活动中的重要元素。互动性活动通过鼓励观众参与其中，极大地丰富了非遗的表现形式，同时也打破了以往非遗传承过程中的被动接受模式，推动了文化的传递和再创造。通过亲身参与，观众不仅能更直观地感受到非遗的独特魅力，也能在感知中深化对非遗文化的理解，从而为其创新和发展提供动力。

非遗的传承如果仅仅依靠单向的展示和叙述，往往难以激发观众的兴趣，且其文化价值在单一的接受模式下容易被削弱。随着文化传播方式的不断创新，尤其是信息化时代的到来，互动参与已成为提升非遗传承有效性的重要手段。通过手工艺制作、传统游戏、民俗演绎等形式，观众能够亲自参与到非遗项目中，进而体验和理解其中的工艺技巧和文化内涵。观众在参与过程中，不仅学习到非遗的技艺和传统，还通过互动的过程理解这些技艺背后的文化和历史，进而激发出对非遗更深层次的认同和情感联系。互动性活动为观众提供了更为生动、全面的非遗体验，使得他们从单纯的观众转变为文化传递的参与者和推动者。

在非遗的互动性传承中，观众通过亲身体验所获得的感知远比单纯的观察和听闻来得更加深刻。手工艺制作、民俗演绎等活动通过视觉、听觉乃至触觉的多维体验，使得观众不仅仅是文化的接受者，更在文化的创作和传递中扮演了积极的角色。参与式的非遗活动不仅是对传统技艺的传承，也是对文化认同的再确认和重建。传统的技艺和文化元素在互动过程中被重新审视和赋予新的意义，非遗的传承因此也不再是一个简单的历史再现过程，而是一个活态的文化再创造和动态传递的过程。

这种参与性活动的引入对非遗的创新也具有重要意义。互动式传承不仅是文化的再现，更是文化创新的催化剂。在这种方式下，非遗不局限于传统的技艺和形式，而是可以与现代的文化需求和审美进行融合与创新。随着时代的发展，非遗的内涵不断变化，传承的方式也随着社会文化环境的变化而不断演化。通过互动参与，观众能够在实践中对非遗进行再创造和再设计，这种参与式的创新机制促使非遗与现代社会的连接更加紧密，从而使其保持活力并适应时代的变化。互动性活动不仅促进了非遗的传承，还为其注入了现代创意，使得非遗在传承中焕发出新的生命力。

互动性活动为非遗的传播提供了更为广阔的平台。传统的非遗展示往往局限于特定空间和时间，且受制于展示形式的单一性，难以满足大众多元化的需求。然而，通过互动参与，非遗的传播形式得到了丰富和拓展。通过工作坊、讲座、文化节等形式，观众不仅可以近距离接触和学习非遗，还能在互动过程中建立起对非遗的情感认同。随着参与方式的多元化和传播平台的丰富，非遗的受众群体不局限于少数专业人士和文化爱好者，更多普通公众通过参与和体验得以接触到非遗文化。互动性活动使得非遗不再是一个封闭的文化体系，而成为广泛传播和互动交流的文化现象。

非遗的创新与传承并非一成不变的过程，互动参与为其提供了一个动态的发展空间。在这一过程中，非遗的元素在观众的参与和创作中得以不断发展和演化。传统的技艺和文化形式在互动性活动中焕发出新的生命力，成为现代文化生活的一部分。通过互动式的非遗活动，非遗的传承者和观众之间形成了一种互动交流的良性循环，非遗的传承不仅是传统技艺的延续，更是传统与现代、历史与现实之间的对话与融合。随着社会对非遗保护和传承的日益重视，互动参与的方式将进一步促进非遗的普及与创新，使其成为更加生动、富有活力的文化形式。

三、非遗项目的跨领域融合

随着社会的不断发展与文化活动的日益多元化，非遗的传承方式经历了从单一保留到多元融合的转变。传统的非遗传承方式通常依赖于口头传授、现场展示或定期活动，这些形式固然对保护和传承传统技艺起到了重要作用，但在现代社会中，由于信息化、全球化和文化消费需求的不断变化，单一的传承模式逐渐暴露出其局限性。非遗的传承不仅面临着技术、资金、人才等现实困境，还面临着年轻一代对传统文化的逐渐疏远和认同危机。因此，跨领域的融合成为当前非遗传承的新趋势。通过与现代艺术形式的结合，非遗得以在新时期焕发出新的活力，为传统文化的创造性转化和发展提供了新的契机。

非遗与现代舞蹈的融合是其中一大亮点。在这一过程中，非遗的传统舞蹈元素可以通过现代舞蹈语言的表达方式，重新诠释其历史意义与文化价值。现代舞蹈不再局限于传统舞蹈的模仿和再现，而是通过抽象的肢体语言、表现手法和舞台技艺的创新，使得非遗舞蹈元素呈现出全新的艺术面貌。这种创新融合不仅使得传统舞蹈在视觉上更加具有观赏性和艺术性，也使得传统文化通过舞台的方式更加贴近现代观众的审美需求。此外，现代舞蹈所强调的个体表达、情感宣泄等特点，能够使非遗传统文化中的情感和思想得到深度的挖掘和表现，让非遗的内涵在跨越时空的过程中获得新的生命力。

电影作为一种兼具视觉冲击力和文化传播力的艺术形式，近年来也成为非遗跨领域融合的重要载体。非遗项目与电影的结合，使传统技艺、民间故事和历史传承能够以一种更为生动、直观的方式呈现在大众面前。电影的叙事结构和镜头语言不仅能在视觉上重塑传统文化的形象，还能在情感层面激发观众对传统文化的兴趣和认同。非遗元素的电影化表达，突破了传统表演艺术形式的局限，使得传统技艺和文化可以跨越地域和语言的障碍，触及更广泛的观众群体。此外，随着数字化技术的不断发展，电影中的非遗元素不再仅仅依靠现实拍摄，虚拟现实（VR）、增强现实（AR）等新技术的应用使得非遗的呈现方式更加丰富和多样，进一步拓展了其传播的渠道，提升了其影响力。

数字艺术的崛起为非遗的跨领域融合提供了更加广阔的空间。数字技术的应用使非遗不再仅限于物理空间的展示，而是能够通过数字化手段实现虚拟呈现和全球共享。非遗项目与数字艺术的结合，不仅可以通过互动体验的方式增强观众的参与感，还可以通过数字化的图像、声音等元素，展现传统技艺和艺术的独特魅力。例如，数字化的非遗项目可以通过三维建模、虚拟展示等技术手段，实现传统手工艺品的精确复原与展示，甚至将其融入互动游戏和虚拟环境中，让观众在虚拟空间中亲身体验非遗项目的魅力。这种数字化的呈现方式，不仅为非遗的传播和保护提供了新的途径，还有效地打破了传统非遗展示中存在的空间和时间限制，使得非遗在全球范围内得以传播和交流。

跨领域融合也为非遗在文化活动中的表现形式带来了全新的变化。传统的非遗展示往往以展览、演出等形式为主，这些形式虽然能够让观众直观地感受到非遗的魅力，但由于其单一性和固定性，容易使得观众产生审美疲劳和文化疏离感。随着跨界融合的不断推进，非遗的表现形式开始呈现多元化和创新性。非遗的传统元素可以与现代音乐、戏剧、文学等艺术形式结合，打造出具有现代感的多元文化体验。这种跨界融合不仅拓宽了非遗的表现空间，还为其创造了更多的传播平台，使非遗文化能够在更多的领域和观众群体中产生共鸣。

跨领域融合还为非遗的创新性传承提供了新的思路。传统文化的传承过程，往往强调对传统技艺的保留和复原，而这种方式虽然有助于对传统文化的保护，但可能忽略了传统文化的时代适应性。通过跨界融合，非遗项目不仅可以保留其传统精髓，还能注入现代元素，使其在现代社会中焕发出新的活力。这种融合不仅仅是在艺术形式上的创新，更是在文化价值和社会功能上的再创造。非遗的跨界融合促进了其与现代社会需求的契合，使得传统文化能够与当代社会的价值观、审美情趣和生活方式相结合，进一步增强了非遗的社会影响力和生命力。

四、非遗与现代技术的结合

随着信息技术的快速发展,现代科技已成为文化传承的重要驱动力之一。在这一背景下,非遗的传承与创新正日益依赖于各种现代技术手段的支持。这种技术与文化的结合不仅开辟了非遗展示的新渠道,也为其在现代社会中的传承提供了新的视角与方法。虚拟现实、增强现实、数字化影像等技术,已经在非遗的展示、传播和保护中得到了广泛应用。通过这些先进技术,非遗的表现形式得以更加多样化,传承的途径也更加丰富。现代技术的引入,为非遗注入了新的生命力,使其不局限于传统的物理空间中,而是走向了一个全球性、互动性更强的数字平台。

虚拟现实和增强现实技术在非遗传承中的应用,改变了人们对传统文化体验的方式。通过虚拟现实技术,用户可以身临其境地"进入"一个虚拟的历史场景,感受非遗的文化氛围,体验传统技艺的精髓。这种沉浸式的互动体验,使得非遗的文化内涵得以更生动、形象地展现。而增强现实技术则通过将虚拟信息与现实世界进行融合,创造出一种虚拟与现实交互的体验方式。在非遗传承中,AR 技术可以将传统艺术、手工技艺、节庆习俗等内容通过图像、音频、视频等多媒体形式叠加到现实环境中,使人们在日常生活中便能直观地感受到非遗的独特魅力。这些技术的应用,使得非遗从传统的线性传承变成了一个多感官的、互动式的体验过程,极大地提高了人们对非遗的认知和兴趣,也为传统文化的传播开辟了全新的视野。

在数字化影像方面,非遗的数字化不仅指的是传统技艺、艺术形式和民间故事的数字化记录,更包括了非遗的虚拟复原与再创作。借助高清摄影、3D 扫描和三维建模技术,传统的手工艺品、建筑遗址等可以被精准记录和还原,甚至在数字世界中得到重建。这种数字化手段打破了时间和空间的限制,使得全球的观众都能随时随地欣赏和学习这些文化遗产。此外,通过数字化技术,非遗的传播渠道也发生了深刻变化。通过互联网、社交媒体等平台,非遗的数字资源可以迅速传播至全球观众,提升了非遗的全球影响力和认知度。数字化的非遗作品不仅可以在虚拟世界中进行展示，还能为传统文化的创新与发展提供更多灵感，使非遗的传承不再局限于传统的物理传授，而是进入了一个全新的数字化时代。

除了在展示和传播方面的应用，现代技术还为非遗的保护提供了重要支持。在非遗面临传承断层和消失的危机时，科技手段的介入为其带来了新的保护途径。传统技艺、民间艺术等非遗项目常常因为缺乏传承人或受到环境破坏而面临失传的风险。数字化技术通过对传统技艺的详细记录、存档与保存，确保了这些文化遗产在未来能够得到有效的传承。例如，传统的音乐、舞蹈、手工艺等表演艺术可以通过高质量的录像和音频保存下来，避免了因传承人减少或失传而导致的文化断层。3D打印技术、虚拟重建技术等，也在一些物理非遗的修复中发挥了重要作用，帮助恢复和保存那些受损或遗失的文化遗产。这些现代技术的应用，不仅为非遗提供了一个稳定的存储空间，也为其未来的传承创造了有利条件。

这种技术与非遗的结合，不局限于技术的单一应用，更是跨学科合作的产物。非遗的保护与传播，需要科技、文化、艺术等领域的共同协作。数字技术为非遗提供了更加精准和多样化的表现手段，而文化专家、艺术家和技术人员的共同努力，则确保了这些技术手段能够精准地反映非遗的文化精髓。因此，非遗的现代化传承需要一个跨领域的合作平台，将科技创新与文化传承紧密结合，为非遗的可持续发展提供新的动力。

这种结合也使得非遗的影响力得以突破地域的限制，向全球范围内辐射。借助数字化和互联网技术，世界各地的观众可以通过线上平台欣赏到来自不同文化背景的非遗作品，甚至通过虚拟展览、数字博物馆等形式深入了解非遗的内涵和历史。现代技术使得非遗的传播突破了物理空间的局限，能够在全球范围内进行快速传播和分享。无论是在欧美、亚洲，还是在其他地区，非遗的全球化传播已成为文化交流的重要组成部分。通过现代技术，非遗的跨国传播和共享得到了前所未有的便利和机会，不仅让更多的国际观众了解和欣赏非遗，也让世界各国的非遗资源得以相互借鉴与融合，为全球文化的多样性和互相尊重提供了坚实的基础。

现代技术为非遗的创新性发展提供了广阔的空间。在保持传统文化核心价值的基础上,现代技术为非遗的创新注入了新的活力。非遗传承的创新并非一味模仿和再现传统,而是要在现代技术的支持下进行文化的再创造和重构。通过现代数字技术,非遗的表现形式可以得到丰富和扩展,从而赋予其新的生命力。在传统技艺的基础上,融入新的设计理念、艺术表现形式和技术手段,能够使非遗以更加现代化的形式呈现,满足当代社会和市场的需求。

第三节 非遗传承活动的成功案例分析与启示

一、非遗传承活动的成功案例

昆曲，这一已有六百多年历史的中国传统戏曲形式，凭借其细腻的表演艺术、舒徐婉转的音乐和优美的舞台形式，长期以来被誉为中国文化的瑰宝。作为中国最古老的戏曲之一，昆曲的表演方式和艺术特点使其在全球范围内独树一帜。然而，随着现代化进程的推进，传统文化逐渐面临着传承的困境，昆曲也未能幸免。观众的逐渐减少、表演形式的固定和传统剧目在现代社会中的接受度问题，构成了昆曲传承的主要挑战。面对这些困难，昆曲的保护和传承工作经历了多方面的创新探索，并通过一系列措施成功实现了复兴。这些措施不仅为昆曲的传承提供了新的方向，也为其他传统文化的保护提供了有益的经验和启示。

昆曲的成功复兴始于对传承体系的建立。作为一种古老的艺术形式，昆曲的传承需要依赖严格的师徒制度，这一制度一直是昆曲得以延续的根本。随着社会的变迁，传统的传承方式面临着挑战，但昆曲并未因此停滞不前，反而通过建立更加规范的传承体系，促进了昆曲艺术的持续发展。昆曲传承人制度的建立，使得有经验的艺术家能够系统地传授技艺。每年定期的传习活动成为昆曲艺术延续的重要平台，这不仅保证了传统昆曲的技艺得以延续，也让更多的年轻艺术家能够接触到这一文化遗产。这些传习活动，不仅可以传授昆曲的唱腔、舞蹈和表演技艺，还能引导学生们加深对昆曲背后深厚文化底蕴的理解。与此同时，各大艺术院校也逐渐认识到昆曲的价值，纷纷开设昆曲课程，以系统的教学方式培养新的昆曲表演人才。现代的昆曲传承者不再只是传统意义上的"艺人"，他们逐渐具备了现代艺术家的知识结构和跨文化的传播能力。这些艺术院校的设立不仅促进了昆曲的传承，也为昆曲的创新和发展提供了坚实的人才支持。多年来，昆曲专业的学生数量不断增加，许多年轻的昆曲艺术家在这些学院中找到了自己的兴趣和方向，成为昆曲的传承者和创新者。

除了传统的传承方式外，昆曲的复兴还得益于其现代化的创新尝试。面对现代观众对传统戏曲表演的审美疲劳，许多昆曲剧团开始积极探索如何将传统艺术形式与现代技术相结合，从而吸引更多年轻观众。这些创新包括在昆曲剧目中引入现代舞台设计和技术，如灯光、音响、视频技术等。这些现代化元素的加入，使得昆曲的表现形式更加生动，舞台效果更加震撼。例如，在一些昆曲演出中，现代的多媒体技术被运用到舞台背景和舞美设计中，使得传统的昆曲剧目焕发出了新的生机。此外，昆曲的服饰、舞蹈和音乐等方面也进行了一定的现代化改良，既保留了传统的精髓，又增加了年轻人喜爱的现代元素。

这种现代化创新的成功，部分归功于对传统剧目的再创作。许多昆曲剧团通过重新编排传统剧目，结合现代的审美需求，创作出了既能保留传统艺术特色又具现代感的作品。这些剧目既能满足传统昆曲爱好者的需求，也能够吸引现代观众的眼球。例如，将昆曲的经典剧目与当代话题相结合，使得昆曲在展现传统文化的同时，也能与当代社会的思潮产生共鸣。这种创新不仅为昆曲带来了新的观众群体，也增强了其艺术的多元性和包容性。

在传承和创新的基础上，昆曲的复兴还离不开其国际化传播的努力。作为一项重要的非物质文化遗产，昆曲的全球传播至关重要。近年来，昆曲不断走出国门，参与国际艺术节和文化交流活动，得到了世界各国文化界的高度评价。在这些国际化平台上，昆曲通过与其他文化艺术形式的互动和融合，展现了中国传统艺术的独特魅力。许多外国观众通过昆曲演出，第一次接触到了中国的传统文化，而中国的观众也通过昆曲的国际传播，进一步认识了不同文化背景下的艺术表现形式。

昆曲在国际上的传播不仅限于演出，它还通过学术研究、文化交流等方式在全球范围内传播。许多昆曲的传承人和学者受邀参加国际学术研讨会，介绍昆曲的历史、表演和技艺，促使更多国际人士了解和关注昆曲。此外，昆曲的国际化传播还体现在与其他艺术形式的跨界合作上，例如与西方歌剧、现代舞蹈等的合作演出。这种跨文化的合作不仅让昆曲有机会在更广泛的文化圈中展示自我，也促进了昆曲艺术的创新和发展。

昆曲成功复兴的案例，实际上是非遗传承活动中创新与保护相结合的成功典范。它表明，传统文化的保护并非一成不变，而是可以在继承中进行创新，在创新中保持传统。昆曲的复兴之路告诉我们，文化遗产的保护不应该停留在对传统技艺的守护上，更应注重通过现代手段和思想，使得这些文化在当代社会中继续焕发活力。通过传承体系的建立、现代创新的推动以及国际化传播的努力，昆曲不仅在国内找回了观众，也在国际上赢得了更多的认同和关注。

从昆曲的成功复兴中，我们可以获得许多宝贵的启示。首先，非物质文化遗产的保护应当注重创新，而不仅仅是简单地保留。随着时代的发展，单纯依赖传统的传承方式已难以满足现代社会的需求，只有通过创新，才能使这些文化遗产更好地融入当代社会，获得新的生命力。其次，现代教育体系对于非遗的传承具有重要作用。通过系统的学术教育和专业培训，可以培养更多的年轻传承人，确保传统技艺的延续。最后，非遗文化的传播不仅限于国内的保护和传承，还应注重国际化传播。通过多样的文化交流活动，可以让更多的外国观众了解和欣赏这些具有世界价值的传统文化，使其走向全球。昆曲的复兴无疑为其他非物质文化遗产的传承与保护提供了有益的借鉴。

二、从案例中获得的文化创新灵感

非遗传承活动的成功案例为我们提供了丰富的文化创新灵感，这些创新的本质涉及如何使传统文化在当代社会语境中焕发新的生命力。非遗传承活动在实践中的创新往往是与时代的需求和社会的变迁紧密相连的。在许多成功的案例中，非遗项目的展示方式、传播渠道、文化活动的形式与内容都经过了精心的设计与创新，以使传统文化能够在现代社会中重新获得认同与价值。

文化创新在非遗传承活动中的体现，首先在于其展示方式的多样化。传统的非遗项目往往以单一的方式进行呈现，这种方式虽然能够展示其独特的文化魅力，但往往缺乏足够的吸引力，尤其是在现代社会信息爆炸的背景下，单一的展示形式很难引起广泛的关注。因此，如何通过多样化的展示方式来提升非遗的吸引力和影响力成为文化创新的重要方面。在许多成功的非遗传承案例中，我们可以看到，非遗项目不再局限于传统的展览和表演，而是通过现代科技的手段，如虚拟现实、增强现实等技术，使得观众能够身临其境地体验到非遗项目的独特魅力。这种结合了现代科技的展示方式，不仅拓宽了非遗的传播途径，也使其能够更好地吸引年轻群体的关注，进而提升非遗在社会中的影响力。

非遗传承活动的创新还体现在传播渠道的开辟上。在传统的文化传播模式下，非遗项目往往通过书籍、报刊、电视等传统媒体进行传播，但在互联网和社交媒体普及的当代，这些传统的传播方式已经无法满足非遗文化在广泛传播上的需求。随着社交平台的兴起，非遗传承的传播渠道发生了深刻的变化。在许多成功的案例中，非遗项目的传播已经不再局限于传统媒体，而是通过微博、抖音、微信等新兴平台进行广泛传播。这些平台不仅能迅速将非遗文化传播到社会的各个角落，还能通过用户的互动与参与，形成更加广泛的社会讨论和认同感。这种新的传播渠道为非遗传承活动带来了更大的社会影响力，同时也促进了非遗文化的创新性传播，使其能够更好地融入现代社会的文化脉络。

除了展示方式和传播渠道，非遗活动的创新还体现在通过文化活动激发社会对传统文化的关注与认同。在当代社会，许多人对传统文化的认知已经逐渐弱化，尤其是在年轻一代中，对传统文化的认同感和参与感较为薄弱。因此，非遗传承活动不仅要以传统文化的展示为主，更要通过创新的文化活动形式激发公众对传统文化的兴趣与热爱。这种文化创新往往是在非遗项目的具体实践中逐步展开的。例如，在一些非遗传承活动中，参与者的身份不仅是观众或听众，更是传统文化的亲身参与者。通过参与非遗项目的制作、传授、学习等过程，参与者不仅能直接体验到传统文化的魅力，还能从中获得文化认同感。这种通过参与式文化活动激发社会对传统文化认同的方式，已成为当今非遗传承活动中重要的创新途径。

非遗的文化创新还体现在如何结合时代背景与社会需求进行内容和形式的更新。传统的非遗项目往往具有较强的地域性和历史性，且其表达方式和内容多与特定的历史时期、社会背景紧密相关。然而，随着社会的发展，传统文化在形式和内容上逐渐面临着与现代生活脱节的问题。为了适应现代社会的需求，非遗传承活动必须进行形式和内容上的创新，使其能够更好地服务于当代社会的文化需求。在一些非遗传承活动中，我们看到传统技艺和工艺得到了现代设计理念的融入，使得这些传统文化元素不仅保留了原有的文化价值，还能融入现代生活中。例如，传统的手工艺品在设计中融入现代审美，传统的音乐、舞蹈在形式上进行了现代化改编。这些创新使得非遗项目不仅能保留其历史和文化的根基，还能在当代社会中焕发出新的生命力，拥有更广泛的社会价值。

文化创新在非遗传承活动中的深层意义，往往体现在其如何通过新的表现形式与传播方式，让传统文化在现代社会中得到新的诠释与延续。非遗传承活动的创新不仅是对传统文化的现代化转化，更是对传统文化价值的再创造与再认识。通过不断更新其文化内涵和社会功能，非遗文化得以在现代社会中继续繁荣，成为时代进步的文化源泉。创新不仅是非遗文化生生不息的动力，也是其在全球化背景下继续展现独特魅力的关键因素。正是通过这样的文化创新，非遗文化能够从传统走向未来，在全球化的文化交流中占据一席之地，成为全人类共同的文化财富。

三、成功案例的社会影响力分析

非遗传承活动在当今社会中不仅仅是文化保存和传递的手段，更具备了深远的社会影响力。它通过多种形式的表达和实践，逐步渗透到社会生活的各个层面，深刻影响着公众的文化认同、民族凝聚力、地方经济发展等多个维度。非遗传承活动的价值不仅体现在它对传统文化的保护上，还在于它促进了现代社会对历史与文化的再认识，为社会和谐与文化繁荣提供了动力。

非遗传承活动的核心功能之一是提升社会文化认同感。文化认同感的增强往往源自对传统文化的理解与认同。通过深入的非遗传承活动，公众能够更好地理解本民族的文化根源、历史脉络和独特价值。这种认同感不仅仅是对过去的怀念，它更是一种情感的凝聚，使得个体在多元文化交融的现代社会中能够找到文化的归属感与自信心。特别是在全球化程度日益加深的背景下，非遗传承活动为社会成员提供了一种文化认同的途径，帮助人们在现代化进程中加深与中华优秀传统文化的联系，避免文化的断层与消逝。

非遗传承活动在增强民族凝聚力方面同样发挥着不可忽视的作用。民族凝聚力的形成不仅依赖于经济、政治等硬实力的支撑，更深层次地植根于共享的文化记忆和情感认同。非遗作为民族文化的载体，具有鲜明的地方性和民族性，它的传承活动能够唤起人们对共同文化根源的情感共鸣。通过参与非遗相关活动，社会成员在享受文化表达与艺术创造的过程中，增强了对民族文化的自豪感和归属感。在全球化的挑战下，非遗传承活动成为强化民族自信心、提升集体认同感的重要途径，对于维护社会的稳定和促进国家的团结具有积极意义。

非遗传承活动还能为地方经济发展带来深远的影响。非遗本身作为一种独特的文化资源，经过适当的开发与利用，能够转化为具有市场竞争力的文化产品。许多地区通过将非遗与旅游业、手工艺品产业、文创产品等经济领域相结合，创造了可观的经济收益。在这一过程中，非遗不仅成为地方文化的象征，也成为推动地方经济发展的重要力量。当地居民通过参与非遗传承的相关活动，不仅能获得文化认同，还能通过其所具有的经济价值获得实际的收入。非遗的商业化开发有效促进了地方经济的多元化，增加了就业机会，提高了当地居民的收入水平，进一步推动了区域经济的整体发展。

非遗传承活动对公众文化素养的提升也起到了积极作用。在非遗传承活动的实施过程中，公众尤其是年轻人能够在实践和互动中加深对本民族传统文化的认识，培养对文化的审美和欣赏能力。这不仅增强了公众的文化素质，还促使其形成对传统艺术形式和技艺的尊重和传承意识。文化素养的提升不限于个体审美能力的提升，也包括更广泛的社会参与意识的增强。在非遗活动中，群众参与的积极性较高，尤其是在传统节庆、工艺展示、民间艺术表演等形式的活动中，居民们不仅是观众，更是参与者和传承者。这种从文化消费者到文化创造者的转变，增强了社会成员对文化活动的参与感和责任感。

通过这些社会影响，非遗传承活动在一定程度上推动了文化自信的建立。在全球化语境下，许多地方的传统文化面临着被边缘化或消失的风险。在此背景下，非遗作为历史文化的重要组成部分，通过其自身的生命力和持续传承，成为文化自信的重要源泉。非遗传承活动不仅让公众意识到传统文化的价值，还促使他们反思文化的内涵与独特性,从而增强了文化认同与文化自信的双重力量。这种文化自信不仅有助于维护国家的文化独立性与多样性,也为全球文化多样性的保护做出了贡献。

非遗传承活动的社会影响力不限于文化和经济领域,它还对社会的整体发展产生了深远的影响。在实施非遗保护和传承活动时,相关政策的支持和社会力量的共同参与,能够有效推动社会的整体进步。这种影响力不仅体现在文化的传递上,还体现在社会价值观的形成和提升上。非遗传承活动促进了人与人之间的沟通与理解,增强了社会的包容性与多元性。在多元文化的交融过程中,非遗的传承活动提供了一个积极的范本,展示了不同文化形式之间的和谐共存和共同发展。

非遗传承活动的社会影响力是多层次、多维度的,它不仅促进了文化认同的提升、民族凝聚力的增强,还推动了地方经济的发展,提高了公众的文化素养,并为文化自信的建立提供了重要支撑。非遗传承活动不仅是文化的传递过程,更是社会发展的重要推动力。在规划和实施非遗传承活动时,应充分认识到其在社会层面的深远影响,确保其在各个方面的可持续发展。通过精心设计与实施,非遗传承活动能够更好地服务于社会的全面发展,为建设和谐社会和文化繁荣贡献力量。

第五章　非遗传承与数字化技术的融合

　　在信息化时代，数字化技术为非遗传承提供了全新的发展机遇与实践平台。随着互联网、人工智能、虚拟现实等技术的飞速发展，非遗的数字化保护与传播已成为非遗传承的重要途径。数字化技术不仅突破了传统传承方式的时空限制，还为非遗的保护、传播与创新提供了强有力的技术支持。数字化非遗传承的研究与实践已成为文化遗产保护领域的重要议题，如何通过数字化手段有效地传承非遗，如何借助新兴技术手段使非遗焕发新的生命力，是本章要深入探讨的核心内容。首先，分析数字化技术在非遗传承中的具体应用，包括非遗的数字化建档、虚拟展示、互动体验等形式，探讨数字化技术如何帮助非遗打破地域与时间的限制，提升其传播效能。其次，讨论数字化技术对非遗传承的推动作用，揭示数字化转型如何带来非遗保护与传承方式的革命性变化。最后，本章展望数字化非遗传承的未来发展，探讨数字化技术与非遗保护的结合趋势，分析未来数字化非遗传承的创新模式与发展方向。通过本章的分析，读者将能够更全面地理解数字化技术在非遗传承中的作用及其前景，为非遗的现代化保护与传播提供新的思路。

第一节　数字化技术在非遗传承中的应用

一、非遗数字化保护

非遗的数字化保护是一种通过现代科技手段解决传统保护方式局限性的重要途径。随着全球化的加速和现代化进程的推进，许多传统文化面临着传承的困境，其中自然环境的变化、社会结构的变迁以及传统技艺的逐渐消失都对非遗的保护形成了巨大的压力。传统的非遗保护手段，尽管在一定程度上有效，但随着保护对象的多样性和传承环境的变化，传统手段的局限性逐渐显现。因此，数字化技术的应用为非遗保护开辟了新的视野，提供了更为高效和可持续的解决方案。

数字化保护的核心在于通过先进的数字技术手段对非遗的各类信息进行全面的采集、存储和再现，利用高精度的扫描、影像捕捉、音频记录等手段，对非遗的各类形态进行数字化重建。比如，利用三维扫描技术，能够精确地记录非遗物品、传统建筑甚至复杂的文化景观的每一个细节。这一技术可以高效地捕捉到传统工艺品、服饰、乐器、建筑等的物理特征，甚至能够在虚拟环境中重现这些文化元素的立体形态。与传统的拍照或录像相比，3D 扫描不仅能记录外观形态，还能细致地捕捉材质、纹理、色彩和空间结构等复杂信息，从而使非遗物品的数字档案更加全面和真实。

数字化技术也为非遗技艺和表演的保护提供了创新的手段。通过 VR 和 AR 技术，传统的舞蹈、音乐、戏剧等表演艺术可以通过数字化再现的方式得以保存。VR 技术可以将这些传统艺术形态以沉浸式的方式呈现出来，观众不仅可以通过数字化的场景重现感知到这些艺术形式的魅力，还可以通过交互式等方式深入了解表演的每个细节。与传统的影像记录方式相比，虚拟现实为观众提供了更为直观的体验，有助于更好地理解和感受传统文化的精髓，同时避免了传统艺术因表演者流失、演出场地变动等原因造成的文化断层。

数字化技术的应用不局限于文化元素的记录与再现，更为重要的是其在信息保存和传承过程中的巨大作用。传统的非遗保护往往依赖于物理空间和人力资源，这就意味着在某些特定环境下，非遗的保存可能面临极大的挑战，尤其是在自然灾害、气候变化等外部因素的影响下，传统保护手段的效果大打折扣。然而，数字化存储技术为非遗提供了一个长久保存的解决方案。通过大容量的数字存储介质，非遗的音频、视频、文本以及图像等资料可以得到无损的保存。这不仅能避免由于时间、气候等因素造成的物理性损坏，还能在技术发展的背景下通过更新换代的存储方式保持数据的完整性和高可用性。

数字化保护的一个突出优势是其可复制性和可传播性。通过数字化的手段，非遗的各类资料可以快速并广泛地传播到全球范围内，克服了地域和时间的限制。数字化资料不仅可以在全球范围内共享，也可以通过网络平台提供给更多的研究人员、学者和文化爱好者进行学习与研究，这为非遗的全球传播和跨文化交流提供了便利。通过互联网，非遗的数字化资料可以随时随地被访问和分享，不仅提高了非遗的社会认知度和影响力，也使得更多人能够接触到这些珍贵的文化遗产。

尽管数字化保护为非遗的传承带来了许多便捷和优势，但这一技术的应用也并非没有挑战。非遗的数字化保护面临着技术更新的不断需求，随着新技术的发展，数字化技术本身也在不断进化。数字化保护的可持续性问题在某些程度上依赖于技术的更新与数据的长期存储。随着存储技术的发展，如何确保已有的数字档案能够在未来的技术环境下继续被访问和使用，成为数字化非遗保护中的一个重要课题。与此同时，数字化过程中对非遗的解构与再现是否能完全保留其文化的原貌与精神内涵，也引发了广泛的讨论。虽然数字化手段能够保存传统技艺和文化的表面形式，但如何更好地确保这些文化元素背后的社会情境、历史背景和文化意义得到传递，仍是数字化保护面临的一大难题。

尽管数字化保护为非遗的传承提供了重要的技术支持，但它并不是一种完全独立于传统保护手段的解决方案。数字化技术和传统保护手段的结合，才能够更全面地实现非遗的长久保存与活态传承。数字化保护不仅是非遗文化保管和展示的一种方式，更是未来非遗研究和教育的重要工具。通过合理的数字化技术应用，非遗的传承可以更具现代性与普遍性，使得这些文化瑰宝得以在全球化的背景下得到更好的保存、传承和创新发展。

二、非遗数字化展示与传播

随着数字化技术的迅猛发展，非遗的传承与传播进入了全新的时代。数字化不仅为非遗的保护提供了更为高效和新颖的途径，也为其展示与传播打开了广阔的视野。在传统的非遗保护和展示方式中，文化遗产往往受到时间、空间和物理条件的限制，难以全面展示其丰富性和多样性。数字化技术的引入为这一局面带来了革命性的变革，使得非遗的传播不再受限于地域与物理空间，全球范围内的观众都能够便捷地访问和参与其中，从而提升了非遗的影响力和参与度。

互联网平台的普及使得非遗的展示从物理场地转向了虚拟空间，这一转变不仅仅是展示形式的创新，更是传播范围的极大扩展。传统的非遗展示往往依赖于实体博物馆或展览场所，观众需要亲自前往这些场所才能体验到相关的文化内容。然而，随着数字化技术的发展，非遗的展示突破了这些地域性的限制，互联网平台成为非遗展示和传播的主要载体。通过这些平台，来自世界各地的观众可以随时随地访问非遗项目，了解其背后的文化内涵和历史背景。这种无地域限制的传播方式，使得非遗的受众群体得到了空前的扩大，同时也促使非遗的文化价值能够跨越国界，得到全球观众的认可。

VR 和 AR 技术的应用更是为非遗的展示带来了全新的体验方式。通过 VR 技术，观众可以置身于一个完全虚拟的环境中，身临其境地感受非遗项目的独特魅力。例如，传统的手工技艺、民间艺术表演，甚至是历史悠久的节庆活动，都可以在虚拟空间中得到真实的再现。VR 技术通过创造沉浸式的体验，能够让观众在没有时空限制的条件下，近距离感受非遗的传承与表现。这种虚拟体验不仅仅是视觉上的冲击，更为重要的是，它能够帮助观众更好地理解和感知非遗背后的文化和精神内涵。此外，AR 技术通过将虚拟元素与现实世界相结合，为非遗展示增添了互动性和趣味性。观众通过手机或其他设备，能够与非遗项目进行实时互动，获取更多的背景信息或深层次的文化解析，从而增强了非遗传播的教育性和参与性。

非遗的数字化展示不仅限于技术手段的应用，更为非遗的全球传播提供了新的契机。数字化平台通过汇聚各类非遗资源，打破了传统文化传播的时间与空间限制，使得各类非遗项目能够跨越国界传播到世界各地。在全球化的背景下，不同文化之间的交流与互动日益频繁，非遗作为一种重要的文化载体，通过数字化展示的形式，成为各国文化对话和交流的重要内容。无论是传统的艺术形式、技艺，还是民俗节庆，都能够通过数字化手段实现跨文化的传播和共享。这不仅有助于世界各国提升对彼此文化的认知，也为全球文化多样性的保护提供了新的思路。

非遗的数字化展示平台也为那些无法亲自前往非遗资源所在地或文化活动现场的群体提供了难得的参与机会。许多身处偏远地区、受限于交通和经济条件的人群，往往难以接触到丰富的非遗资源。数字化展示平台能够让这些人通过网络参与其中，观看和学习相关的非遗项目，从而在全球范围内实现文化的共享。这种便捷的传播方式不仅扩大了非遗的教育覆盖面，也为那些无法亲身体验非遗的群体提供了参与和学习的机会，从而促进了非遗文化的广泛传播和保护。

随着数字化技术的不断进步，非遗的数字化展示与传播也在不断创新和发展。未来，随着技术的成熟与应用场景的拓展，非遗的传播方式将更加多样化和个性化。数字博物馆、虚拟展览、在线课堂等新兴平台的出现，将使得非遗的展示与传播更加符合现代社会的需求，进一步提升非遗的社会影响力。同时，数字化技术的不断发展也为非遗的长期保护和可持续传承提供了有力保障。在数字化的支持下，非遗项目不仅能得到更广泛的传播，还能在新的技术和时代语境中焕发出新的生命力。

三、非遗技艺的数字化培训与学习

非遗作为文化的核心组成部分，不仅承载着深厚的民族历史积淀与高度的文化认同，还凝聚着人类智慧的精华。随着数字化技术的迅猛发展，非遗的传承和传播方式也发生了深刻的变化，尤其是在非遗技艺的培训与学习方面，数字化技术的介入提供了前所未有的机遇和挑战。传统的非遗技艺传承，长期以来依赖于师徒之间面对面的口传心授，这种模式虽然在传承过程中具有独特的优势，但在面对现代社会的快速变化和技术革新时，也暴露出了诸如传承人短缺、传承方式单一等问题。而数字化技术的引入，为非遗技艺的学习提供了新的途径，拓宽了传承的范围，尤其在提升学习效率、扩大受众群体、强化互动体验等方面，展现了巨大的潜力。

数字化技术在非遗技艺传承中的应用最为突出的一项便是在线教育平台的建立。通过数字平台，非遗技艺的学习不再局限于传统的师徒关系，也不再受到地域、时间等因素的限制。无论身处何地，学习者都可以通过互联网接触到丰富的非遗课程，学习各类传统技艺。与传统教学模式相比，数字化平台在非遗教育中具有独特的优势。学习者不仅可以随时随地参与到学习当中，还能根据自己的需求和进度选择不同层次的课程内容。这种灵活性使得非遗技艺的学习不再是一种单一的体验，而是能够因人而异，因材施教，为不同背景和水平的学习者提供个性化的学习路径。同时，在线平台也为非遗传承提供了一个共享的空间，使得不同地域的非遗技艺能够跨越时间和空间的界限，被更多的受众所接触和学习。

除了传统的在线课程，VR和AR等技术的应用也为非遗技艺的学习带来了新的途径。通过虚拟互动工具，学习者可以身临其境地感受传统手艺的制作过程，进而加深对技艺内涵的理解。这种沉浸式的学习体验，大幅提升了学习者对技艺的掌握程度。尤其是一些复杂的手工技艺或工艺操作，传统的图文教学和视频教程可能难以直观展示其精细的操作技巧，而虚拟现实技术能够提供更加直观和互动性更强的学习体验，使学习者能够通过模拟操作和虚拟演练，加深对非遗技艺的掌握和理解。通过这种虚拟平台，学习者不仅可以获得实践中的即时反馈，还能在没有物理限制的情况下，进行反复练习和修正，从而提高学习效率和技能掌握程度。

数字化技术的另一个重要应用是视频教学的普及。传统的非遗技艺学习依赖口传心授，往往由于时间和空间的限制，许多技艺未能得到及时的传承。而通过视频教学，技艺的操作过程可以反复观看，学习者可以通过多次观看和模仿，逐步掌握复杂的操作技能。视频教学的另一个优势在于它可以提供丰富的辅助功能，例如慢动作回放、分步骤讲解等，帮助学习者更加清晰地理解每一个操作细节。这种方式不仅打破了传统学习模式的局限，也使得非遗技艺能够以更加系统和规范的方式进行传承。对于一些已经年老的传统工艺师傅，视频教学也为他们提供了一种更为便捷的教学手段，使他们能够通过技术手段将自己的技艺传授给更多的学习者，而不必过多依赖面对面的教学。

与此同时，数字化技术为非遗技艺的传承提供了一个全新的互动平台。通过在线学习平台，学员与教师之间的互动不再仅限于传统的课堂问答，而是可以通过即时反馈与交流进行更加及时和高效的互动。许多数字平台都配备了实时反馈与纠错机制，学习者在操作过程中遇到问题时，可以通过在线交流功能与教师或其他学员进行互动，及时获得解答。对于一些需要精确操作和技巧传授的非遗技艺而言，这种互动性显得尤为重要。实时的反馈不仅能帮助学员在学习过程中及时调整自己的操作，还能帮助教师了解学员的学习进度和难点，从而有针对性地进行指导。这种互动机制的建立，使得学习者在没有面对面接触的情况下，也能获得教师的个性化指导，从而更好地提升技艺水平。

数字化平台也促进了非遗技艺的跨文化传播和跨地域交流。通过数字化平台，非遗技艺不仅可以跨越语言和地域的限制，更能够将不同文化背景的学习者聚集在一起，形成一个多元化的学习社区。在这种平台上，学习者可以通过讨论、分享和交流，互相学习，不仅拓宽了学习的视野，还促进了不同文化间的理解与交流。通过这种数字化的跨文化互动，非遗技艺不仅得到了有效的传承，还能得到创新性发展，从而在全球化的背景下焕发出新的活力。

四、非遗的数字化档案与大数据管理

非遗的数字化档案是其传承与保护工作中的关键组成部分。随着科技的飞速发展，特别是大数据和数字化技术的广泛应用，非遗的数字化档案不仅在保存和传承方面发挥着重要作用，而且为非遗研究、政策制定及文化产业发展提供了可靠的技术支持与数据基础。非遗数字化档案的建设，远远超越了传统的纸质记录和物理保护，其核心价值在于通过信息技术的手段，使非遗的相关数据得以高效地存储、管理和传播，为多领域的合作与发展提供了全新的视角和途径。

非遗的数字化档案系统作为一个集成信息、存储资料、分析数据的综合平台，涉及对非遗项目的全面数字化记录。这不仅包括传统的文字、图像、视频资料的数字化存档，还涵盖了相关的音频、3D建模以及虚拟现实技术等多种形式的数字记录手段。通过数字技术，非遗项目的动态特征得以完整保留，甚至是不可见的文化遗产和技艺也能被精确记录。这种多维度的档案记录方式，为未来的非遗保护与传承提供了更加全面、立体的视角。数字化档案的建立，使得非遗项目的保存不再依赖于物理形式，更通过数字平台使其具备了跨时间、跨空间的传播能力。

通过大数据技术对非遗数字档案的管理与分析，非遗的存储与应用进入了一个新的时代。大数据技术能够实现对非遗信息的多维度分析，揭示不同非遗项目的地域分布、发展趋势、受众需求及传播路径等关键性信息。这为非遗的保护工作提供了更加科学、精准的数据支持。在过去，非遗的保护往往依赖于专家的主观判断和传统的保护经验，而现在，通过对大数据的系统化收集与处理，非遗保护不仅更加精准，还能基于数据分析预测非遗的未来发展方向，从而在政策制定、资金分配、项目选择等方面提供科学依据。数字化档案能够帮助学者和文化工作者更好地研究和了解非遗项目的背景、演变过程及其社会价值，为非遗的可持续发展提出更具创新性和前瞻性的建议。

非遗数字档案不仅在静态保存和研究方面发挥着作用，更为动态管理和互动性合作提供了平台。数字化档案系统能够实现非遗资源的实时更新和修复，使其能够适应现代社会的需求变化。随着社会文化环境的不断变化，非遗的传承与保护面临着新的挑战，数字化技术通过其高度的灵活性和可扩展性，能够及时进行调整与修复。数字修复技术的引入，使得被破坏、老化或消失的非遗项目得以"复原"，这一技术的进步大大增强了非遗保护的可操作性和有效性。此外，数字档案还为学术界、文化机构、政府部门以及社会公众之间的多方合作提供了重要的平台。非遗数字档案能够实现各方的信息共享与资源整合，从而促进了不同领域的跨界合作。学者与文化工作者可以通过数字档案获取到详尽的非遗数据，为其研究提供丰富的素材；政府机构可以基于数据分析制定更加合理的政策和保护措施；文化产业界也可以利用非遗数字档案挖掘市场潜力，推动非遗文化产品的开发与传播。

非遗数字化档案还具备了在大规模传播中的潜力。传统的非遗保护往往局限于一定的地域范围内，而数字化技术的引入打破了这一地域限制。通过网络平台，非遗可以突破国界的限制，在全球范围内传播，极大地拓展了非遗的受众群体。文化产品的开发、非遗技艺的展示以及文化活动的宣传，都可以借助数字化档案在全球范围内迅速传播，增强非遗的国际影响力和文化认同感。同时，数字化档案也为非遗的教育与推广提供了创新方式。通过在线课程、虚拟现实体验、互动式教学等手段，非遗的学习与体验不再受限于传统的课堂教学模式，数字平台使得更多的民众，特别是年轻一代，能够更加便捷地接触和学习非遗文化。

非遗数字化档案的建设还涉及对非遗数据的长期管理与保护。在信息技术日新月异的背景下，如何确保数字档案的长期可读性和可持续性成为一个亟待解决的问题。数字档案的保护不仅仅是对其存储硬件的管理，还需要考虑到数据格式的标准化、技术更新的适应性等方面。随着技术的不断更新换代，数字档案必须具有高度的兼容性和灵活性，才能在未来的几十年乃至更长的时间内依然有效。因此，非遗数字档案的管理体系需要具备前瞻性，确保其在长期保存和应用中的可靠性与稳定性。

非遗数字化档案的建设不仅为非遗的保护提供了全新的方式，也为其创新传承开辟了广阔的空间。通过现代科技手段的介入，非遗不仅能有效保存下来，还能在新的社会文化环境中焕发出新的生命力。数字化档案系统的搭建，不仅仅是对过去文化的记忆，更是对未来非遗发展的前瞻性布局，为全球非遗的可持续发展提供了坚实的基础。

第二节　数字化技术对非遗传承的推动作用

一、提高非遗的可访问性与普及度

在当今信息技术飞速发展的背景下，数字化技术的应用为非遗的传承与保护开辟了全新的路径。数字化不仅为非遗项目提供了更广泛的传播渠道，还有效提升了其可访问性和普及度。通过数字化手段，原本依赖于口耳相传的传承方式和受地域限定的非遗项目得以突破空间和时间的限制，从而实现了更加广泛的传播与分享。无论是艺术表演、手工艺技艺，还是传统的节庆活动，都可以通过数字化平台将其生动呈现给全球观众。数字化技术的这一优势，使得非遗不仅能跨越地理障碍，同时也能跨越代际差异，在民众尤其是年轻一代中的普及程度得到了显著提升。

通过数字化的呈现方式，非遗的独特性得以更加直观和具体地展示，传统技艺和文化的魅力也能在虚拟空间中得到无限延伸。观众可以通过多种形式的数字内容，如虚拟现实、增强现实、数字化视频、三维建模等，沉浸式地了解非遗的背后故事和文化内涵。这种创新的传播方式不仅增强了非遗的观赏性和互动性，更改变了观众与传统文化的互动方式，使其不再是简单的观看行为，而是参与感和体验感的深度融合。

数字化平台的普及进一步推动了非遗资源的全球共享。借助互联网的普及，世界各地的观众可以轻松接触到不同国家和地区的非遗项目。数字化打破了语言、文化和政治等多重壁垒，促进了全球非遗的互联互通。无论是通过在线博物馆、文化交流平台，还是通过社交媒体和在线视频平台，非遗项目都能够迅速覆盖更多的观众群体。这种便捷而广泛的传播方式，使得非遗不再仅仅属于某一地区或民族，而成为全球多样性文化的一部分，提升了各国文化在世界舞台上的影响力。

数字化技术不仅提升了非遗的可访问性，还促进了公众对非遗的了解和参与。在传统的文化传播模式中，非遗往往局限于特定的群体和地域，普通民众的接触机会有限。而数字化技术则极大地降低了接触非遗项目的门槛。通过各类数字化平台，普通民众可以随时随地接触到非遗项目，不再受地域和时间的局限。这种便捷性提升了公众对非遗的关注度，也激发了公众参与非遗保护和传承的兴趣。在数字化平台的支持下，越来越多的人开始主动学习和传播传统技艺，这不仅有助于非遗的活态传承，也促进了非遗保护意识的社会化。

随着非遗数字化项目的不断发展，越来越多的群体开始了解和参与其中，尤其是在年轻一代中，非遗的关注度和认同感显著提升。数字化平台通过创新的展示方式，将传统文化与现代生活紧密结合，激发了年轻一代对传统文化的热情和兴趣。通过互动性强的数字平台，年轻人不仅能了解非遗的传统面貌，还能在数字化的技术支持下，尝试亲身体验和参与其中。这种沉浸式的体验方式，不仅增强了他们对传统文化的理解，还培养了他们对非遗的尊重与认同，从而在更广泛的层面上推动了文化自信的构建。

与此同时，数字化技术的应用使得非遗的保护与创新得到了有效结合。通过数字化的保存与传播手段，传统技艺和文化形式能够以更高精度被记录、保存和再现。这些数字化成果不仅能为未来的研究和传承提供宝贵的资料，也为传统技艺的创新提供了新的空间。数字化技术的融入使得非遗不再停留在传统的形式上，它可以通过与现代技术的结合，在新的时代背景下焕发出新的活力和生命力。这种创新性的传承方式，不仅让非遗在全球范围内得到了更好的保存和传播，也为非遗的创新发展提供了无限可能。

数字化技术的应用为非遗的传承与保护提供了更加广阔的空间和更加丰富的手段。数字化平台的普及与发展，不仅大大提高了非遗的可访问性，也使得非遗能够以互动性更强、更加生动形象的方式呈现给全球观众。通过这种方式，非遗在全球范围内得到了更广泛的传播和认同，为传统文化的保护与传承注入了新的动力。随着数字化技术的不断进步，非遗的传承模式必将更加多元化、立体化，成为全球文化交流与创新的重要组成部分。

二、提高非遗传承的效率与精度

数字化技术的引入为非遗的传承带来了前所未有的机遇，尤其在提升技艺传承的效率与精度方面，发挥了至关重要的作用。传统的非遗技艺通常依赖于口口相传和师徒之间的手工教学方式，这一过程不仅时间长，而且容易受到人力资源和传承者自身水平的限制。在这种模式下，技艺的某些细节可能会因为传递不精确或记忆失真而发生偏差，甚至在某些情况下，某些工艺细节可能会丧失或被遗忘。而数字化技术的应用有效克服了这些问题，通过高清记录和精确复原，将每一个细节和步骤都精准地保存下来，避免了传统教学过程中潜在的误差和遗漏。

数字化技术为非遗技艺的精确传承提供了坚实的技术支持。通过高清摄像、3D扫描、数字建模等技术手段，传统工艺的每一个细节都可以被细致入微地记录。这不仅让技艺的传承不再依赖于师傅个人的记忆和技巧，也使得一些微妙的技艺动作和操作步骤能够在数字平台上得到精准还原。比方说，某些手工艺中极为复杂的操作步骤，如雕刻时的力度把控、编织时的细微差别，传统的口述或实物传递可能难以完美再现，而数字化手段则可以将这些微观的变化准确捕捉，保存为可供学习和传播的数字资料。这种高精度的保存方式，使得非遗技艺的每一环节都能得到完美呈现，从而为后代学习者提供更加精确、直观的学习资源。

数字化技术还通过数据分析、可视化展示等方式帮助研究者对非遗技艺的发展轨迹和演变过程进行深入剖析。在传统的非遗传承过程中，由于缺乏系统的记录和归档手段，技艺的发展变化往往难以被全面、深入地捕捉与理解。而数字化记录手段的引入，则使得传统工艺的演变过程可以通过多维度、多层次的数据进行分析。这些数据不仅能帮助研究者了解技艺的传承线路，还能揭示技艺背后的历史背景、文化内涵和社会变迁。例如，通过对手工艺作品的数字化扫描和分析，研究者可以了解作品的创作历史，探索其在不同历史时期的风格变化及技术革新，从而为非遗技艺的深入研究提供更为可靠和全面的数据支持。

数字化技术不仅为非遗技艺的精确保存和研究提供了工具，还极大地提升了非遗传承的效率。过去，非遗技艺的传承往往需要依赖于师傅与学徒之间长时间的面对面教学，传承的周期性和地域性限制了非遗技艺的普及与传播。

然而，数字化技术打破了这一局限，使得非遗技艺的学习和传授不再受地域与时间的束缚。借助数字化平台，传统技艺的传授可以通过网络在线平台实现远程教育和自学，使得原本局限于某些地方和特定人群的技艺，得以向更广泛的人群普及。这种远程传播的优势，不仅加快了非遗技艺的普及速度，也使得更多人能够在不同的时间和空间内进行学习，从而大幅提升了非遗技艺的传承效率。

数字化手段还能通过建立虚拟学习系统和互动平台来增强学习者的体验感和参与感。传统的非遗技艺学习往往存在"观摩—模仿—实践"的教学模式，这一过程虽然有效，却容易造成学习效率的低下和技能掌握的滞后。通过数字化平台，学习者可以在虚拟环境中进行模拟操作，进行多次反复练习和实践，极大地提高了学习的效率和准确性。通过VR、AR等技术，学习者能够身临其境地感受工艺制作的每个步骤和细节，而不再仅仅依赖于图文教材或现场观看，从而更快、更准确地掌握传统技艺的要领。

与此同时，数字化技术还为非遗技艺的传播开辟了新的途径。通过数字化记录和在线平台，非遗技艺可以被分享给全球的学习者和观众，跨越语言、文化、地域等障碍，触及更广泛的受众群体。这种跨国界的传播不仅有助于非遗技艺的保护与传承，也为文化多样性和全球文化交流提供了重要的支持。数字化技术赋予了非遗更加持久的生命力，突破了传统传播模式的时空局限，使得各地的文化可以在全球范围内交流、互鉴。

数字化技术不仅提升了非遗技艺传承的效率和精度，还为非遗的研究、传播和创新开辟了广阔的空间。通过精确的数字记录和高效的传播平台，非遗技艺得以更加可靠和全面地传承下去，并在全球化背景下为更多人所了解和欣赏。数字化技术的不断发展，也为非遗的创新传承提供了新的动力，使传统技艺能够在现代社会中焕发出新的生命力，为非遗的持续保护和传承打下了坚实的基础。

三、促进非遗与现代科技的融合

随着科技的迅猛发展，数字化技术的引入为非遗提供了前所未有的创新机遇。非遗的保护与传承长期以来面临着多种挑战，包括物理条件的局限性、社会认知的不足以及传统技艺和文化的逐渐失传。随着数字化手段的不断成熟，这些挑战不仅得到了有效缓解，非遗的保护和传承也在全球范围内迈上了一个新的台阶。数字技术不仅为非遗的保护提供了创新的解决方案，还为其发展开辟了广阔的空间，促进了非遗与现代科技的深度融合，推动了非遗的创新表达和多维呈现。

非遗的数字化保护是科技与文化交汇的重要体现。通过高精度的数字化手段，非遗的各类表现形式得以真实、完整地再现和记录。传统的民间艺术、手工技艺、节庆仪式等一系列非遗项目，往往依赖于口头传承或现场展示，存在失真、流失甚至断代的风险。数字化技术的运用，通过高清晰度的影像捕捉、三维扫描、VR和AR等手段，能够将非遗的形态、声音和空间感完美地保留下来，并通过多元化的方式进行长期保存与展示。这种数字化再现使得非遗的生命得以在虚拟空间中得到延续，为未来的研究和传承提供了强大的支持。

与非遗的数字化保护相伴而来的是数字技术为非遗带来的表达方式的创新。传统的非遗艺术，如音乐、舞蹈、戏剧等，通常在演绎和传承过程中存在时间、空间和地域上的限制。数字技术通过音视频处理、图像合成以及虚拟现实等手段，使得这些传统艺术形式能够跨越时间与空间的障碍，以全新的方式呈现给观众。数字化手段不仅增强了传统艺术的表现力和互动性，还突破了传统形式的局限，将非遗艺术的表现方式拓展到数字世界。这种创新的表达形式不仅能吸引现代观众的兴趣，促进年轻一代对传统文化的理解和认同，也能在全球化的语境下，提升非遗的国际影响力。

数字化技术的融合使得非遗不局限于传统领域的传承，还与现代文化产生了积极的互动，实现了创新。通过与现代科技的结合，非遗获得了新的生命力和发展机遇。比如，传统音乐与电子音乐的结合，传统戏剧与数字媒体的融合，传统手工艺与现代设计的结合，都为非遗的表现开辟了新的道路。数字艺术、数字动画等现代艺术形式与非遗的结合，赋予了非遗更为丰富的表现维度，使其不仅在传统意义上得以保存，更在现代社会中焕发出新的活力。随着这些创新形式的不断涌现，非遗逐渐突破了单纯的保护范畴，成为现代文化创意产业中的重要组成部分。

在非遗与现代科技融合的过程中，数字化技术不仅仅是一种工具，更是一种推动非遗创新发展的动力。非遗的数字化转型推动了其社会功能的多元化发展。传统的非遗艺术形式往往依赖于实体空间的演绎，而数字化技术的引入使得非遗不仅能在传统的社群中得到传承，也能在全球范围内进行传播。通过互联网平台和数字展示，非遗能够突破传统地域和文化圈的限制，吸引更多的受众参与其中，促进文化的多元交流与融合。非遗不再仅仅是特定社区和族群的文化资产，它逐渐成为全球共享的文化资源，彰显了其普遍的文化价值和时代意义。

随着数字化技术的不断进步，非遗与现代科技的融合还为文化产业的创新发展提供了丰富的可能性。在文化创意产业中，非遗资源的创新应用不仅促进了传统艺术形式的再生，也为文化产业注入了新的活力。数字技术为非遗产业提供了新的商业模式，如数字化非遗产品的开发、虚拟体验的提供、在线教育平台的建设等。这些创新举措不仅为非遗的传承提供了新的发展路径，也为相关产业带来了新的经济增长点。通过数字化技术，非遗资源的价值被更加充分地发掘，文化产业与创意经济在全球化背景下形成了互相促进的良性循环。

非遗与现代科技的深度融合不限于技术层面的更新，更在文化层面上推动了传统与现代的跨越式发展。非遗的传承与创新不再仅仅是一个历史性的文化保护任务，更是一个充满活力的动态过程，成为文化发展的一个重要引擎。数字化技术的引入，赋予了非遗更加多元化的社会功能，使其能够在现代社会中继续发挥着重要的作用。通过数字化手段，非遗的表现形式更加多样，传播方式更加广泛，影响力也得到了大幅提升。数字化不仅为非遗提供了可持续发展的保障，也为世界文化遗产的保护与发展开辟了崭新的道路。

四、推动非遗产业化与商业化发展

在当今全球化和信息化的背景下，非遗的产业化与商业化逐渐成为文化产业发展中的重要方向。数字化技术的迅猛发展，尤其是在信息技术、互联网、大数据和人工智能等领域的应用，为非遗的产业化和商业化开辟了全新的路径。非遗的产业化不仅是文化遗产保护的重要组成部分，它更是推动传统文化走向市场、促进文化创新性发展的关键环节。数字化技术的介入，突破了传统文化产品的传播局限，为非遗的文化创意产业注入了前所未有的活力。

数字化技术为非遗产业化提供了基础性支撑，推动了非遗产品的形式创新和传播渠道的拓展。通过数字化手段，传统的非遗文化形式得以转化为更加便于传播的数字产品。这些数字产品不局限于传统的手工艺品和地方文化符号，更涵盖了虚拟商品、数字艺术品、三维建模等新型文化产品。非遗数字化产品突破了空间和时间的限制，通过在线平台和社交媒体得以实现全球范围内的传播，获得了更广泛的受众。数字平台的出现，不仅为非遗产品提供了更为高效的流通渠道，也促进了文化产业的整体发展。这一变化推动了传统文化的产业化进程，从而为非遗产品创造了可观的经济价值。

数字化技术的应用不仅促进了非遗产品的跨界融合，还为衍生产品的开发提供了更多可能性。通过数字技术，传统非遗文化得到了新的诠释，形成了丰富的文化产品矩阵。这些衍生产品不仅是传统文化的延续，更是数字技术赋予其的新生。比方说，传统的手工艺品可以通过数字化加工形成虚拟商品，数字艺术品能够通过多媒体展示、虚拟现实等技术呈现出全新的感官体验，这些产品能够吸引不同年龄层和消费群体的兴趣，从而拓宽了非遗产业的市场边界。数字化技术使得非遗产业的边界得以扩展，传统文化产品的附加值和市场价值也因此大幅提升。通过数字化手段开发出的非遗衍生产品，能够以更高的价值参与市场竞争，推动了文化经济的增长。

与此同时，数字化技术的普及使得非遗产业的商业化过程更加灵活和多样化。传统的非遗商业模式往往依赖于线下销售和文化传播活动，但随着数字化进程的推进，线上平台和社交媒体成为非遗商业化的核心渠道。非遗的数字化产品可以通过电商平台、数字博物馆、虚拟市场等多种形式进入市场，拓宽了消费者的选择空间，也为企业提供了更加灵活的营利模式。在数字化的推动下，非遗文化产品不仅能面向全球市场，还能借助网络平台进行精准的用户定位和市场分析。这种新的商业模式使得非遗产业能够更高效地实现价值转化，打破了传统文化产业依赖单一销售渠道的局限，迎来了多元化的发展机遇。

在非遗产业化与商业化的过程中,数字化技术的应用并不停留在文化产品的创新层面,它还在推动非遗产业链条的延伸方面发挥了重要作用。通过数字化技术,非遗文化的各个环节——从产品的设计、制作、传播到市场营销、销售等,都得到了极大的优化和创新。比如,数字化工具可以帮助工艺美术师和艺术家更精准地进行产品设计,数字模型和3D打印技术使得非遗手工艺品能够实现更高效、更大规模的生产。此外,数字化技术还为非遗的营销和销售提供了更加丰富的方式,借助数据分析与智能推荐,能够实现个性化定制和精准营销,从而提高产品的市场竞争力。

数字化技术推动下的非遗产业化不限于文化产品的直接市场化,它还促进了非遗文化内容的多元化表达,开创了文化创意产业的新局面。非遗产业化的商业化不仅是对传统文化的保护与传承,更是对其文化内涵的再创造。非遗的创意产业,特别是在数字艺术、影视、音乐、游戏等领域的拓展,逐渐为其产品开创了更为广阔的市场。数字化技术的快速发展为这些新兴产业提供了强有力的支持,使得非遗不仅能保存和传播其传统形式,还能通过现代化的方式与时俱进,满足现代消费者多样化的文化需求。数字化非遗产品不仅在传统市场中占据了一席之地,还在新兴市场中迎来了发展机遇。

第三节　数字化非遗传承的未来发展

一、虚拟现实与增强现实的深度应用

虚拟现实（VR）与增强现实（AR）技术的快速发展为非遗传承带来了前所未有的机遇。传统的非遗传承方式通常依赖于实地学习和面对面的文化互动，而随着科技的进步，VR与AR技术为非遗的传播与教育提供了全新的维度。这些技术通过提供沉浸式的体验，使学习者不仅能通过视觉感知传统文化的表现形式，更能够亲身参与其中，体验非遗项目的操作过程。虚拟现实能够创造一个高度仿真模拟的环境，用户通过佩戴设备进入虚拟的非遗场景中，身临其境地感受和操作，而增强现实则通过将虚拟信息叠加到现实世界之上，增强用户的互动体验，使他们能够在现实环境中与虚拟的非遗内容进行互动。这种创新性的技术手段使得非遗的传承从传统的静态展示转向动态的交互体验。

通过VR和AR技术，非遗项目的展示不再局限于文字、图像或视频等单一形式，而是转向了更加生动和多维的表现方式。观众在虚拟环境中能够与传统技艺进行深入互动，不仅能看到手工艺品的制作过程，还能模拟参与其中，体验到技艺传承者的操作流程与感受。以传统手工艺为例，学习者可以在虚拟现实中亲身"操作"工具、材料，体验制作的每一个细节，这种亲身参与的方式极大增强了文化的沉浸感和代入感，使学习者能够在实践中感受到传统技艺的精髓，从而更深入地理解和掌握非遗的内涵。这种互动式的学习模式使得非遗的传承不再是单向的知识传递，而是变成了多向的、更加生动和富有趣味的体验式学习。

对于非遗传承者而言，VR与AR技术也提供了更加灵活和高效的教学工具。非遗传承常常依赖于师徒之间的面对面指导和传授，这种方式虽然具有不可替代的文化价值，但也带来了传承人数有限、地域限制等问题。通过VR和AR技术，非遗传承的知识和技艺能够突破时间和空间的限制，广泛传播至世

界各地。无论身处何地，学习者都可以通过虚拟平台与师傅进行对话和互动，进行远程学习或技能模拟。这种方式不仅突破了传统传承中的地理局限性，也让非遗的传播不再受限于时间因素，传承者和学习者之间的互动可以随时随地进行，从而极大地提高了非遗技艺的传播效率，扩大了受众范围。

VR 和 AR 技术的应用还能增强非遗项目的教育性和趣味性。在传统的非遗教育中，由于学习内容较为抽象或者操作过程复杂，很多学习者容易产生距离感或困惑感。通过虚拟技术，传统技艺的操作步骤、技巧细节可以被分解并以可视化的方式呈现，学习者能够通过反复操作和观察，掌握技能的精髓。虚拟现实和增强现实能够将复杂的技艺过程简单化、游戏化，从而激发他们的兴趣和主动学习的热情。在这一过程中，非遗的学习不再是枯燥的、单一的知识接收，而是富有探索性和创造性的过程，这种创新的学习方式能有效激发学习者的想象力和动手能力，从而更好地促进非遗技艺的掌握与传承。

VR 和 AR 技术对非遗传承的深度应用，不仅在教育和传播领域具有巨大潜力，还能在非遗项目的保护与展示中发挥重要作用。许多传统技艺和文化由于时间的推移、环境的变化以及人力资源的短缺，面临着消失的危机。通过虚拟技术，非遗项目的数字化保护成为可能。传统技艺的每一个操作步骤、每一种制作工具、每一项艺术作品都可以通过高清数字技术记录下来，形成数字档案，供未来学习和研究使用。此外，VR 与 AR 技术还能将这些数字化内容呈现给观众，使他们能够在虚拟环境中体验到几乎与现实相同的感官体验。这种技术手段的应用，不仅解决了非遗保护中的保存难题，也使得非遗项目的体验更具现代感和吸引力，从而吸引更多的年轻人参与其中，增强他们对传统文化的认同。

虚拟现实与增强现实技术的深度应用将为非遗的传承、教育和保护带来革命性的变化。通过提供更加生动、互动性更强和沉浸式的学习体验，这些技术为非遗的普及与传承提供了全新的途径。随着技术的不断进步，虚拟技术将继续推动非遗项目走向全球，让传统文化在新时代焕发出新的生命力。而对于文化传承者而言，这不仅仅是技术手段的应用，更是传承方式的创新，为非遗保护注入了更多的活力与希望。

二、大数据与人工智能的协同作用

随着信息技术的不断进步，特别是在大数据和人工智能（AI）领域的突破，数字化时代的非遗传承面临着前所未有的机遇和挑战。大数据和人工智能的协同作用为非遗的保护、传承与创新提供了新的技术路径和实践模式。大数据作为一种能够有效收集、存储和分析海量信息的技术工具，在非遗的数字化保护和管理中起到了至关重要的作用。通过对非遗项目进行大规模的数据采集和分析，可以系统性地评估其文化价值、历史背景及现状，进而为保护工作提供更加科学、全面的依据。大数据技术能够揭示非遗资源的分布、流传规律和受众需求等关键问题，帮助相关部门及时发现传统文化在现代社会中的传承瓶颈和不足，从而制定更具针对性的保护策略。

与此同时，人工智能作为一种模拟人类智能行为的技术，其深度学习和算法优化能力在非遗传承中的应用展现出独特的潜力。人工智能技术能够通过分析历史文献、图像、音视频等多模态数据，深入挖掘非遗的文化内涵，并通过自动化学习算法对传统技艺进行模拟和再现。AI技术通过高效的学习与训练，可以帮助非遗技艺的传承者快速掌握并再现传统技术，特别是在非遗技艺的学习过程中，AI可以通过VR或AR等技术，模拟出复杂的技艺操作，让学习者在无师自通的情况下，也能进行高效、精准的技能训练。此外，人工智能还能通过人机交互的方式，辅助传统技艺的传授者根据个人的学习进度和掌握情况，及时调整教学策略，从而提高学习效率与传承效果。

非遗的推广和传播也得益于人工智能技术的应用。AI驱动的智能推荐系统可以通过对用户兴趣、行为和需求的精准分析，向更多受众推荐相关的非遗内容，提高其在大众中的影响力和覆盖面。通过大数据技术，AI能够分析用户的浏览习惯和喜好，个性化地推送与之相关的非遗资源，增强受众对非遗文化的认同感。在此基础上，非遗项目的传播不仅可以突破时间和空间的限制，还能最大化地提升其在现代社会中的认知度和传播效果。无论是通过社交媒体平台、在线学习系统，还是通过智能设备的辅助，人工智能和大数据技术都在极大地推动非遗的普及与创新。

大数据和人工智能的协同作用也为非遗项目的保护和传承提供了更加精细化的管理手段。在传统的非遗保护模式中，通常依赖人工判断和主观经验进行项目评估和管理，而在数字化转型过程中，大数据能够通过多维度的指标和模型，客观、实时地监控和评估非遗项目的保护效果。通过数据采集和分析，能够更好地了解各类非遗项目在不同地区、不同受众群体中的影响力与传播效果，为后续的资源配置和保护措施提供数据支撑。同时，人工智能能够实时反馈非遗项目的实施状况和问题，帮助管理者及时进行调整和优化，使得非遗保护工作更加高效、精准。

大数据和人工智能的融合不限于对非遗项目的单一技术支持，而是形成了互为补充、协同发展的技术生态。大数据为人工智能提供了必要的基础数据，而人工智能则通过对大数据的深度挖掘和应用，推动了非遗的传播、教育和创新，使非遗的保护工作从单纯的文化遗产保护转向了文化活态传承。数字化手段的应用，使得非遗不仅能在传统形式下得以保留，还能通过技术创新与现代媒介的融合，在新的文化场景中焕发出新的生命力。

随着技术的不断发展，人工智能和大数据在非遗传承中的作用愈加凸显。人工智能和大数据将进一步推动非遗资源的数字化，带来更加精准的非遗保护策略与传承方法。在非遗的数字化转型过程中，人工智能不仅能模拟传统技艺的操作过程，还能通过数据分析和学习，帮助传统技艺实现技术的优化与创新。此外，随着智能硬件和虚拟现实技术的不断进步，非遗的学习与传承将更加丰富和多样化。对于从事非遗传承工作的各类机构和专业人员来说，掌握并运用大数据和人工智能技术，已经成为提升非遗保护能力、拓宽非遗传播渠道、增强非遗项目影响力的重要手段。

大数据和人工智能的协同作用为非遗的传承与创新提供了广阔的前景。数字化非遗的未来，将不再局限于传统的保护模式，而是向着互动性更强，更加开放、智能的方向发展。通过大数据的精准分析和人工智能的智能化学习，非遗项目的保护与传承将更加系统化、精准化和高效化。随着科技的不断进步，非遗传承的数字化、智能化将迎来更加广阔的发展空间。

三、非遗与数字文化产业的深度融合

随着数字技术的迅速发展，文化产业逐渐进入了一个全新的时代。数字文化产业的崛起为各类文化资源的保护与传承提供了前所未有的机遇，特别是在非遗的传承与创新方面，数字化技术的应用为非遗的保护和传播带来了革命性的变化。非遗与数字文化产业的深度融合不仅改变了传统文化的传播方式，还开辟了文化产业的新领域，使其不仅能有效保存和传承传统文化，还能激发新的文化创意，推动经济与文化的双重发展。

在数字化技术的推动下，非遗文化得以在全新的数字平台上展示和传播。这一过程不仅仅是技术手段的引入，更是非遗的表现形式和传播方式的转型。传统的非遗形式往往依赖于线下的传承和展示，而随着数字文化产业的发展，非遗通过数字化转型进入了虚拟空间，呈现出更加多样化、互动性强的特点。无论是 VR、AR 技术的应用，还是通过数字化平台如社交媒体、在线教育、直播等形式的传播，非遗的展现形式都发生了质的飞跃。数字技术为非遗的传承提供了更加广阔的舞台，使得传统文化突破地域和时空的限制，而是能够在全球范围内快速传播，获得更加广泛的受众。

非遗的数字化不仅仅是为了保护和传承，更是推动文化创意产业发展的重要力量。数字文化产业的核心是创新，而非遗作为文化创意的源泉，蕴含着巨大的创意潜力。通过数字化手段，非遗的传统元素能够被赋予新的生命力，转化为符合现代市场需求的创意产品。这一过程中，非遗的传统技艺、故事、艺术形式等通过数字化手段得到了再创造与再设计，形成了富有现代感的文化产品。无论是数字游戏中的传统文化元素，还是虚拟艺术作品中非遗技艺的呈现，数字文化产业为非遗注入了新的文化价值和商业价值，使非遗从一个单纯的文化传承对象，转变为具有市场吸引力的创意产品。

通过数字化转型，非遗能够融入更加多元的文化消费生态。数字技术的应用不仅拓宽了非遗的传播渠道，也丰富了文化消费的形式和体验。以数字化非遗展示为例，用户可以通过数字平台与传统文化进行互动，不仅能观看传统艺术的演出，还能参与虚拟体验活动，如通过 AR 技术亲身感受传统工艺的制作

过程，或通过互动式游戏了解非遗的历史背景与文化内涵。这种互动性和沉浸感为消费者提供了全新的文化体验，使得非遗文化的传播不再是单向的知识传递，而是基于参与和体验的文化消费模式。

非遗与数字文化产业的融合还促进了文化产业的多元化发展。传统的文化产业大多集中在演艺、出版、影视等领域，而数字化时代的到来，使得文化产业的形态变得更加丰富。通过与数字技术的深度融合，非遗不仅在传统产业中得到了延续，还扩展到了诸如数字艺术、动漫、影视制作、网络游戏、直播等新兴领域。在这些新兴领域中，非遗作为文化资源不仅被用来提升产品的文化价值，还成为市场创新的重要驱动力。数字文化产业的多样化发展使得非遗能够进入更多元化的市场，拓宽了其商业化路径。

数字化技术赋予了非遗文化更多的生命力，推动了非遗与现代科技的深度融合。这一过程使得传统的非遗文化不仅仅是历史的遗存，更是活跃的文化力量。例如，通过数字技术的辅助，非遗可以实现跨界融合，不再局限于传统的手工艺和表演艺术，而是能够在电影、电视剧、动画、网络视频等现代传媒形式中焕发新的光彩。这种跨界合作不仅能提升非遗的现代传播力，也能使其在更加广泛的受众中形成共鸣，推动非遗文化的复兴与创新。

非遗与数字文化产业的深度融合不仅为非遗的传承和创新开辟了新天地，也为文化产业带来了更多的发展机遇。通过数字技术的应用，非遗能够以更加现代化的方式融入全球文化消费的生态中，形成多元化的市场形态和文化体验。这一过程不仅有助于非遗文化的全球传播，还能推动其在全球文化产业中的商业化与创新，促进非遗文化在全球范围内的传承和繁荣。

四、非遗传承的全球化与跨文化交流

随着全球化进程的加速，非遗的传承和保护逐渐成为全球文化发展的重要议题。在这一背景下，数字化技术的快速发展为非遗的全球传播和跨文化交流提供了前所未有的机遇。数字化非遗传承不仅打破了地理和语言的限制，使不同国家和地区的非遗项目能够跨越国界更广泛地进行交流与传播，也为促进文化的相互理解与尊重搭建了一个更加便捷的沟通平台。数字化手段在非遗保护和传承中扮演着越来越重要的角色，尤其是在促进跨文化的交流和理解方面，它的作用不可忽视。

数字化技术为非遗的保护和传播提供了更加高效且低成本的方式，使得传统文化能够在全球范围内得到更广泛的展示。通过数字化手段，非遗项目的影像、音频、文字等多维信息得以保存和再现，使其能够跨越时空限制，得到更为长久和广泛的传播。这种传播方式不仅突破了传统物理空间的局限，还使得更多人能够便捷地接触到这些文化遗产，感受到不同文化背景下的艺术形式、历史脉络和精神价值。因此，数字化非遗的推广大大加快了文化资源的全球流动，推动了全球文化多样性的交流与共享。通过互联网、数字媒体和虚拟现实等技术手段，非遗的数字化成果可以在全球范围内传播，极大地提升了非遗的国际影响力，促进了其社会认同。

数字化技术的应用，不仅是对传统非遗保护方式的补充和延伸，它也使得非遗的传承变得更加具有现代性与创新性。通过数字化技术，非遗的展示和体验不再局限于单纯的物理空间，它能够为观众提供更加丰富的互动体验。例如，利用虚拟现实技术，观众可以身临其境地感受传统工艺的制作过程或地方节庆的热烈氛围，增强了文化体验的沉浸感。数字化非遗的传播不仅仅是信息的单向传递，它更是一个互动、参与的过程，观众不仅可以通过数字平台了解非遗，还可以参与到非遗的创作、再现和创新中去。这种参与性为非遗的传承注入了新的生命力，使得传统文化得以在现代社会中重新焕发活力。

在推动非遗全球传播的过程中，跨文化的交流尤为重要。全球化使得世界各国之间的联系越来越紧密，文化的交流也变得更加频繁和多样化。数字化非遗的广泛传播，为不同文化间的理解与尊重提供了一个全新的平台。通过数字化手段，非遗文化不仅能更好地展示其独特性，还能让世界各地的人们了解和欣赏到来自不同国家和民族的文化的艺术表达与精神内涵。数字化技术在非遗保护中的应用，促进了全球文化间的对话和互动，使得文化差异得到更好的理解和包容。非遗不仅仅是某一地区或国家的文化符号，它已经成为全球文化交流的重要组成部分，数字化的传播形式将这一文化价值推向了全球视野。

随着国际数字文化合作的不断加强，非遗的全球保护与传承将更加注重合作与共享。各国政府、文化机构和国际组织在非遗保护和数字化传承方面的合作，逐渐形成了一个多元化的合作框架。不同国家和地区的非遗项目通过数字化手段实现了信息的互通与资源的共享，全球范围内的非遗保护和传承得到了前所未有的协同效应。国际合作不仅促进了非遗信息的流动和技术的交流，也推动了非遗保护理念的普及和落地。各国在数字化非遗保护方面的经验互鉴，不仅提高了非遗保护的效率，也使得全球范围内的文化遗产得到了更好的保护与传承。

数字化非遗的全球推广和跨文化交流的加强，将非遗保护的重心从单一的地方性保护转向了全球协同保护。在这一过程中，非遗的国际化保护框架逐步建立，全球各国共同推动非遗的传承与发展，形成了一个具有全球视野和合作精神的非遗保护生态圈。数字化技术的介入，不仅提升了非遗保护的可持续性，也推动了非遗与现代社会的融合，为非遗的创造性转化和发展提供了更多的可能性。在这一新的非遗保护模式下，全球各国不仅共享非遗的成果，还通过合作实现了共同的文化目标和价值。

第六章 非遗传承与文化产业的发展

随着文化产业的迅猛发展，非遗作为独特的文化资源，逐渐成为文化产业中重要组成部分。非遗的文化产业化，不仅能提升其经济价值与市场潜力，还能促进非遗的创造性转化与可持续发展。如何通过文化产业化手段实现非遗的传承与保护，如何在推动经济发展的同时保持非遗的文化本质，是本章的核心议题。首先，分析非遗的文化产业价值，探讨非遗作为文化资源在现代文化产业中的独特地位与发展潜力。其次，讨论非遗在文化产业中的应用模式，揭示非遗产品、旅游、演艺等产业形式的创新发展路径。最后，本章将提出非遗文化产业的发展策略，结合市场需求与文化政策，提出推动非遗产业化发展的有效措施与策略。通过本章的讨论，读者将能够深入了解非遗文化产业化的实践意义与发展趋势，为非遗保护与传承的经济模式创新提供理论支持与政策建议。

第一节　非遗的文化产业价值

一、非遗的文化独特性与市场吸引力

非遗不仅是文化传承的重要载体，更是全球文化多样性中不可或缺的组成部分。它蕴含的历史、习俗、技艺及其独特的表现形式，为人类社会提供了深厚的文化根基与独特的文化视角。从传统手工艺、民间艺术到节庆习俗和口头文化，非遗所承载的内容不仅塑造了一个民族的历史面貌，也体现了其地域特色与文化认同。这些具有特殊历史与文化背景的传统文化元素，不仅在历史的长河中延续了人类的文化基因，也在现代社会中展现出独特的市场吸引力。

随着全球化进程的加速，世界各国在推动经济与文化发展的同时，也越来越注重文化多样性的保护与传承。在这一背景下，非遗的独特性逐渐得到广泛认可，成为现代社会文化资源的重要组成部分。尤其在当今社会中，随着个性化、差异化消费趋势的兴起，消费者的文化需求日益多元化。非遗作为一种独特的文化符号，迎合了人们对个性化、独特性及文化认同感的追求。在众多文化产品中，非遗以其源远流长的历史背景、丰富的艺术表现力和地方性的特色，成为市场上一种稀缺的、富有吸引力的文化产品。无论是传统手工艺品，还是基于非遗文化元素开发的现代设计品，它们所代表的文化内涵和历史价值，都使其在市场中具有了独特的魅力和竞争力。

非遗的文化价值不仅在于其深厚的历史积淀，它所包含的独特技艺和传统工艺，在当今社会也展现出了巨大的市场潜力。在全球化的影响下，跨国文化交流和资源共享日益频繁，非遗的产品和服务逐渐从传统的局部市场走向了国际化的舞台。传统的手工艺品、艺术形式以及地方特产等，正通过现代市场渠道走向全球，这种跨文化的传播使得非遗的市场吸引力愈加强劲。特别是在国际文化展览、博览会等平台上，非遗项目吸引了越来越多的国际消费者的关注。这些文化产品不仅代表着原产地的历史与文化，更是一种文化交流的方

式，使得非遗在全球范围内得到了广泛的认同和推广。

市场化的非遗产品不仅能满足现代消费者对个性化、原创性商品的需求，也推动了非遗文化与现代社会的融合与发展。许多地区通过将非遗技艺与现代设计理念相结合，开发出具有创新性和市场潜力的文化商品。这些商品往往融入了传统工艺与现代审美，使得非遗不仅在文化上得到传承，也能在经济上带来效益。非遗的市场化路径，不仅让传统文化在经济领域获得了新的生命力，也为文化产业的繁荣与发展提供了强大动力。越来越多的非遗项目正在通过现代化的方式进行生产和推广，不仅提升了产品的附加值，也增强了消费者对非遗产品的认同感。

非遗的市场吸引力不仅体现在文化产品的消费层面，更在于其所衍生的文化产业链。随着非遗产业化步伐的加快，涉及非遗的文化创意、旅游、教育、品牌建设等多领域的产业化实践正在蓬勃发展。这些产业链的构建，不仅促进了非遗资源的高效利用和传播，也为当地经济发展提供了新的增长点。地方政府和企业通过将非遗与当地经济发展需求相结合，推动了文化旅游、文化创意产业等多个领域的跨界融合。在这一过程中，非遗的价值不仅仅是文化层面的延续，更是经济层面的升华。非遗所代表的文化内涵，通过产业化手段转化为具体的经济利益，为文化产业的创新发展注入了新的活力。

非遗的文化市场化也面临着一定的挑战。市场需求的多样化、消费者口味的不断变化，使得非遗产品在市场上的定位变得更加复杂。在这种环境下，如何在保持非遗传统精髓的基础上进行创新，如何平衡文化传承与市场需求之间的关系，成为非遗市场化过程中亟待解决的问题。对非遗项目的过度商业化或单纯的市场驱动，可能会导致其文化内涵的流失或扭曲，因此，非遗产品的设计与开发需要在传统与现代、文化与市场之间找到平衡点。

尽管面临诸多挑战，非遗的市场吸引力依然不容忽视。通过不断完善产业化机制，创新非遗产品的传播方式，非遗在文化产业中的地位正在不断上升。越来越多的非遗项目通过文化创意产业、文化旅游等渠道走向市场，不仅为消费者提供了具有文化价值的产品，也为传统文化的传承注入了新的生命力。非遗作为文化产业中的重要资源，其独特的历史价值、文化内涵和市场潜力，注定将使其在未来的文化发展中占据举足轻重的地位。

非遗的文化独特性与市场吸引力呈现出相辅相成的关系。非遗所承载的历史与文化价值，是其市场吸引力的核心所在；而市场化的路径，则为非遗注入了新的生命力，使其在全球化的语境下得以更加广泛地传播和传承。在全球文化产业日益融合与发展的今天，非遗将继续作为文化多样性的一部分，为经济、社会和文化的可持续发展贡献力量。

二、非遗的可持续发展与产业链延伸

非遗作为人类文化的瑰宝，承载着深厚的历史内涵和民族精神。然而，随着现代化进程的推进，传统文化的保护和传承面临着诸多挑战。非遗不仅仅是传统文化的象征，它在当代社会中蕴藏着巨大的产业价值。通过文化产业的开发，非遗可以与现代化经济体系深度融合，形成具有广泛影响力的产业链条，从而实现文化传承和经济增长的双重目标。

非遗的产业化发展为其可持续性提供了强有力的保障。在传统社会中，非遗主要依靠口传心授的方式进行传承，形式相对单一，且受资源、技术和市场的局限。进入现代社会后，非遗的保护和传承面临着巨大的压力，尤其是一些传统技艺和文化形式逐渐面临消失的危机。在这一背景下，将非遗资源进行产业化开发，不仅能有效延续其生命力，还能为相关领域带来经济效益，实现文化和经济的双重价值。

非遗的产业链延伸涵盖了传统手工艺、文创产品、文化旅游、节庆活动等多个方面。传统手工艺作为非遗的重要组成部分，其产业化能够有效提升产品的市场价值，增强消费者对传统文化的认同感。通过现代设计和创新技术的结合，传统手工艺品得以重新具备现代消费者喜爱的元素，进而成为具有市场竞争力的商品。文创产品生产作为非遗产业链中的重要环节，通常将传统文化与现代设计理念结合，创造出符合当代审美和需求的产品。通过这种创新性的转化，非遗能够进入更广泛的消费市场，成为文化产业的重要组成部分。此外，文化旅游作为非遗产业链的重要延伸，不仅能带动地方经济发展，还能让游客在互动体验中深入了解和感受传统文化的魅力，进而促进非遗的传播和传承。

非遗产业链的延伸带来了各个领域的繁荣与发展，进一步推动了文化产业的全面提升。然而，非遗产业化不仅仅是商业化运作的问题，如何在产业化过程中保持非遗的核心价值与文化特质是一个亟待解决的问题。过度的市场化可能导致非遗文化元素的失真，甚至可能破坏其原本的文化意义。因此，在非遗产业化的过程中，必须注重文化内涵的传承与保护，确保文化资源在产业化过程中不被简单化或商业化过渡。通过合理的政策引导和产业规范化管理，非遗的产业化可以在保持传统文化精髓的基础上，实现现代化的价值转化。

非遗产业化的成功不仅仅依赖于市场的推动，更需要科技和资金的支持。现代科技，特别是数字化技术的应用，能够为非遗的保护和传承提供强大的技术支持。数字化技术使得非遗能够在虚拟空间中得到全面记录和保存，进而拓展了非遗的传播渠道。同时，非遗的产业化也需要大量的资金投入，从产品开发、市场推广到文化活动的策划，都离不开资金的支持。因此，产业化的推进离不开政府、企业、社会组织和民间力量的协同合作，通过多方合力持续为非遗提供资金和技术保障，才能确保其长期稳定发展。

非遗产业化的实现不仅能推动经济发展，还能为非遗的保护提供必要的资金和技术支持。通过产业链的延伸，非遗不仅能转化为经济价值，还能在保护中实现持续性发展。传统文化与现代经济的结合，使得非遗焕发出新的生机，成为推动社会发展和文化创新的重要力量。与此同时，非遗产业化为当地社区和乡村带来了新的发展机遇，尤其是在经济相对落后的地区，非遗产业化成为一种有效的扶贫和就业手段。在促进社会经济发展和文化繁荣的同时，也为非遗的传承和创新提供了源源不断的动力。

通过产业化的途径，非遗的保护和传承不仅能稳固其文化根基，还能适应当代社会的需求，实现与现代生活的有机融合。在这一过程中，非遗成了一个跨越时间与空间的多维文化系统。它不仅在传统文化的基础上得到了延续和发展，还为文化创新提供了源源不断的灵感和动力。未来，随着非遗产业链的不断拓展与深化，非遗将成为连接文化与经济、传统与现代的桥梁，成为全球文化多样性保护的重要组成部分。

非遗的产业化不仅是文化保护的必要途径，也是文化经济双向发展的有效路径。通过文化产业的创新与发展，非遗能够焕发出新的生机，成为推动社会进步与经济发展的重要力量。在这一过程中，必须始终保持文化的核心价值，并通过合理的政策和技术手段，确保非遗资源的可持续性与活态传承。这种文化与经济的双重价值增加，不仅有助于非遗的长远传承，还为全球文化多样性的保护提供了新的思路与实践模式。

三、非遗与现代消费者的文化需求对接

随着现代社会的迅速发展，人们的物质需求在某种程度上已得到满足，然而精神文化的需求却日益增长。尤其是在信息化、全球化的背景下，现代消费者对传统文化产生了强烈的兴趣，希望通过接触和体验传统文化来获得情感的共鸣与精神的满足。在这样的背景下，非遗作为承载传统文化的独特载体，成为满足现代消费者文化需求的重要途径。非遗不仅是历史记忆的保留者，也是文化认同的象征，它在当今社会所扮演的角色日益重要。非遗与现代消费者的文化需求对接，是一个具有深远意义的文化现象。

非遗作为一种独特的文化遗产，其内容不限于传统技艺、手工艺品等物质层面的存在，更重要的是其所蕴含的文化理念、价值观念、民族精神和历史记忆。这些元素不仅代表着民族和地区的文化特色，还与现代社会的精神需求形成了深刻的联系。随着社会的现代化进程，人们的物质生活水平得到了显著提高，物质上的富足使得消费者的关注点从满足生存需求转向了对精神和文化层面的更高追求。在这种趋势下，非遗文化作为传统文化的重要组成部分，逐渐成为现代人文化消费的一个重要领域。非遗的文化产业化，可以将这些传统文化元素转化为现代社会可以消费的文化产品，满足人们对文化认同、情感寄托和精神享受的需求。

非遗文化产业的发展不仅是对传统技艺的复兴，更是对传统文化进行创造性转化的过程。非遗产业化的核心在于通过现代市场机制和消费需求的引导，将非遗元素与现代生产技术、设计理念、市场趋势相结合，创造出符合当代消费者需求的文化产品。这些产品不仅具有传统文化的价值和意义，同时融入了现代审美、生活方式和消费习惯，使得传统文化得以在现代社会中焕发新的生

命力。例如，传统手工艺品、民间艺术和地方节庆等非遗元素，经过创新设计与营销策略的包装，能够转化为具有市场竞争力的商品，吸引着广大消费者的兴趣和关注。而这些商品的消费，实际上是在为消费者提供一种文化体验，让他们在享受物质产品的同时，感受到与传统文化的深刻联结。

与此同时，非遗产业的发展也促进了文化的传播和认同。在现代社会，信息技术的迅速发展为非遗的传播提供了新的平台和方式。通过数字化手段、网络媒介等途径，非遗得以在全球范围内得到广泛传播。这不仅让传统文化走出国门，进入国际市场，也使得消费者通过多种渠道接触和了解非遗文化，从而产生了对其的认同感。消费者对非遗的认同，往往不仅仅是对传统技艺和文化的喜爱，更是一种对本民族文化的尊重与情感寄托。在全球化的背景下，非遗成为连接现代消费者与传统文化之间的桥梁，促进了文化自信的建设和民族认同的增强。

非遗的传承与创新之间并非对立的关系，反而是相互促进的。非遗的创新，不仅仅是对传统形式的改良，更是对文化内涵的现代诠释。在市场化的过程中，非遗的传承并不意味着对传统形式的僵化保持，而是在尊重传统的基础上进行适应性创新。这种创新能够使传统文化与现代社会的价值观、审美趣味和生活方式更好地对接，形成既有传统文化底蕴，又能满足现代消费者需求的文化产品。例如，传统的节庆活动、手工艺品、饮食文化等，经过现代设计和传播手段的包装，能够融入现代消费者的日常生活中，成为他们日常文化消费的一部分。这种创新不仅提升了传统文化的市场价值，也让消费者在日常生活中实现了与传统文化的情感连接。

非遗文化产业的成功发展，实际上是现代社会对传统文化需求的一种回应。在全球化、信息化程度日益加深的背景下，消费者逐渐意识到文化的独特性和传统价值的重要性，他们不仅希望通过文化产品满足自我表达和精神享受的需求，还希望在消费的过程中获得文化认同与情感的共鸣。这种文化需求的增长推动了非遗产业的发展，也促使传统文化在现代社会中找到了新的生存空间和发展路径。通过非遗的创新性发展，传统文化得以在现代市场中找到与消费者需求对接的契机，形成了传统与现代、传承与创新的良性循环。

非遗产业的文化价值不仅体现在其商品化和市场化的过程中，更体现在其作为文化传承和创新的载体，为现代社会提供了多样的文化选择和精神滋养。随着非遗文化产业的不断发展，消费者的文化需求将得到更为广泛和深入的满足，传统文化的生命力也将在现代社会中得到更好的延续与发扬。

四、非遗的社会文化功能与经济效益的结合

非遗作为一种重要的文化资源，其社会文化功能和经济效益在当今社会得到了广泛的关注与讨论。非遗不仅是民族文化认同的象征，还是社会文化创新性发展的源泉。在全球化和现代化的进程中，非遗所蕴含的文化价值不局限于其历史传承，更体现为促进社会文化多样性、增进文化自信、提升国家与地区的软实力等多重功能。而从经济角度看，非遗作为文化产业的重要组成部分，也具有可观的经济效益，它不仅能促进地方经济的发展，还能创造就业机会，推动区域经济的多元化进程。因此，非遗的社会文化功能和经济效益是相互交织、相互促进的，它们共同构成了非遗在现代社会中不可忽视的重要作用。

非遗的社会文化功能主要体现在其对文化认同感与自豪感的强化上。非遗传承不仅仅是对传统技艺和习俗的保存，更是对民族历史、文化和精神的认同与延续。随着现代化进程的推进，社会逐渐趋向多元化和全球化，传统文化面临着被边缘化和消失的危机。在这一背景下，非遗的传承不仅能帮助社会个体和群体增强对传统文化的认同感，还能提高其文化自信。当人们通过了解和学习非遗的相关知识与技艺，参与到非遗活动的实践中时，他们不仅能更加深刻地认识到本民族文化的独特性和丰富性，还能通过非遗的传承和创新，进一步巩固和增强民族文化的凝聚力和向心力。这种文化认同感和自豪感，不仅有助于社会的稳定和发展，也为文化多样性的发展提供了强有力的支持。

非遗还具有促进文化多样性发展的重要功能。在全球化的时代背景下，世界各国的文化相互交融，文化的多样性发展面临着前所未有的挑战。非遗的传承与发展能够有效地保护和弘扬地方特色文化，抵御文化同质化的趋势。每一种非遗都代表着独特的文化生态和社会历史，它们承载着特定地区和群体的文化记忆，具有不可替代的文化价值。通过保护和传承非遗，社会不仅能维系和延续这些独特的文化形态，还能在全球化的背景下实现文化的多元化，保持不

第六章　非遗传承与文化产业的发展

同文化间的差异性与独特性。非遗的这种文化功能,尤其在当代社会中具有重要的战略意义。它不仅促进了文化的传递与交流,也推动了文化认同与文化自信的增强,为世界文化的多样性发展贡献了力量。

在经济层面,非遗作为文化产业的重要组成部分,具有不可忽视的经济效益。随着文化产业的蓬勃发展,非遗逐渐成为一种具有市场潜力和经济价值的资源。通过对非遗的产业化开发,传统技艺和文化形式能够转化为具有商业价值的产品和服务,从而推动地方经济的发展。非遗产品的开发不仅可以推动传统工艺的现代化,提升其市场竞争力,还能激发创新思维,创造新的消费需求。例如,非遗相关的手工艺品、传统美食、民间艺术等,经过品牌化和市场化的开发,不仅满足了消费者对文化产品的需求,还能通过文化旅游、演艺等形式,促进地方经济的增长。通过非遗产业化,能够将地方特色文化转化为经济增长点,推动社会的文化消费,促进经济结构的多元化发展。

非遗产业化不仅能创造经济价值,还能带动就业机会的增加。非遗的保护和传承需要大量的人力资源,涉及技艺传承、手工制作、文化传播、旅游接待等多个方面,这些都为社会提供了丰富的就业机会。特别是在一些农村和欠发达地区,非遗产业的兴起为当地居民提供了新的就业岗位,缓解了当地的就业压力。非遗作为一种具有深厚历史文化背景的产业,其从业人员通常需要具备较强的技术能力和较高的文化素养,这也推动了人才的培养和社会整体文化素质的提升。此外,非遗产业化还能通过文化旅游、节庆活动等形式,吸引大量游客和消费者,进一步促进地方经济的繁荣和发展。非遗与地方经济之间的紧密联系,使其不仅仅是一个文化符号,更是推动区域经济社会发展的重要引擎。

非遗的社会文化功能和经济效益是相辅相成的,二者相互作用,共同推动社会的进步与发展。非遗的传承与保护为社会提供了丰富的文化资源,增强了社会的文化认同感和凝聚力;而非遗的产业化则为社会提供了可持续的经济发展路径,创造了大量的就业机会,推动了地方经济的多元化。将非遗与经济发展紧密结合,不仅可以有效保护和传承传统文化,还能促进社会的整体繁荣和文化软实力的提升。在全球化与现代化进程中,非遗作为文化的载体与传承的纽带,必将在社会文化功能与经济效益的双重驱动下,发挥越来越重要的作用,成为推动文化繁荣和经济发展的重要力量。

第二节 非遗在文化产业中的应用模式

一、非遗与文化创意产业的融合

非遗作为人类文明的重要组成部分，承载着丰富的历史、文化和民族精神，其独特性和多样性使其在当代文化产业中具有广泛的应用价值。尤其是在文化创意产业快速发展的时代背景下，非遗的保护与传承面临着前所未有的机遇与挑战。文化创意产业以其创新性、包容性和市场化特征，为非遗的再创作和再生提供了一个广阔的舞台，非遗与现代创意产业的融合，已逐渐成为推动传统文化复兴与创新的重要途径之一。通过这一融合，非遗不仅在当代社会中得以重新焕发活力，还为文化产业的发展注入了新的动力。

非遗与文化创意产业的融合首先表现为非遗的现代化转化与产业化路径的创新。在过去，非遗往往被视为传统、封闭的存在，主要依赖于口耳相传和手工技艺的传承，缺乏有效的市场化机制和产业支持。然而，在文化创意产业的推动下，非遗不仅突破了传统的传承模式，开始融入现代设计、时尚、影视、数字艺术等多个领域，通过多元化的创意手段和现代技术的加持，创造出了一系列具有市场竞争力的文化创意产品。这种融合体现了非遗从"活化"到"产业化"的全过程，非遗元素在现代设计、工艺品、时尚商品以及各类媒体传播中的应用，为传统文化提供了多样化的呈现形式，也使其能够在全球化的文化市场中占据一席之地。

例如，非遗元素的现代转化在时尚产业中表现尤为突出。传统的刺绣技艺、织布工艺、民族图案等，与现代服装设计结合，诞生了一批兼具传统文化底蕴和现代时尚感的服饰品牌。这不仅为传统技艺提供了一个广阔的展示平台，也使得这些传统艺术得以在当代消费者中获得认同。在这一过程中，非遗不仅没有被过度商业化，反而通过与现代设计的碰撞，展现了其无穷的创意潜力和艺术价值。影视产业中的非遗元素的应用也逐渐成为文化创意产业中重要的一部分。传统的节庆、仪式、民间故事和艺术形式被融入现代影视作品中，不仅为影视作品提供了丰富的文化背景，还通过艺术表现形式使非遗得到了广泛传播和更多观众的关注。影视剧中的非遗元素，为观众提供了了解和体验传统文化的新途径，推动了非遗的社会化认知和全球传播。

在数字艺术领域，非遗的融合呈现出更加多元的创新模式。数字技术，特别是VR、AR、3D建模等新兴技术，为非遗的数字化保护和展示提供了崭新的可能。传统的非遗技艺和表演艺术通过数字技术的介入，能够突破空间和时间的限制，广泛传播到全球不同地区。数字平台上的非遗虚拟展览、在线课堂、互动体验等，为年轻一代和全球观众提供了一个便捷的学习和参与平台，使得传统的非遗文化可以在全新的视角和形式下呈现，进而吸引了更多的关注和参与者。这种数字化融合不仅拓宽了非遗的传播渠道，也让传统文化的生命力得到了延续和延伸。

与此同时，非遗与文化创意产业的深度融合，也促进了文化产业链的延伸与多元化发展。通过与现代科技和产业的结合，非遗在传统的艺术形式和手工艺品之外，逐渐发展出了新的产业形态。例如，非遗与旅游、教育、出版、展览等领域的跨界合作，使得其不局限于工艺品的创作和展示，而是延伸到更多文化消费领域，形成了多维度的市场需求和文化产业供给。非遗产品的产业化不仅仅是物质层面的复制和再创造，它还蕴含着深刻的文化内涵与社会价值，反映了传统文化的当代转化和社会认同。这种产业化过程，不仅增强了传统文化的经济价值，也提升了其文化自信和社会价值，推动了文化创意产业的蓬勃发展。

非遗与文化创意产业的融合是文化发展的必然趋势，是传统文化走向现代、走向全球的有效途径。通过与现代创意产业的深度结合，非遗不仅能在现代社会中焕发新的生机，还能通过创新的方式传播到更广阔的市场和更广泛的观众群体中。这种融合推动了非遗的现代转型，促进了文化产业的多元发展，为传统文化的保护、传承和创新提供了全新的视角和可能。随着文化创意产业的进一步发展，非遗与现代文化产业的深度融合无疑将成为未来文化创新的重要方向。

二、非遗与旅游业的结合

非遗与旅游业的结合，构成了文化产业发展的一个重要方向，在当代文化消费需求不断变化的背景下，二者的融合愈显重要。旅游业作为现代经济中的重要组成部分，既是文化的传播平台，也是文化创意产业的重要载体。非遗作为地方和民族文化的瑰宝，其独特性和历史价值使其在旅游业中扮演着愈发重要的角色。随着人们生活水平的提高和文化需求的多元化，旅游不再仅仅满足于视觉和娱乐的需求，越来越多的游客开始追求深层次的文化体验，尤其是对具有历史背景和文化传承价值的地方性元素产生浓厚兴趣。非遗正是契合这一需求的独特文化资源，能够为旅游业带来新的发展机遇。

非遗与旅游业的结合不限于单一的文化展示，它更通过与地域历史、景区文化的有机融合，创造出了独特的文化旅游产品。这些文化产品丰富了传统旅游的内涵，使游客的旅行体验不再局限于自然景观的观赏，而是深入到文化的理解与参与之中。地方特色的节庆活动、传统手工艺的展示、非遗表演艺术的演绎，成为吸引游客的重要因素。例如，许多景区已经通过非遗的文化内容，如民间舞蹈、传统音乐、手工艺技艺的现场演示等，赋予了旅游体验更多的文化色彩。这些活动不仅满足了游客的审美需求，还提供了参与性和互动性更强的体验，从而激发了游客对地方文化的兴趣。

在旅游业的推动下，非遗不仅仅是一种文化符号，它还逐渐转化为有市场价值的文化资产。这一过程中，非遗项目的商业化运作成为一个重要议题。旅游业的发展为非遗资源的市场化提供了可能性，使得传统文化在得到充分保护的基础上，能够适应现代市场的需求。例如，传统手工艺品的生产与销售、与非遗相关的旅游纪念品、文化演艺活动的商业化运作等，都是非遗与旅游业结合的具体表现。旅游业的发展使得非遗能够通过新的形式和渠道得到更广泛的传播，而非遗本身也在此过程中不断发展和创新，从而促进了文化产业的整体发展。

非遗与旅游业的结合也为地方经济注入了新的活力。非遗项目的开发与推广，不仅提升了地方旅游的吸引力，还有效带动了相关产业的发展，推动了地方经济的增长。非遗资源的开发能够直接或间接地推动当地的手工业、农业、餐饮、交通等行业的发展，形成跨产业的融合效应。此外，非遗旅游项目的开发与实施，还为当地居民提供了就业机会，提升了其文化认同感和自豪感。参与非遗的保护与传承，不仅加强了居民对传统文化的认识，也促进了社会的和谐与文化的延续。

非遗与旅游业的结合，不仅是文化的传承和产业的发展问题，它更是文化身份认同和文化自信的体现。随着全球化进程的加快，各国文化面临着文化同质化的挑战，而非遗作为地方文化的独特体现，正是在这一背景下展现出独特的价值。通过非遗旅游项目的开发，地方文化不仅能得到保护，还能在全球化的浪潮中保持其独特性。非遗作为民族和地区文化身份的重要象征，与旅游业相结合，不仅得到现代社会的认同，也增强了当地居民的文化自信和文化归属感。

非遗与旅游业的结合，也为文化创意产业的发展提供了新的思路。在现代旅游市场中，旅游业的发展不仅依赖于自然景观和历史遗址的吸引力，还依赖于独特的文化体验和创意内容。非遗的创造性转化，使其能够适应现代旅游市场的需求，为文化创意产业提供了丰富的文化素材。通过对非遗元素的创新性利用，如非遗技艺的现代化改造、非遗主题的旅游项目设计等，旅游业能够不断拓展新的市场领域，并创造出更多的文化消费场景。

三、非遗与教育培训的结合

非遗的传承与教育培训的结合，为非遗的长期保护和发展提供了新的路径和动力。非遗作为文化产业的重要组成部分，其独特的历史、文化价值和地域特色不仅是各国文化的重要财富，也是文化多样性的重要体现。然而，随着现代化进程的推进，许多传统技艺和文化习俗面临着遗失和消失的风险。在这种背景下，非遗的传承与教育培训的结合显得尤为重要。这一结合不仅能培养一批专业的非遗传承人和从业人员，还能通过普及教育提升公众对非遗的认知与重视，促进其可持续发展。

教育作为文化传承的重要途径之一，具有不可替代的作用。在非遗的传承过程中，教育培训不仅能帮助年轻一代学习传统技艺、理解文化内涵，还能激发他们的创造力与创新思维，推动非遗在现代社会中的转型与发展。通过开设非遗课程、组织专业培训班、举办非遗工作坊等形式，可以为学习者提供专业的技能培训，同时传递非遗背后的历史、文化和社会价值。这些教育培训项目不仅帮助学员掌握传统技艺，还培养他们的文化责任感，使他们意识到非遗保护的重要性，从而自觉地承担起非遗传承的责任。

非遗教育的普及具有广泛的社会意义。通过对不同群体，尤其是青少年群体的非遗教育，可以增强他们对本民族文化的认同感和自豪感。非遗的学习不仅仅是对技艺的传授，更是对文化认同和民族精神的塑造。通过对非遗的学习，青少年能够更加深刻地理解传统文化在当代社会中的价值，并且认识到自己肩负着非遗传承的历史使命。随着社会对文化素养要求的提高，非遗教育的普及能够有效提升社会整体的文化素质，使更多的人了解和尊重传统文化，形成积极的文化自觉。这对于非遗的保护与传承，尤其是在新时代下的可持续发展，具有深远的意义。

非遗与教育培训的结合，推动了文化产业的人才培养与持续发展。在现代社会，非遗不仅是文化的象征，还逐渐融入经济活动中，形成了包括旅游、艺术创作、手工艺品生产等在内的文化产业链。非遗作为文化产业的一部分，其发展需要大量具有专业技能和文化素养的人才。教育培训能够为非遗产业输送所需的技术人才和管理人才，推动非遗文化资源的深度开发和产业化进程。同时，非遗教育也能为从事文化产业的人提供更加全面的理论知识和实践技能，使他们能够在保护和传承非遗的同时，推动相关产业的创新性发展。在这一过程中，非遗的教育培训不仅关注技艺的传授，更注重对文化内涵和产业发展趋势的全面理解，使学员能够在传统与现代之间架起桥梁，推动非遗的创新与升级。

通过非遗与教育培训的结合，公众对非遗的参与度得到提升。非遗不仅仅是专业传承人的责任，社会各界的广泛参与更是非遗保护和发展的重要保障。教育培训为大众提供了参与非遗保护的渠道和平台，鼓励更多的人通过学习非遗知识、参与非遗活动，增强文化自信和文化传承意识。通过开展各类非遗传承项目和社区教育活动,非遗可以更广泛地走进普通百姓的生活中,让更多的人认识到非遗不仅仅是历史的遗产,更是当代社会文化创新性发展的重要资源。非遗教育的普及使得更多的普通民众成为非遗保护和创新的参与者,而不仅仅是旁观者。这种社会广泛参与的格局,有助于形成全社会共同参与非遗保护的良好氛围,推动非遗的长效保护和发展。

非遗的教育培训不仅仅是为了技艺的传承,还具有促进文化产业可持续发展的作用。随着文化产业的蓬勃发展,非遗不仅被视为文化的传递者,还被认为是经济增长的新动力。非遗产业化是实现非遗保护的一个重要途径,而这种产业化进程离不开专业人才的培养和技术的创新。通过教育培训,学员不仅可以获得非遗相关的技术和理论知识,还能通过实践经验的积累,加深对非遗产业的理解,进而推动非遗产品的创新设计、市场开发与品牌建设。这种教育与产业相结合的模式,能够更好地推动非遗的市场化运作,使其不仅在文化层面得到保护,在经济层面也能为社会创造价值。

非遗与教育培训的结合,是非遗保护与传承过程中不可或缺的环节。这一结合不仅能为非遗培养专业的传承人和从业人员,还能通过普及教育提高公众的文化素养,加深社会各界对非遗保护的认识,提高其参与度。教育培训的作用不仅仅在于技艺的传授,更在于文化认同的塑造、产业发展的推动和社会广泛参与的激励。通过这种多层次、多维度的教育模式,非遗能够在全球化和现代化的背景下焕发新的生机,走向更加广阔的未来。非遗的传承与教育培训不仅是文化的延续,更是文化创新与产业发展的双重推动力,为非遗的可持续保护提供了坚实的基础。

第三节　非遗文化产业的发展策略

一、加强非遗资源的保护与数字化转化

非遗作为一个民族文化身份的重要载体，承载着深厚的历史记忆和独特的文化价值。随着全球化进程的加速和现代化的深入，非遗文化的传承与保护面临着前所未有的挑战。在这一背景下，如何加强非遗资源的保护与管理，推动其在新时代背景下的可持续发展，已成为全球范围内亟待解决的问题。保护非遗资源的首要任务是确保其原生性和真实性，这不仅关系到文化遗产的完整性，也关乎文化多样性的保存和发展。与传统的保护方式相比，数字化技术的快速发展为非遗的保护与传承提供了全新的视角和手段。数字化转化不仅能为非遗资源的记录、保存与传播提供技术支持，也能有效拓展非遗的保护空间，提升其在现代社会中的活力。

非遗资源的保护，不仅仅是对单一文化元素的保留，更是对一个文化群体共同记忆和历史传承的尊重与延续。传统的非遗保护手段多依赖于物理保存、口述传承等方式，然而这些方式在现代社会中面临着不可避免的局限性。随着社会环境和文化背景的不断变化，许多非遗项目面临着濒危的局面。文化遗产的消失往往是一个渐进的过程，它不仅仅体现在技艺和形式的失传上，还涉及对相关知识、技能和传统生活方式的遗忘。因此，采取系统性的保护措施对非遗进行全面的记录和管理，是保障非遗传承的重要途径。在这一过程中，政府的主导作用至关重要。政府及相关文化保护机构应当加大对非遗保护工作的政策支持力度，推动非遗保护的法治化和规范化，并通过资金、资源等多方面的投入为非遗资源的保存提供保障。与此同时，社会各界尤其是学术机构、文化组织和民间团体的积极参与也是实现非遗保护目标的重要力量。

数字化技术的迅猛发展为非遗资源的保护提供了前所未有的机遇。通过数

字化手段，将非遗的各种表现形式进行全面记录和转化，不仅能克服传统保护方式的局限性，也能为非遗的传播和教育提供更为有效的载体。数字化转化可以实现非遗文化的全景式保存，包括音频、视频、文字和图像等多种媒介形式，从而在技术层面保留非遗项目的多维信息。这些数字化资源可以通过网络平台进行广泛传播，使得非遗资源不仅限于特定地域和文化圈的传承，而是跨越时空限制，面向更广泛的全球观众。这种传播方式的多样性和广泛性大大提高了非遗的公共认知度和影响力，同时也为非遗项目的传承与创新提供了新的空间。在非遗的数字化转化过程中，还可以通过数据挖掘和分析技术对非遗文化进行深度解读，为研究人员、教育者及文化从业者提供了新的研究视角和丰富的素材。这种基于数字化技术的非遗保护模式不仅是对传统文化的一种延续，也是其在现代社会中重生的可能性。

数字化转化不仅能在保护层面提供长远的保障，也为非遗的创新与活化提供了新的契机。传统的非遗项目往往存在着代际传递的断层，尤其是一些传统技艺和民俗文化，随着社会发展和生活方式的变化，逐渐被边缘化，面临着传承人数量减少、技艺流失等问题。数字化技术的引入，使得非遗资源的传承方式得到了极大的拓展和创新。通过虚拟现实、增强现实等技术，传统技艺和文化活动可以以互动的形式展示给公众，尤其是年轻一代。通过数字平台，非遗项目能够实现多元化的表现形式，使其不限于传统的文化展示，也能融入现代艺术和技术元素，赋予其新的生命力。这种创新的保护方式不仅能激发公众对非遗的兴趣，还能促使非遗资源在新的时代背景下焕发出独特的活力。

非遗资源的数字化转化不仅仅是文化保护的手段，也应当成为文化传播与教育的重要工具。在数字化技术的支持下，非遗项目可以以更加灵活、互动性更强的方式进行展示和传播，使其能够更好地吸引年轻一代的兴趣和关注。在全球化与信息化的背景下，非遗的数字化转化为其跨文化交流提供了新的途径。通过网络平台，非遗文化不仅可以在本国范围内广泛传播，还能打破地域和语言的限制，向全球观众展示不同国家和地区的文化特色。这种跨国、跨文化的交流方式为非遗的全球认知提供了有力支撑，同时也为其在国际文化交流中的地位提升创造了条件。

二、政策支持与市场化机制的完善

非遗作为文化的重要组成部分，具有极高的历史价值和深厚的文化内涵。近年来，随着社会对文化多样性和传统文化保护的重视，非遗文化产业逐渐成为一个具有巨大潜力的经济增长点。然而，非遗文化产业的蓬勃发展并非一蹴而就，其中政府的支持和市场化机制的完善在推动非遗文化产业的发展中起着至关重要的作用。在这一过程中，政府不仅需要制定相关政策，通过提供资金、税收、技术等多方面的支持，引导非遗项目的商业化开发，还应完善市场化机制，提高非遗项目的市场化运作水平，确保其在竞争激烈的市场中稳步前行。

政府的支持对非遗文化产业的健康发展具有至关重要的推动作用。作为文化保护与传承的重要责任主体，政府在非遗项目的开发和保护中起到桥梁作用。在实际操作中，政府可以通过一系列政策手段来推动非遗项目的商业化进程。政府不仅应设立专项基金，支持非遗项目的研发、保护和创新，还可以通过税收优惠等手段降低非遗项目的运营成本，鼓励更多的企业和个人参与到非遗项目的开发与传承中。同时，政府还可以通过设立科技创新基金、提供技术支持等手段，帮助非遗企业提升技术水平和创新能力，为非遗产业的市场化运作提供更为坚实的技术基础。通过这些政策手段，政府能够有效促进非遗文化产业的发展，不仅帮助非遗项目突破资金瓶颈和技术障碍，还能为非遗项目的市场化奠定稳固的政策支持基础。

在政策支持的基础上，完善市场化机制是非遗文化产业持续发展的另一个重要方面。市场化机制的完善不仅仅是经济层面的需求，更是非遗文化能够实现可持续发展的核心动力之一。随着非遗文化产业的逐步成熟，市场需求逐渐发生变化，非遗项目需要在更为复杂的市场环境中找到适合自己的生存与发展空间。因此，提升非遗项目的市场化运作水平，强化非遗项目的商业模式创新，是推动非遗文化产业走向良性发展的关键。非遗项目的市场化运作不仅要求相关企业具备高效的市场营销策略，还需要在产品定位、消费者需求分析、品牌建设等方面具备独到的眼光。只有通过对市场需求的精准把握和对品牌形象的塑造，非遗项目才能真正具备竞争力，在激烈的市场竞争中脱颖而出。

市场化运作的一个重要目标是将非遗文化的独特性转化为经济效益，同时保持其文化价值的传承。非遗项目的市场化开发必须注重文化与商业的平衡，在追求经济效益的同时，保护和传承非遗的核心价值。为了实现这一目标，非遗项目的商业化开发不能依靠对传统文化元素的简单复制，而应当注重创新与传承的有机结合。创新并不是对传统文化的否定，而是在尊重和继承传统的基础上，通过现代技术手段、创新思维及市场调研，赋予传统文化新的生命力。比如，非遗技艺的现代化改良、非遗文化的数字化呈现等，都能够在不损害传统文化精髓的前提下，使非遗文化产业更好地融入现代社会，实现其文化价值和经济价值的双重提升。

在非遗文化产业的市场化进程中，非遗企业的创新发展是关键。企业作为市场主体，其创新能力直接影响到非遗文化产业的竞争力和可持续发展。创新不仅仅表现在产品层面，还包括市场营销模式、商业合作方式、文化推广路径等多方面。在这方面，政府可以通过提供政策指导和平台支持，帮助非遗企业在激烈的市场竞争中寻找创新突破口。政府不仅可以为非遗企业提供资金支持，还可以为其提供创新平台、人才引进、技术培训等支持，从而促进非遗企业在市场中的创新发展。同时，非遗企业还需要不断探索新的经营模式，如跨界合作、文化与旅游结合等方式，以拓展市场空间、提升品牌价值。通过不断创新，非遗企业可以增强市场竞争力和影响力，为非遗文化产业的发展提供源源不断的动力。

非遗项目的市场化不仅是一个经济过程，也是一个文化传播的过程。通过市场化运作，非遗项目能够更好地与现代社会接轨，将传统文化带入更广泛的社会层面。非遗的市场化开发使其不局限于文化保护和传承的范畴，更成为推动社会发展的重要力量。通过商业化的手段，非遗文化可以走向更为广阔的市场，实现文化价值的最大化。在这一过程中，非遗项目通过市场的推动，增强了文化的传播力和影响力，也使得更多的消费者了解、认同并参与到非遗文化的传承和保护中来。

非遗文化产业的成功不仅依赖于政策支持和市场化机制的完善，还需要社会各界的共同参与。在这一过程中，政府、企业和公众的互动合作是不可或缺的。政府应在政策和资金上提供保障，企业应积极参与创新和市场化运作，公众则需要提升对非遗文化的认知和支持。通过多方的共同努力，非遗文化产业才能真正实现可持续发展，为保护文化的多样性做出贡献。在全球化的背景下，非遗文化产业的发展不仅是对传统文化的保护，更是对世界文明多样性和人类共同文化遗产的尊重与传承。

通过完善政策支持与市场化机制，非遗文化产业能够在激烈的市场竞争中找到自己的独特定位，实现经济价值与文化价值的双重回报。政府、企业和社会各界共同努力，将使非遗文化产业在新时代的文化建设中发挥更加重要的作用，为全球文化的多样性保护和传承做出更大的贡献。

三、多元化合作与产业链延伸

非遗作为文化传承的重要载体，不仅承载着丰富的历史记忆和民族特色，还具有巨大的经济潜力。随着社会经济的不断发展，非遗的保护与传承逐渐从单纯的文化保护走向了多元化的产业化路径。在这一过程中，非遗文化产业的发展日益依赖于与其他产业的深度融合与广泛合作。特别是与旅游、文化创意、教育等领域的合作，成为推动非遗产业链条延伸和提升产业价值的重要驱动力。非遗资源的独特性和丰富性，使其在跨界合作中具备了广泛的应用空间。通过多元化的合作，非遗不仅能为地方经济和社会文化的建设注入活力，还能为其产业化发展开辟全新的发展路径。

随着全球化进程的推进，非遗的价值不局限于文化传承领域，它的产业化潜力也在日益显现。通过与地方经济的紧密结合，非遗能够为当地经济提供可持续的增长动力。许多地方通过将非遗文化与地方特色相结合，推动旅游业的发展，不仅提高了非遗的市场认知度，还拓宽了其应用范围。在这种合作模式下，非遗作为地方文化的一部分，成为吸引游客的重要元素。游客在参观体验传统技艺的同时，也对当地的文化产生了更深层次的认同，从而推动了文化旅游的发展。非遗与地方经济的结合不仅为非遗本身带来了新的发展机会，也通过推动旅游业的发展带动了地方经济的增长。非遗项目作为文化资源的重要组成部分,其市场需求不断扩大,为地方政府和文化企业提供了新的产业发展机会。

非遗与文化创意产业的融合,也为其产业化发展提供了新的空间。文化创意产业作为新兴产业,具有强大的市场需求和创新动力。非遗作为一个具有深厚文化底蕴的领域,在文化创意产业的推动下,能够从传统的技艺和表现形式中挖掘出更多的商业价值。通过与文化创意产业的结合,非遗资源得以转化为符合现代审美需求的文化产品,推动了非遗项目在文创产品、服饰、艺术品、家居用品等方面的多元化开发。这种转化不仅提升了非遗文化的市场价值,还为消费者提供了更多样化的文化体验。通过非遗与文化创意产业的紧密合作,非遗的文化价值得到了充分挖掘,同时也为非遗产业注入了更多的创新活力。

教育领域对非遗的传承和创新也起到了至关重要的作用。非遗不仅仅是传承和保护的对象,它还可以成为现代教育的重要组成部分。通过与教育产业的结合,非遗能够在青少年和社会大众中传播和普及,提升公众的文化素养。教育产业的参与,不仅为非遗的传承提供了强有力的支持,还使非遗的创新性发展得以持续进行。通过教育体系的引导,非遗项目能够与当代教育理念相融合,创新其传承方式。例如,非遗可以通过多媒体、数字化平台等现代教育工具进行传播,使其形式更加丰富多样,能够引起年轻人和学生群体的兴趣。这种合作不仅促进了非遗文化的活态传承,也使其能够适应现代社会的需求,满足不同受众的文化需求。

随着这些领域的深度融合,非遗产业链的延伸逐渐形成了一个完整的文化生态系统。从最初的非遗技艺传承,到与地方经济、旅游业、文化创意产业、教育产业的合作,非遗的价值逐步从单一的文化形式向多元化产业形式转变。通过跨界合作,非遗能够在更广泛的领域内得到应用,从而提升其附加值和市场吸引力。例如,非遗技艺可以转化为文创产品,或者通过影视作品、数字艺术等形式展示其文化内涵。这些新形式不仅拓展了非遗的市场空间,还提升了非遗文化的现代感和全球吸引力。非遗产业的延伸,不仅使传统文化得到了更好的保护和传承,还促进了非遗资源的经济效益最大化,推动了文化产业的繁荣。

非遗与数字化技术的结合，为非遗的保护和创新提供了新的契机。随着信息技术的不断进步，数字化技术已成为非遗产业发展的重要推动力。数字化技术不仅为非遗提供了更为便捷的保护手段，还为其传播和推广提供了全球化的平台。通过数字化技术，非遗的传统技艺可以得到虚拟展示和数字保存，使其能够在全球范围内得到分享和传承。同时，数字化技术的应用还推动了非遗文化的创新，产生了许多新的文化形态和表现方式，进一步丰富了非遗的产业链。数字技术的引入，使得非遗不局限于传统的手工艺形式，而是能够在虚拟现实、增强现实、3D打印等技术的支持下，展示其独特的文化价值。

四、创新经营模式与品牌建设

非遗作为承载着民族传统、历史记忆和地方特色的文化形式，其在现代社会中的传承与发展面临着复杂的挑战。在这一背景下，创新经营模式和品牌建设成为非遗文化产业可持续发展的关键驱动力。随着市场经济的发展和消费模式的变革，非遗文化产业的运作不再仅仅依赖传统的方式，而是需要借助现代化的经营理念和手段来推动其发展。创新经营模式为非遗注入了新的生命力，而品牌建设则为非遗文化的长远传承奠定了坚实的基础。

创新经营模式是非遗文化产业在现代市场环境下能够成功突围的关键所在。在传统的非遗传承中，工艺师通过口传心授和家庭式小规模生产传承技艺，然而随着市场需求的多样化和消费者偏好的变化，单纯依赖传统模式已无法满足市场对非遗产品日益增长的需求。因此，非遗企业必须通过创新经营模式来提高市场竞争力，激发非遗产品的潜力。跨界合作作为创新经营模式的重要形式之一，能够有效拓展非遗的应用领域和消费群体。通过与其他产业的融合，非遗能够突破传统的消费局限，吸引到更广泛的消费群体。例如，非遗可以与现代时尚、家居、旅游等行业结合，形成具有文化内涵和市场吸引力的产品线。这种跨界合作不仅能提升非遗产品的附加值，还能增强非遗文化在现代社会中的影响力。

除了跨界合作，创意设计也是非遗文化产业创新经营模式中的一项重要内容。随着人们审美需求的不断升级，单一的传统产品往往难以满足消费者的个性化和多元化需求。通过将传统工艺与现代设计理念相结合，非遗产品能够焕发出新的生命力，适应当代市场的审美标准。创意设计的引入不仅能提升非遗产品的市场吸引力，还能使其在激烈的市场竞争中脱颖而出。此外，数字化展示作为创新经营模式的另一重要表现形式，能够为非遗产业的推广和销售提供全新的平台。随着互联网技术和数字化手段的发展，非遗文化能够通过数字化手段进行广泛传播，使其打破地域和时间的限制，触及全球市场。通过数字化平台，非遗的展示形式更加多样化，消费者可以更加直观地了解非遗的文化背景、制作过程以及产品特色。这不仅提升了消费者的参与感，还为非遗产品的市场化提供了更加高效的途径。

品牌建设在非遗文化产业的发展过程中具有至关重要的作用。品牌不仅仅是一个商业符号，它承载着企业的文化内涵、产品的品质保障以及消费者的认同感。对于非遗文化产品而言，品牌化运营不仅能提升市场知名度，还能增强消费者的文化认同，引发其情感共鸣。非遗作为一种特殊的文化产品，其价值并不仅仅体现在商品的实用性上，更在于其背后所蕴含的深厚历史、文化和艺术价值。通过品牌建设，非遗产品能够有效地将这些文化内涵传递给消费者，提升他们对非遗的认知度和认同感，从而激发消费者的购买欲望。与此同时，品牌建设也为非遗企业提供了与消费者建立长期关系的机会。通过一贯的品牌形象、稳定的产品质量和优秀的服务体验，非遗企业能够在激烈的市场竞争中树立起独特的市场定位，吸引忠实的消费者群体。

品牌建设的核心在于建立品牌的独特性和差异化。在非遗文化产业中，品牌的独特性不仅体现在产品的工艺特色上，更在于品牌所承载的文化符号和社会价值。每一件非遗产品都代表着一个地方的历史与文化，建立品牌应该充分挖掘这些文化资源，赋予其独特的文化内涵和情感价值，使消费者在购买时能够感受到非遗的深厚底蕴。通过创新的营销手段和独特的品牌传播方式，非遗品牌能够在消费群体中树立起鲜明的形象，增强其在市场中的竞争力。

品牌建设的成功离不开对市场需求的准确把握。非遗企业在进行品牌塑造时，必须深入了解消费者的需求变化和市场趋势，确保品牌的定位与消费者的文化需求相契合。现代消费者不仅注重产品的功能性和实用性，更看重其背后的文化价值和精神内涵。对于非遗文化产业而言，这意味着在产品设计、品牌传播和市场营销中要更加注重文化的表达和传递。通过精准的市场定位，非遗企业能够确保品牌与消费者的文化认同相契合，从而促进品牌的认知度和美誉度提升。

品牌建设的最终目标是实现非遗文化产业的可持续发展。非遗产品的市场竞争力和品牌价值的提升，不仅能促进企业的经济效益增长，还能为非遗的保护与传承提供强大的资金支持和市场动力。品牌化的非遗文化产品在市场中占据一席之地，能够吸引更多的消费者参与其中，从而实现非遗的广泛传播和长远发展。此外，品牌化运营能够促进非遗企业的规范化和标准化，为整个行业的健康发展奠定基础。在市场化的进程中，品牌建设成为非遗文化产业能够实现创新发展、突破困境、走向国际化的关键所在。

非遗文化产业的成功不仅仅依赖于传承和保护，更离不开创新经营模式和品牌建设的有力支撑。通过创新经营模式，非遗能够与现代社会的需求接轨，开创出更多的市场机遇。通过品牌建设，非遗不仅能在激烈的市场竞争中占据一席之地，还能在全球化的文化交流中发挥出其独特的价值。只有通过创新经营和品牌化运作，非遗文化产业才能够实现可持续发展的目标，并在全球文化产业中占据更加重要的位置。

第七章　非遗传承与乡村旅游的结合

随着乡村振兴战略的深入推进，乡村旅游作为促进农村经济发展的重要途径，逐渐成为文化与经济双重发展的关键领域。在这一过程中，非遗作为乡村文化的重要载体，逐步成为乡村旅游发展的核心资源。乡村旅游不仅为游客提供了体验乡土风情和传统文化的机会，也为地方经济注入了新的活力。非遗作为具有鲜明地方特色的文化符号，在乡村旅游中的作用愈加突出，其传承与保护成为提升乡村旅游品质和竞争力的重要因素。非遗的元素，如传统手工艺、民间艺术、地方节庆等，承载了深厚的文化内涵和历史记忆，这些传统文化的独特魅力吸引了大量游客前来参观、学习与体验。因此，如何将非遗与乡村旅游有效结合，成为当前研究与实践中的热点问题。对非遗元素的发掘、开发与合理利用，不仅能促进非遗的活态传承，也为乡村旅游增添了独特的文化韵味与市场吸引力。本章重点分析非遗在乡村旅游中的具体应用与融合方式，探讨非遗元素在乡村旅游产品开发中的创新路径，以及乡村旅游如何实现非遗资源的可持续利用，从而推动乡村经济的全面发展与文化的传承。

第一节 乡村旅游中的非遗元素

一、非遗是乡村旅游的重要文化资源

非遗作为乡村旅游的核心文化资源，承载着丰富的地方特色和文化内涵，它不仅是乡村旅游的灵魂所在，也是其鲜明特征的重要组成部分。乡村旅游作为近年来发展迅速的旅游形式，往往依托于当地独有的自然景观和人文资源，而非遗则在其中扮演着至关重要的角色。非遗超越了单纯的物质载体，它以语言、行为、技艺、节庆、习俗等多维度的形式存在，深刻影响着当地的社会结构、历史传承和民众的生活方式。在乡村旅游的语境下，非遗不仅是一种静态的文化符号，它更是一种动态的文化实践，展现了人与自然、人与社会、人与历史之间的深刻联系。

乡村旅游的独特魅力，很大程度上来自其能够让游客在亲近自然的同时，沉浸于浓厚的地方文化之中。而这种地方文化的呈现形式中，非遗元素无疑是最具吸引力和代表性的部分。从手工艺技艺到民间传说，从传统节庆到地方风味的饮食文化，非遗的多样性和丰富性为乡村旅游提供了无限的创意和发展空间。在众多旅游项目和文化活动中，非遗展现出的传统技艺和独特风情，往往能够迅速吸引游客的眼球，让游客在品味地方美食、观看传统表演或亲身参与手工制作的过程中，深入体验到该地区深厚的文化积淀。这种文化体验的意义，不仅仅在于满足游客的好奇心，更在于促进游客对本土文化的认同和理解，建立起文化共鸣的情感联系。

非遗作为乡村旅游的重要组成部分，其价值不限于传承历史文化，它更是推动地方经济、社会和文化发展的强大动力。随着乡村旅游的兴起，越来越多的乡村开始意识到非遗资源的巨大潜力，许多地方将传统的手工艺、节庆活动、民俗风情等非遗元素作为旅游发展的核心内容，结合现代旅游业的需求，创新性地开发了一系列文化旅游产品。这些非遗项目不仅为游客提供了丰富的

文化体验，还为当地居民创造了就业机会，带动了农村经济的可持续发展。通过文化与经济的结合，非遗不仅成为乡村旅游吸引游客的文化名片，也在一定程度上推动了乡村的社会结构转型和文化生态的重建。

非遗对乡村旅游的吸引力，还表现在它能够为游客提供一种深度的文化体验。这种文化体验的价值在于，非遗元素本身具有独特的表现形式和文化意义。例如，某些地区的传统节庆活动可能包含着丰富的历史背景和民族特色，而这些文化背景和特色，通过非遗的保护和传承，得以在现代社会中焕发出新的生命力。在乡村旅游中，游客不仅仅是通过观光旅游来欣赏风景，更通过参与或观摩非遗项目，直接感知和体验到一个地区的文化气息，这种沉浸式的文化体验往往能够深刻影响游客的情感认同与文化感知。无论是亲身体验传统的手工技艺，还是参与当地的节庆活动，游客都能在这一过程中获得一种超越物质享受的文化满足，从而形成对目的地的情感联结和文化认同。

非遗在乡村旅游中的价值，除了为游客提供文化体验，使游客产生情感共鸣外，还深刻影响着旅游产品的设计与创新。在乡村旅游的产业链中，非遗元素的融入不仅丰富了旅游的内容，也推动了相关产业的发展。诸如非遗工艺品、地方特色的传统美食、乡村节庆等都成为乡村旅游市场中不可忽视的亮点。非遗的创新性开发，为乡村旅游注入了源源不断的活力。非遗项目的开发，不仅要求对传统文化进行保护，还需要注重其与现代生活的融合与创新。例如，在传统手工艺的传承过程中，如何结合现代人的审美需求、生活方式和消费趋势，设计出符合市场需求的旅游产品和文化商品，成为非遗传承与乡村旅游结合的关键。通过这种创新和市场化的融合，非遗不再仅仅是传统文化的象征，更成为推动乡村旅游发展的创新力量。

乡村旅游中的非遗元素，不仅仅是提供给外部游客的文化消费品，更是一种文化的传承。在传统的乡村社会中，许多非遗项目曾经是日常生活的组成部分，而在现代化和城市化进程中，许多传统文化面临着失传的风险。乡村旅游的兴起为这些濒临消失的非遗项目提供了新的生存空间和发展机会。通过将非遗融入乡村旅游的整体发展战略中，地方政府和文化机构可以通过政策引导和资金扶持，推动非遗的保护与创新，使其不仅仅在旅游中发挥作用，也在当地社会中重新获得活力和关注。非遗的传承不仅仅是一种历史文化的延续，更是一种地方身份的重塑和文化自信的提升。在这种传承过程中，乡村旅游成为非遗保护与复兴的重要载体，为乡村地区带来了新的文化生命力和发展动力。

非遗作为乡村旅游的核心文化资源，不仅赋予乡村旅游独特的文化魅力，还为乡村经济发展和社会文化建设提供了重要支持。非遗元素在乡村旅游中的多样化运用，不仅丰富了旅游产品的内涵，也推动了文化产业的创新性发展。在全球化程度日益加深、乡村振兴进程不断推进的今天，非遗作为乡村旅游业的一部分，必将在促进文化保护、推动乡村经济和增强民族文化认同方面发挥愈加重要的作用。

二、非遗元素对乡村旅游吸引力的提升作用

乡村旅游作为一种新兴的旅游形式，近年来得到了广泛的发展与关注。其魅力不仅来源于自然风光的独特性，更来源于乡土文化的丰富内涵。在众多构成乡村旅游吸引力的因素中，非遗元素无疑占据了至关重要的位置。非遗元素涵盖了地方的传统技艺、节庆习俗、民间艺术等，它们在乡村旅游中的运用，不仅赋予了这一旅游形式独特的文化气质，也为乡村旅游提供了深厚的文化底蕴和创新的体验方式。非遗作为文化的活态表现，具有显著的地域性和历史性，这使其成为增强乡村旅游吸引力的重要资源。

在乡村旅游日益同质化的今天，如何突显地方特色、打造差异化竞争优势成为一个亟待解决的问题。非遗元素通过其独特的文化表现形式，为乡村旅游提供了鲜明的地域印记。当游客置身于一个有浓厚地方色彩的乡村旅游目的地时，非遗元素的融入能够激发游客对该地文化的认同感与归属感，从而提升游客的旅游体验。无论是传统手工艺的展示，还是民俗节庆的参与，非遗元素让游客不仅仅是观光者，更成为文化传承的参与者。非遗赋予了乡村旅游新的文化表达，提升了其精神层面的吸引力，这种文化吸引力不仅能吸引大量的文化爱好者，也能让游客从中获取更多的情感价值与文化认知。

非遗元素的融入提升了乡村旅游的市场竞争力。随着旅游市场的多元化发展，游客对旅游体验的需求日趋个性化和深化，单纯的自然景观已难以满足其文化探索的欲望。而非遗元素正好填补了这一空缺，成为满足游客深层次需求

的重要文化资源。通过非遗的展示和传承，乡村旅游能够呈现出多层次的文化内涵，不仅吸引了国内游客，也激发了外国游客的兴趣，进一步拓展了市场的广度与深度。非遗所展现出的历史文化价值和传统艺术魅力，往往能够在短时间内吸引大量游客的注意，并通过口碑传播产生更广泛的社会影响力，从而大幅提升旅游目的地的市场知名度。

非遗元素在乡村旅游中的运用也带来了经济效益的显著提升。通过将非遗与旅游业结合，不仅能促进当地传统文化的传承，还能带动相关产业的发展。例如，传统手工艺品的制作与销售，不仅为乡村提供了稳定的收入来源，也让非遗技艺得到了更广泛的传播。乡村旅游的开发利用，使得这些传统技艺通过现代化的方式得到传承和展示，同时，也为非遗的从业者和传承人提供了可持续的经济支持。这种文化与经济的双重效益，进一步提高了非遗元素在乡村旅游中的价值和吸引力，使其成为乡村旅游中不可或缺的组成部分。

非遗元素的融入还推动了乡村旅游品牌的建设。每一个地方的非遗文化都具有独特的历史背景和文化符号，这些元素能够帮助乡村旅游塑造独特的品牌形象。非遗不仅是文化的载体，也是乡村旅游品牌建设的核心要素之一。在乡村旅游的整体规划中，将非遗元素巧妙地与旅游资源结合，可以有效提升品牌的辨识度和文化内涵，使其在众多旅游目的地中脱颖而出。通过非遗元素的持续创新和多样化展示，乡村旅游的品牌形象得到不断强化，形成了具有地域特色和文化深度的独特旅游体验。

非遗元素在乡村旅游中的运用，还推动了乡村社会的全面发展。乡村作为非遗的发源地与传承地，其发展与非遗的保护密不可分。在乡村旅游中，非遗的融入不仅有助于文化的保护和传承，还促进了乡村社会的文化复兴和经济繁荣。非遗与旅游业的结合，不仅提升了乡村的文化软实力，也推动了乡村基础设施建设和社会服务水平的提升。这一过程中，乡村居民的文化认同感和自豪感得到了增强，参与乡村旅游的积极性被激发，进一步促进了乡村社会的和谐发展。

随着现代信息技术的发展，数字化和互联网的应用为非遗元素在乡村旅游中的传播提供了新的机遇。通过虚拟现实技术、数字化展示平台等手段，非遗元素不仅能在乡村旅游的现场得到生动呈现，还能通过网络平台传播到更广泛的受众群体。这种跨越时空的传播方式，不仅提升了非遗的可及性，也为乡村旅游的推广开辟了新的渠道。数字化技术为非遗元素的保护、传承和展示提供了更为有效的支持，也为乡村旅游带来了更为丰富的创新形式。

三、非遗元素对乡村旅游文化认同感的塑造作用

非遗的传承与弘扬在当代社会中扮演着日益重要的角色，尤其是在乡村旅游的发展过程中。非遗不仅是一个地区历史与文化的重要载体，也是塑造和增强文化认同感的有效工具。在乡村旅游的语境下，非遗元素的融入对当地社区文化认同感的塑造具有深远影响，它通过展示地方独特的历史、风俗和技艺，不仅深化了游客的文化理解，也激发了地方居民的自豪感和文化自信，从而推动了文化的传承和创新。

在乡村旅游中，游客的体验不限于景点本身的游览，更涉及对当地文化的感知与认同。非遗作为乡村文化的重要组成部分，其独特的文化符号和表现形式能够在无形中影响游客的认知。乡村的民俗活动、传统节庆、手工艺品以及地方性歌舞等非遗元素，作为文化传递的媒介，不仅能展示地方的历史传统，还能通过与现代旅游形式的结合，使游客在感官和情感上得到更为深刻的体验。这种体验往往超越了物理空间的限制，使游客在参与和观察中形成对乡村文化的认同感。这种认同感不仅仅体现在对非遗项目的赞赏上，更体现在对乡村社区文化的整体尊重与理解中，从而促进了跨文化的交流与互动。

非遗元素在乡村旅游中的呈现，尤其通过生动的文化表演、传统技艺展示等形式，能够激发游客的文化参与感。游客在亲身体验或参与非遗项目的过程中，不仅增强了对地方文化的认知，也在情感上与当地的文化背景产生了共鸣。这种共鸣使游客从文化的角度认同乡村，而不仅仅将乡村作为一种消费市场。在这种互动中，游客不仅是文化的接收者，还是文化传播的参与者。通过直接或间接的文化互动，游客逐渐形成对乡村文化的认同感，并进一步传递和分享这种认同感。这一过程有效地促进了多元文化的交流与融合，也为乡村文化的现代传承提供了新的动力。

乡村的非遗元素通过与旅游活动的结合，不仅为游客提供了独特的文化体验，也对乡村社区的文化认同产生了积极的促进作用。在许多地方，乡村居民通过参与非遗项目的传承和展示，增强了自己对地方文化的认同感。非遗的活态传承和展示，让居民在传承中找到了与自己文化历史的紧密联系，他们在这种认同的基础上，更加自信地面对外部世界。文化认同感的增强不仅仅是精神层面的提升，也为乡村的社会凝聚力和文化活力注入了新的动力。乡村的居民从自豪感中汲取力量，推动着本地文化在新时代背景下的不断创新与发展。

非遗在乡村旅游中的作用不仅体现在文化认同感的塑造上，还体现在更广泛的文化传播和交流中。随着全球化的发展，文化交流的频繁使得各地的文化逐渐走向国际化。乡村通过非遗元素的展示，不仅能提升本地文化的知名度，还能在更大范围内传播乡土文化的独特魅力。这种文化的传播和交流，尤其是在国际旅游市场中的扩展，为乡村文化认同感的塑造带来了新的机遇。通过这种文化输出，乡村不仅加强了自身文化的独立性和自信心，同时也成为全球文化交流中的一部分。对于乡村而言，非遗元素的融入不仅是文化保护的需求，更是提升文化影响力、塑造文化认同的战略举措。

乡村旅游中的非遗元素，还能激发地方文化的创新动力和活力。在乡村文化的传承过程中，非遗是动态发展的。随着乡村旅游的开展，非遗元素逐渐与现代旅游文化相结合，创新和融合成为不可或缺的因素。乡村通过创新性地展示传统文化，使之与现代社会的需求对接，形成了具有吸引力的文化品牌。这种品牌化的文化认同，不仅在旅游市场中占据一席之地，也推动了乡村的文化建设与经济发展。

非遗的传承和乡村旅游的结合，打破了传统文化和现代社会之间的隔阂。通过非遗的活态传承，乡村文化不仅能被保护和延续，还能与现代社会的文化需求相适应，从而增强了地方文化在全球化时代的竞争力。乡村旅游作为非遗文化的传播平台，使得更多人有机会接触到这些宝贵的文化资源，进而形成对乡村文化的认同。这种认同不仅仅是对乡村旅游景点的偏好，更是一种对乡村文化、历史和生活方式的深刻理解和尊重。

四、非遗元素的教育和传播功能

非遗不仅是民族传统的象征，也是当代社会文化认同的重要组成部分。乡村旅游，作为近年来推动乡村振兴的关键力量，不仅具有促进经济发展的作用，更承担了重要的文化传播与教育职能。乡村旅游通过非遗元素的融入，成为文化学习和传统技艺传承的重要平台。非遗元素在乡村旅游中的展示，深刻体现了其教育功能。通过将非遗与旅游活动相结合，乡村旅游为游客提供了一个独特的机会，使他们在亲身体验与互动中，深刻理解非遗的历史意义与文化价值，进而实现文化传承与教育的双重目的。

乡村旅游的非遗教育功能体现在其为游客提供的文化体验过程中。在许多乡村旅游目的地，非遗技艺和民俗活动成为游客了解地方历史与文化的有效途径。在这些地方，游客通过直接参与到传统手工艺制作、民俗表演等活动中，不仅可以感受到传统文化的魅力，还能在具体操作中学习到相关技艺。这种亲身体验的方式，比传统的书本教育更为直观，也更容易激发游客的学习兴趣，增强其文化认同感。当游客参与传统工艺制作、地方节庆等非遗项目时，他们不仅是文化的接收者，还是文化传播的参与者。这样的互动性教育模式，能够帮助游客更加深入地理解非遗的传承过程与文化内涵。

非遗元素的教育功能不仅体现在游客的个人体验上，更体现在其对地方文化的传播与推广上。在全球化程度日益加深的今天，各地独特的非遗项目通过乡村旅游的推广，能够跨越地域与文化的界限，向世界展示其独特的文化魅力。乡村旅游成为地方文化走向国际舞台的重要窗口。通过旅游平台的广泛传播，更多人有机会接触到不同地域的非遗文化，理解其背后的历史与人文背景，这种文化的输出和传播，促进了全球文化的多样性发展与互鉴。

乡村旅游中的非遗传播功能还在于其对当地居民文化认同感的培养与提升。乡村旅游不仅是游客的文化体验场，也是当地居民文化自觉的体现与传承。通过乡村旅游的非遗展示，当地居民在向外界展示传统文化的过程中，重新认识并感悟到自身文化的独特性与历史价值。这种文化认同的回归，不仅有助于居民对传统文化的保护与继承，也促进了文化自信的培养。在非遗的教育与传播过程中，当地社区的参与至关重要。当地居民通过参与非遗项目的展示与传承，不仅提升了自身的文化素养，也帮助非遗技艺在本土社会中生根发芽，成为日常生活的一部分。

乡村旅游中的非遗教育功能还表现在其对未来世代的影响上。在乡村旅游的非遗项目中，许多地方通过与学校、社区等机构的合作，开展面向青少年与儿童的非遗教育活动。通过这种教育方式，孩子们不仅能接触到传统的非遗技艺，还能在活动中感受到传统文化的活力与创新。对于年轻一代而言，乡村旅游中的非遗教育活动提供了一个将传统与现代融合的机会。非遗的技艺和文化在现代社会中不断被赋予新的内涵与形式，而这种转变往往通过乡村旅游活动得到体现。在这一过程中，非遗不再仅仅是历史的遗物，更是与现代社会生活紧密联系的文化资源。通过与当代艺术、设计等领域的结合，非遗元素不仅得以保护和传承，更在当代社会中焕发出新的生命力。这种代际文化传递，不仅增强了年轻一代对传统文化的认同，也为非遗的可持续发展提供了坚实的基础。

非遗元素的教育与传播功能还在于其能够通过现代技术手段与旅游服务的创新实现更广泛的文化传播。随着数字化技术的发展，VR、AR等技术被逐步应用到乡村旅游的非遗展示中。这些技术手段不仅可以提供更为直观和生动的文化体验，还能让游客更深入地了解非遗的创作过程与历史背景。通过数字化技术，非遗的传播突破了时间与空间的限制，使得世界各地的游客都能够参与到这一文化体验中。通过数字化非遗资源的开发与利用，传统技艺的展示不仅可以实现更为广泛的受众覆盖，还能提升游客的参与感与互动性。在这个过程中，乡村旅游的非遗教育功能得到了更为有效的拓展，使得非遗文化的传播不再局限于物理空间的展示，而是进入了一个更加多元和创新的传播维度。

乡村旅游的非遗教育功能还表现在其促进地方社会经济发展的同时，为非遗的持续传承创造了有利的条件。通过旅游的经济效益，当地可以获得更多的资金与资源用于非遗的保护与创新。同时，乡村旅游带动的相关产业发展，也为非遗技艺的传承提供了更多的展示与应用场景。例如，传统手工艺的制作过程不仅可以作为旅游项目的组成部分，还能在当地市场中形成一定的产业链，进一步推动传统技艺的传承与创新。这种基于市场需求和旅游发展的双重推动，使得非遗的传承不仅表现在文化层面，更与地方经济的繁荣相辅相成，成为乡村振兴的重要支撑。

第二节 非遗在乡村旅游中的开发与利用

一、非遗资源的系统化挖掘与整理

非遗的开发与利用始于对其资源的系统化挖掘与整理，这一过程是非遗项目成功转化为可持续文化旅游资源的基础。非遗资源的挖掘不仅仅是对具体技艺和艺术形式的收集，它更是一项跨学科的综合工作，涉及历史、文化、社会结构、艺术表现等多个维度的深入探讨。系统研究与整理，能够全面了解每一个非遗项目的历史背景、文化内涵以及其在地方社会与历史中的独特价值。非遗作为一个文化符号，承载着地域特色和民族记忆，其背后蕴藏着深厚的文化底蕴与无形的社会关系，因此，对其进行科学、严谨的整理和发掘，是确保非遗传承和可持续利用的第一步。

在非遗资源的系统化挖掘中，首先需要明确非遗项目的核心特征及其文化价值。这不仅仅是对传统技艺或民间艺术的简单记录，更需要从更广泛的文化脉络出发，理解每一项非遗项目所代表的文化象征、历史遗产和社会功能。例如，在某一地区传统手工艺的挖掘过程中，不仅要了解这些技艺的技术流程和表现形式，更要关注这些技艺背后所承载的社会意义、历史背景及其与地方社区生活的紧密联系。对非遗资源进行深度剖析，能够准确把握其历史传承脉络及当代意义，从而为后续的文化传承、保护和旅游开发奠定坚实的基础。

非遗资源的整理与研究过程中，需要注重区分和梳理具有较高文化价值和较大开发潜力的项目。并非所有非遗元素都适合进行大规模的开发，特别是在乡村旅游业振兴的背景下，避免盲目开发和商业化过度是至关重要的。在非遗资源的筛选过程中，必须充分考虑每个非遗项目的地方特色及其与当地文化和历史的紧密关联。乡村作为非遗的重要发源地，其非遗项目往往具有更浓厚的地域性与文化特色，开发时必须谨慎地把握其文化根基，以免破坏其本有的文化风貌。与其说是开发非遗资源，不如说是进行非遗资源的再造与再生，这种

第七章　非遗传承与乡村旅游的结合

再生不仅仅是对形式的复制，更是对文化内涵和精神价值的传递与创新。

从保护与传承的角度来看，非遗资源的整理与挖掘要求采取科学的方法和合理的策略。对于那些具有较高文化价值的非遗项目，保护应当始终是第一位的。非遗项目作为活态的文化现象，在其传承过程中会不断地与时代背景、社会需求以及人们的生活方式发生互动，因此其保护的方式应当是动态的、灵活的。在乡村旅游的背景下，非遗的开发不能仅仅局限于物质层面的展示，而应当通过创新的手段与现代需求相结合，使其能够在新的社会语境中继续生动传承。这一过程不仅仅是对传统技艺和文化形式的保护，更是对文化生态的尊重和对乡村文化精神的致敬。合理开发非遗资源，能够让传统文化在现代社会中焕发新生，成为乡村文化旅游的重要组成部分。

合理开发非遗资源不仅仅是为了提升乡村的经济效益，更在于通过文化的力量促进地方社会的全面发展。在这一过程中，开发与保护的平衡至关重要，只有在确保非遗项目不被过度商业化和表面化的情况下，才能实现其真正的价值。通过对非遗资源的合理规划和整理，可以有效避免其在旅游开发过程中的资源过度开发和文化流失，确保其在乡村旅游中的可持续性。同时，非遗的开发应当从更为长远的角度出发，结合乡村的历史文化背景与未来发展方向进行规划。在确保非遗能够为乡村经济带来活力的同时，也需要尊重其作为文化遗产的根本属性，让其在传承的过程中保持应有的纯粹性与历史性。

非遗资源的系统化挖掘与整理不仅仅是一个文化研究的问题，也关乎地方社会的文化复兴与经济振兴。在当前乡村振兴战略的推进过程中，非遗作为一种独特的文化资源，能够为乡村旅游提供丰富的文化内涵和独特的吸引力。通过对非遗资源的挖掘与整理，不仅可以更好地理解和保护传统文化，还能推动乡村经济的发展，尤其是在文化产业和旅游业方面的融合创新。随着文化产业的快速发展，越来越多的乡村地区开始意识到非遗资源的巨大潜力和重要性，因此如何在保护的前提下实现非遗资源的合理开发，成为推动乡村经济可持续发展的关键。

在非遗资源的整理与挖掘中，还应当关注地方社区的参与与合作。乡村作为非遗传承的主体之一，其居民对非遗的认知和参与程度直接影响到非遗项目的传承效果。因此，在非遗资源的开发与利用过程中，要鼓励当地社区积极参与，并在保障其文化权益的基础上，引导他们合理参与到非遗保护与利用的过程中。社区的参与，能够增强当地居民对非遗保护的认同感和归属感，进而提升非遗资源的社会影响力。

二、非遗元素的创造性转化与提升

非遗的创造性转化与提升是非遗传承的核心议题之一。在当代社会，非遗元素的开发不局限于传统文化的单一展示，更应当注重如何将这些文化元素在现代社会中有效地转化为具有现代价值和市场吸引力的文化产品。这种转化不仅要求对非遗文化的深刻理解和尊重，更需要通过现代技术、设计理念和创新思维的融入，推动非遗与当代社会需求的有效对接。特别是在乡村旅游的开发过程中，非遗元素的创造性转化不仅能增强其文化内涵的传承功能，还能提升其在旅游市场中的竞争力。

传统工艺和技艺的现代转化是非遗创造性转化的一个重要方向。传统手工艺、民间艺术、地方节庆等非遗元素往往在原有形式下具有浓厚的地方性和文化性，但如果仅仅依赖于传统方式进行展示，可能难以吸引现代游客的兴趣，更难以获得其认同。将非遗元素融入现代设计和技术中，是提升其市场价值和旅游吸引力的重要途径。现代设计不仅仅是对传统工艺的简单复制，而是通过创新的方式使其在当代社会中焕发新生。这种转化不仅能让传统工艺与现代审美和功能需求相契合，还能赋予非遗元素更具时代感的表现形式，使其能够更好地与现代生活方式接轨。通过这种方式，非遗元素从单纯的文化展示转化为具有现代感和市场吸引力的文化商品，从而提升其在乡村旅游中的实际应用价值。

在非遗的创造性转化过程中，数字技术的运用起到了至关重要的作用。随着信息技术和数字化手段的不断发展，数字化技术为非遗元素的保存、展示和传播提供了全新的视角和平台。运用数字化手段，可以对传统技艺和文化进行详细记录和存档，使其得以长期保存并传播到全球范围。更为重要的是，数字化技术能够将传统的非遗元素与现代消费者的需求相结合，创造出多种形式的互动体验。例如，通过虚拟现实技术、增强现实技术等手段，游客可以身临其境地体验非遗元素的制作过程和文化内涵，这种沉浸式的体验不仅增强了游客的参与感，也提高了非遗产品的市场吸引力。此外，数字化还可以实现非遗产品的多渠道推广，使其能够突破地域限制，广泛传播到全球各地，拓宽其市场，提升其影响力。

除了技术手段的应用，创造性转化还应注重文化创意的融入。在乡村旅游的开发过程中，非遗元素的创造性转化不仅仅是对传统文化形式的现代化处理，更是将文化创意与旅游需求紧密结合的过程。将非遗元素与现代设计、时尚潮流、生活方式等结合，能够使这些传统文化元素在现代社会中得到重新诠释，赋予其新的生命力。这种创意转化的关键在于对传统文化的深度理解与对现代审美和市场需求的精准把握。创意设计可以让非遗元素呈现出独特的艺术魅力和市场价值，既能保持其文化内涵，又能满足现代消费者对个性化、独特性和高品质的追求。创意设计的成功运用，不仅能提升非遗的文化价值，还能帮助其形成市场竞争力，为乡村旅游的发展注入新的动力。

非遗元素的创造性转化与提升，不仅仅是一个文化传承的过程，更是一个文化产业化的过程。随着文化产业的蓬勃发展，非遗元素的创造性转化已经成为其商业化开发的重要环节。在乡村旅游的背景下，非遗元素不仅要在文化层面得以传承，更要在经济层面实现可持续发展。通过创造性转化，非遗元素能够转化为具有市场潜力的旅游产品，进而推动乡村旅游业的繁荣和地方经济的增长。例如，非遗元素可以通过与地方特色的结合，打造具有文化特色的旅游纪念品、文化创意产品等，这些产品不仅能满足游客的消费需求，还能展示地方的文化特色，增强游客的文化体验感。创造性转化还能推动乡村旅游从单纯的观光型旅游向体验型、参与型旅游转变，使游客能够更深层次地体验非遗的魅力，进而提升旅游的附加值。

创造性转化的另一个重要方面在于非遗与旅游业的融合发展。乡村旅游的成功不仅依赖于景点的开发和基础设施的建设，更在于将地方的传统文化、独特的民俗风情与现代旅游需求结合起来。非遗元素的创造性转化，能够使地方文化成为乡村旅游的独特魅力所在，为游客提供独一无二的文化体验。通过非遗元素的深度开发，乡村旅游能够塑造出与众不同的文化品牌，增强其在旅游市场中的差异化竞争力。同时，非遗的创造性转化还能促进乡村旅游与其他产业的融合，例如农业、手工业、餐饮业等，实现产业的多元化发展，从而推动乡村经济的综合提升。

三、非遗资源与旅游产品的融合设计

在当今全球旅游市场的激烈竞争中，乡村旅游逐渐成为文化旅游的一个重要发展方向。非遗作为一种深具地方特色的文化资源，正日益成为乡村旅游发展的关键因素之一。乡村旅游的核心吸引力不仅在于自然风光和休闲度假功能，更在于其对文化资源的深度挖掘与体验，非遗资源即属于这种独特的文化资源。在乡村旅游开发的过程中，如何将非遗资源与旅游产品进行有效融合，已成为提升旅游竞争力、丰富游客体验和推动地方经济可持续发展的重要课题。非遗的资源价值远远超过其单纯的文化象征，它蕴含着丰富的历史、技艺、习俗、语言等文化元素，是地方身份、文化认同及社会记忆的重要载体。乡村旅游产品的设计需要从更广阔的文化视角出发，不仅将非遗视为可利用的附加值，更要将其深度嵌入到旅游产品的整体设计中，形成独特的、具有文化深度的旅游体验。

非遗资源与旅游产品的融合设计要求将非遗作为乡村旅游的重要组成部分，从而增强旅游产品的文化内涵与艺术表现力。在这一过程中，非遗技艺和文化活动的创造性转化成为关键。传统的非遗项目往往具有浓厚的地方特色，但在旅游产品的设计中，如何避免将非遗简化为表面化的"文化展示"，并充分发挥其作为"活文化"的独特魅力，成为设计者必须面对的挑战。非遗资源的融合设计并不是将这些文化元素简单地作为装饰，而是需要通过多维度的互动设计，将其与乡村旅游的核心功能相结合。通过精心策划，将非遗的技艺、节庆、传说等深度融入旅游线路、景区布局、住宿、餐饮、娱乐等各个方面，打造具有鲜明地方特色的旅游产品，既能满足游客对自然美景的需求，也能满足游客对文化体验的渴望。

非遗技艺与乡村旅游的结合，能有效提升游客的参与感与沉浸感，增强

游客对旅游目的地的情感认同。乡村旅游的吸引力在于其独特的地域文化，通过游客与非遗项目的互动，创造出丰富的体验感受。在旅游活动中加入非遗技艺的体验环节，游客可以亲身参与到非遗技艺的制作过程中，感知传统手工艺的精髓，提升对当地文化的理解与尊重。比如，在旅游线路的设计中，可以让游客参观和体验当地的传统工艺，如手工织布、陶瓷制作等，甚至在当地工艺师的指导下，亲手制作工艺品。这不仅为游客提供了独特的互动体验，也在潜移默化中让他们加深了对非遗的认知与记忆。这种互动体验能够增强游客对旅游目的地的情感认同，提升旅游的整体体验质量，进而提升游客的满意度和忠诚度。

非遗的应用不应仅限于景区和旅游线路的设计，还应在住宿、餐饮等方面得到全面的渗透与融合。乡村旅游的住宿和餐饮服务不再是单纯的功能性需求，而是需要通过与地方文化的结合，提升游客的文化体验。住宿环境的设计可以借鉴传统民居的建筑风格，结合非遗的文化元素，如传统的木雕、陶艺、民间绘画等，使住宿环境本身成为一种文化享受。同样，餐饮服务可以结合地方的传统美食和饮食文化，创造出具有地域特色的餐饮体验。游客在享受美食的同时，也能领略到当地的非遗文化，感受到更加浓厚的地方风情。此外，通过在餐饮场所举办民间艺术表演、传统节庆等活动，也能让游客更深入地了解和体验非遗文化，进一步增加旅游产品的文化深度和内涵。

通过对非遗资源的精细化挖掘和设计，可以将其转化为具有市场吸引力的旅游产品。非遗的商业化开发并不是对传统文化的曲解，而是在尊重传统的基础上进行创新转化，使之更符合现代游客的需求。在这种设计过程中，非遗资源的创造性转化不仅要求尊重其原有的文化价值，还要与现代旅游需求相结合，注重功能性和互动性的融合。通过现代技术的应用，如数字化技术、虚拟现实技术等，非遗的展示形式得到了创新。这样可以使游客通过现代科技手段更加生动、形象地了解非遗文化，打破传统文化展示的时空局限，使非遗在现代社会中得到更广泛的传播和接受。数字化手段不仅能帮助保存和传承非遗技艺，还能为游客提供更加多元的文化体验选择，使其能够从不同的角度和层次感知非遗的独特魅力。

乡村旅游的可持续发展离不开非遗文化资源的深度开发与保护。在非遗产品与旅游产品的融合过程中，必须考虑到非遗资源的可持续性与保护性。非遗不仅是传统文化的重要组成部分，更是乡村振兴战略中的宝贵资源。合理规划与设计，可以将非遗资源转化为具有市场价值的旅游产品，同时也能为非遗的保护和传承提供资金支持和社会关注。在这种融合设计的过程中，必须建立起科学的保护机制，确保非遗在商业化开发的过程中不会丧失其原本的文化内涵和价值。这需要政府、企业和社会各界共同努力，在保障非遗资源持续发展的同时，推动地方经济和文化的双重振兴。

第三节　非遗乡村旅游的可持续发展路径

一、非遗保护与乡村旅游开发的平衡

非遗作为乡村文化的精髓,是连接历史、传统与现代社会的重要纽带。在乡村旅游开发过程中,如何平衡非遗的保护与旅游业的扩展,成为一个亟待解决的关键问题。乡村旅游与非遗文化的结合为地方经济带来了新的增长动力,但这种增长并不应以非遗资源的过度开发为代价。事实上,非遗的价值不仅仅体现在其作为旅游资源的经济效益上,更体现为其独特的文化内涵和传承功能。因此,非遗的保护在乡村旅游开发中必须居于核心地位,只有在非遗得到充分保护的前提下,乡村旅游才能实现真正的可持续发展。

保护非遗不应仅仅停留在物质层面的遗产保护上,而应该注重其活态的传承。非遗是一个动态的文化体系,它包含了技艺、语言、节庆、民俗等多个方面。这些文化元素不仅代表着民族的独特风貌,也是当地社会经济生活的一部分。在乡村旅游的开发过程中,非遗的保护需要在尊重其文化本质的基础上,采取科学的开发模式。过度商业化和无序开发往往导致非遗的文化内涵被忽视,甚至出现对非遗资源的破坏性利用,这种情况不仅会导致其原始面貌的消失,还可能影响到当地居民对非遗的认同感和参与度。因此,在乡村旅游开发过程中,非遗保护应当成为规划和决策的核心要素,避免任何可能导致非遗文化流失的行为。

为了实现非遗保护与乡村旅游开发之间的平衡,科学的规划和管理是不可或缺的。乡村旅游的开发不应单纯以经济效益为导向,而应更多地考虑文化和生态的可持续性。在非遗资源的利用过程中,合理规划和适度开发是关键。具体来说,旅游开发可以根据不同非遗项目的特点,量化其文化价值与旅游开发的需求,制定不同的保护措施。这些措施可以包括对非遗项目的传承人进行培养和支持,确保其技艺和知识的代际传递,同时还可以通过限制过度开发,确

保非遗项目在本土环境中得到有效保存。此外，旅游活动的设计应当避免对非遗资源的过度挤压，保证游客的参与不会导致传统文化的变形或流失。

非遗的传承不仅仅依赖于物理空间的保护，更在于社区层面的文化认同与传承机制的建立。乡村旅游的开发为非遗提供了一个展示和传承的舞台，但这种传承不应仅限于游客的观光层面，更应当融入当地居民的日常生活中。非遗文化的传承需要通过文化教育、实践活动等途径，增强本土居民，特别是年轻一代对非遗的认同感。乡村旅游应当为当地居民提供参与非遗活动的机会，使其成为非遗传承的积极参与者。只有通过这种本土文化的参与和互动，非遗才能在乡村旅游的环境中持续焕发活力。

在非遗保护与乡村旅游开发的平衡过程中，政策支持和政府监管是确保两者协调发展的重要保障。政府可以通过制定相关政策，推动乡村旅游的可持续发展，同时确保非遗的保护不被忽视。具体而言，政府应当为乡村旅游项目提供必要的资金支持，并出台保护性政策，规范旅游开发中对非遗资源的使用。这些政策可以包括对非遗文化项目的税收减免、文化旅游专项资金的设立、非遗资源的生态保护区划定等，形成一套多方合作、共同促进非遗保护和旅游发展的长效机制。同时，政府还应加强对乡村旅游开发过程中的监管，确保开发者严格遵守非遗保护的相关法律法规，避免商业化开发对非遗资源的破坏。

有效的市场运作机制也是非遗保护与乡村旅游开发平衡的关键环节。乡村旅游的开发需要借助市场机制的力量，但这种市场运作应当符合非遗保护的原则。在旅游开发过程中，企业应当承担起社会责任，参与非遗的保护和传承工作。开发者应当与当地文化保护组织、非遗传承人等各方共同合作，形成合力，在保证商业利益的同时，也确保非遗文化的真实性和可持续性。旅游产品的设计应当突出非遗的文化内涵，避免将非遗简单化、商品化，这不仅能提升游客的文化体验，也能促进非遗文化的深度传承。

乡村旅游与非遗的结合应当注重社区的参与和共同发展。乡村旅游不仅仅是外来游客的体验活动，它应该与当地居民的生活息息相关。在旅游开发过程中，应当尊重当地居民的文化习俗和生活方式，充分调动他们的积极性，激发他们参与非遗保护和旅游发展的热情。这种共建共享的模式，能够使非遗在乡村旅游中实现更为稳固的传承，也有助于提升当地居民的经济收入和社会地位，实现文化和经济的双重收益。

二、乡村社区参与的可持续性保障

乡村旅游的可持续发展离不开当地社区的积极参与，尤其是在非遗文化传承和乡村旅游的深度融合中，社区的作用尤为重要。乡村社区作为非遗文化的发源地和主要传承体，承担着传统文化的保护和传播任务，同时也是乡村旅游发展过程中至关重要的利益相关者。因此，增强乡村社区居民的文化自觉和参与意识，不仅有助于非遗文化的保护与传承，也为乡村旅游的可持续发展奠定了坚实的基础。

社区的积极参与对于确保乡村旅游的长久生命力具有重要意义。乡村旅游作为一种基于地方特色的旅游形态，其独特性和吸引力很大程度上依赖于当地社区的文化资源。非遗作为地方文化的核心组成部分，不仅体现了乡土文化的独特性，也是乡村旅游的重要卖点。如果没有当地居民的积极参与和支持，旅游项目的文化内涵和特色就难以得到充分发挥，旅游项目的可持续性也将面临诸多困难。因此，培养社区居民的文化认同感和参与意识，对于乡村旅游的成功运行至关重要。只有当社区居民深刻认识到非遗文化和旅游事业对自身生活的积极影响，愿意主动参与其中，乡村旅游才能实现长期稳定的发展。

乡村社区的参与不仅是非遗传承的保障，也是其文化自信的体现。非遗作为地方文化的承载体，能够有效增强居民的文化认同感和自豪感，而这种文化自信则成为推动非遗保护和传承的重要动力。居民通过参与非遗相关的文化活动、节庆庆典以及手工艺制作等，不仅能体验到非遗文化的魅力，更能够感受到自己文化身份的独特性和重要性。随着对非遗文化价值的认同不断增强，居民的文化自信也得到了提升，从而为乡村旅游提供了源源不断的文化支撑。乡村旅游的发展能够带动地方特色文化的再生与创新，而社区居民的文化自信将进一步推动他们为非遗文化的传承与乡村旅游的繁荣做出贡献。

乡村社区的参与在经济层面上也能为乡村旅游的可持续性提供保障。乡村旅游通过带动地方经济发展，不仅提高了居民的收入水平，也促进了社区的整体发展。旅游业的蓬勃发展使得当地居民能够从中获得经济利益,这种经济效益的增长不仅直接提高了居民的生活水平,也为他们参与乡村旅游提供了动力。通过提供旅游服务、参与非遗项目的开发与展示、参与乡村旅游相关产业链的建设,社区居民能够获得更多的就业机会和经济收入,这使得他们更加愿意投身于乡村旅游事业的长远建设。当地社区的经济利益和文化利益相互促进,形成良性循环,有助于乡村旅游可持续发展的实现。

为了保证乡村旅游的可持续性,社区参与不仅要体现在旅游业的直接经济收益上,更要关注如何激发社区居民的自主参与和自我管理能力。这一方面可以通过教育和培训提升居民的相关知识与技能,使他们能够更好地理解和应用非遗文化,提升其在乡村旅游中的创意和服务能力;另一方面,也需要通过合理的政策设计和组织动员,使社区能够在乡村旅游的规划与管理中发挥更大的作用。通过赋予社区更多的管理权力和决策权,不仅能提高居民的参与度,也能促使他们在乡村旅游的管理和发展中扮演更为积极的角色。

乡村社区的参与模式需要更加多样化和系统化。在乡村旅游的过程中,社区不仅是文化的传承者,也是经济的受益者和环境的保护者。通过建立有效的社区合作机制,将社区居民纳入乡村旅游的各项决策中,可以确保旅游发展的方向符合当地的实际需求和长远利益。为了提升乡村社区参与的深度和广度,可以通过设立文化参与平台,鼓励社区居民共同参与非遗文化的保护、传承和发展。通过这些平台,居民不仅能获取旅游相关的信息,还能参与到非遗文化项目的规划和实施中。社区居民的广泛参与能够增加旅游项目的本土化程度和文化深度,使得乡村旅游更加符合当地的社会文化背景,进而提高其可持续性。

乡村旅游的可持续性保障需要政府、企业和社区三方的共同努力。政府在其中扮演着政策引导和资源配置的关键角色。通过制定有利于社区参与的政策,提供财政补贴、技术支持和培训机会,可以激励社区居民积极参与到乡村旅游中。企业则通过投资、开发和市场推广等手段,为乡村旅游项目提供资金和技术支持。社区的参与则是旅游项目得以顺利进行和长远发展的基础。只有通过各方的共同努力,才能够形成有效的合作机制,推动乡村旅游的可持续发展。

三、绿色旅游与非遗乡村旅游的结合

绿色旅游与非遗乡村旅游的结合是当代旅游发展的一个重要方向，二者的融合为推动乡村旅游的可持续发展提供了创新的路径。非遗作为一种历史的、文化的和社会的资源，其传承与发展不仅关乎文化本身的延续，也直接影响到与之相伴生的环境和生态系统。因此，在非遗乡村旅游的开发过程中，充分体现绿色旅游理念显得尤为重要。绿色旅游作为一种强调环境保护、资源节约和低碳生活方式的旅游形式，旨在减少旅游活动对自然环境的负面影响，同时也为乡村经济和社会发展提供了可持续的动力。

非遗乡村旅游的可持续发展不仅仅是一个经济增长的问题，更是生态和文化的双重考量。乡村旅游作为承载非遗资源的主要平台，其可持续性必须依赖于自然环境的健康与文化遗产的有机融合。绿色旅游的理念要求在开发非遗乡村旅游时，旅游活动必须最大程度地减少对生态环境的破坏，维护和改善当地的自然景观、生态系统及生物多样性。为了实现这一目标，旅游开发过程中需要对旅游基础设施进行合理规划，减少建设对自然环境的侵占，同时优化交通设施，降低能耗和碳排放。比如，采用低碳出行方式，倡导游客选择绿色交通工具，如电动巴士、自行车等，从而减少交通对环境的污染。对于一些生态脆弱的乡村区域，合理的游客容量控制和流量分配也是确保环境不受破坏的有效措施。

与此同时，绿色旅游强调资源的可持续利用，这对于非遗资源的保护和传承具有重要意义。在乡村旅游中，绿色旅游理念的推广不仅仅是为了避免环境破坏，更是为了促进文化资源的可持续利用。非遗文化资源的开发与利用往往涉及地方的手工艺、传统技艺、民俗文化等多方面内容，这些资源往往与当地的自然环境密切相连。通过将非遗资源与绿色旅游相结合，可以实现文化与自然的和谐发展。以生态农业与非遗手工艺为例，绿色旅游不仅能帮助地方农民实现经济增收，还能推动传统手工艺的保护和发展。非遗手工艺如传统编织、刺绣、陶艺等，往往依赖于特定的自然资源和环境条件，而这些手工艺的传承

和发展离不开绿色旅游的生态支持。通过推动生态农业与传统手工艺的融合，不仅能提高当地居民的收入水平，还能促进文化资源的保护和传承，进而打造出环保与文化双赢的旅游产品。这种方式不仅符合现代消费者的绿色消费需求，也能推动乡村经济的多元化发展。

绿色旅游还为非遗乡村旅游的创新发展提供了新的思路。在乡村旅游开发的过程中，通过绿色旅游理念的深入融合，可以开发出具有文化特色和生态价值的旅游产品。乡村旅游产品的开发不仅需要依托当地的自然资源，还应注重地方文化的传承和创新。通过绿色旅游的支持，非遗资源的开发可以实现更加多元和深入的挖掘，使之不局限于传统的文化展示，还可以延伸到文化创意产业、手工艺品的现代化生产等领域。乡村的自然景观、生态环境以及非遗文化的多样性为创意产业提供了丰富的灵感和素材，绿色旅游通过提升旅游体验的品质，为游客提供了更为丰富的文化享受，进而提升了非遗乡村旅游的市场竞争力和吸引力。

绿色旅游与非遗乡村旅游的结合还有助于推动当地社区的可持续发展。乡村社区的可持续发展不仅仅是经济收入的增长，更是社会资本、文化价值和环境质量的全面提升。在这一过程中，绿色旅游理念的融入不仅有助于乡村的生态环境保护，还能促进社会的和谐发展和文化的多元化传承。通过绿色旅游的推动，乡村居民能够更加深刻地理解非遗文化的重要性，并通过参与非遗乡村旅游事业的建设实现自身价值的提升。旅游业的可持续发展能够吸引更多的社会资本与政策支持，从而为乡村的基础设施建设、社会福利改善等方面提供有力的支撑。

非遗乡村旅游的可持续发展不仅依赖于绿色旅游理念的应用，还需要各方的共同努力。政府部门、旅游企业、当地社区以及游客等各方的协同合作，是推动这一目标实现的关键。政府应当为非遗乡村旅游的绿色发展提供政策支持，制定相关的环保法规和激励措施，鼓励旅游企业采用绿色旅游的经营模式，并加大对非遗文化资源的保护力度。旅游企业需要在经营过程中，主动承担社会责任，实施环保措施，提供绿色的旅游产品和服务，增强游客的环保意识。当地社区则应通过增强文化自信和积极参与非遗保护活动，促进乡村旅游的长期可持续发展。游客则应当提升自身的环保意识,在旅游过程中尊重当地的自然环境和文化传统,做到低碳、绿色出行。

绿色旅游与非遗乡村旅游相结合,可以实现环境保护、经济发展和文化传承的三重共赢。绿色旅游不仅仅为非遗乡村旅游的发展提供了可持续的动力,还推动了地方文化资源的创新和保护。通过绿色旅游的理念,非遗乡村旅游可以更加注重生态环境保护,同时促进非遗文化的多维度开发与传承,为推动乡村振兴、提升地方文化软实力贡献重要力量。随着绿色旅游理念的深入普及和非遗乡村旅游的不断发展,二者的结合将成为推动乡村经济与文化融合发展的重要推动力。

第八章　非遗传承在社区教育中的推广

　　社区教育作为一种基层文化传播形式，在非遗传承中发挥着独特而重要的作用。随着社会对文化认同和历史传承的日益重视，非遗的传承不仅限于传统的技艺和知识保护，更需要通过多层次、多渠道的教育模式进行普及和推广。社区教育具有广泛的群众基础和灵活的形式，能够覆盖不同年龄段和社会群体，为非遗传承提供了一个接地气、具有高度参与性的空间。在这一过程中，非遗不仅仅是技艺和文化的传授，更是对社区成员文化认同感的培养和集体记忆的强化。通过非遗在社区教育中的有效实施，不仅可以增加居民对地方文化的认同感，还能增强他们的文化自信，促进社区文化的繁荣与发展。随着现代教育理念的不断创新，非遗的教育方式也逐渐多样化，结合社区特色的非遗教育项目已成为许多地区的文化发展重点。本章将重点探讨非遗在社区教育中的实施策略，分析非遗教育如何在满足当地社区需求的同时，促进非遗的保护与创新，并对其实施效果进行评估与改进，为非遗的更广泛传播提供参考。

第一节　社区教育的特点及其与非遗传承的契合点

一、社区教育的全民性和普及性

社区教育作为一种具有广泛覆盖面和强大包容性的教育形式，具有独特的优势，特别是在非遗的传承过程中，社区教育的全民性和普及性发挥了不可忽视的作用。其最大的特点在于，能够面对来自各个年龄段、不同文化背景，以及不同教育水平的居民，提供丰富多样的学习机会，促进所有社区成员积极参与。这种普及性使得社区教育成为非遗传承的重要平台，通过更为广泛的社会动员，提升了整个社区对非遗的认知与保护意识。

非遗的传承不仅是对传统技艺和文化的守护，它与当地居民的日常生活、社会习俗以及文化认同息息相关。对于很多地方而言，非遗是其历史与文化的象征，是塑造社区认同感和凝聚力的重要因素。而社区教育则通过其独特的普及性，提供了一个能够覆盖所有居民、跨越年龄与文化差异的教育平台，使非遗传承得以深入到每一个社区成员的心中，形成全民参与的局面。通过这一平台，社区成员能够更直观地接触到非遗，了解非遗的内涵，进而自觉地参与到非遗的保护和传承当中。

社区教育的全民性是其有效推动非遗传承的核心力量之一。在传统的非遗保护与传承中，往往是少数人群，如非遗传承人、艺术家或专业技术人员，主导着这一过程。然而，非遗的真正传承需要每一个人深刻理解其文化价值和历史意义，并在日常生活中自觉维护和延续。这就要求非遗保护不局限于特定群体的参与，而是通过广泛的教育和宣传，让每一位社区成员都能认识到非遗的独特性和珍贵性，从而激发他们参与其中的动力。社区教育通过其开放的性质，使非遗的保护从专业的、技术性的层面扩展到全体居民的日常生活中，使非遗成为社区文化的重要组成部分，进而达到全民参与的目标。

这种全民性与普及性也为非遗的可持续发展提供了坚实的基础。传统的非遗保护通常侧重于对技艺和艺术形式的传承，而忽视了如何使这些文化形式在当代社会中焕发活力。社区教育的普及性恰恰弥补了这一不足。通过社区教育，非遗不仅仅是历史的再现，更是与现代生活紧密结合，成为社区文化活动的常态化内容。在这一过程中，非遗的传承不再是单纯的技术技能的传授，而是通过教育将非遗的精神内涵和文化价值深深植根于每一位社区成员的心中。社区成员在日常的生活实践中，逐渐将非遗转化为自己文化认同的表达形式，并在自身的行动中自觉保护和传承这些文化财富。

社区教育的普及性还体现在它能够跨越不同的文化背景和教育水平，让来自不同社会阶层和背景的居民都能参与到非遗的传承中来。在一个多元化的社区中，居民的文化背景、教育水平以及对于非遗的认知程度各不相同。然而，社区教育通过提供灵活的学习方式和多样化的教育内容，能够根据不同群体的需求和特点，设计适宜的教育项目，确保每一位社区成员都能在自己的理解层面上接触和学习非遗知识。通过这种方式，非遗的传承能在更广泛的社会群体中得到普及和认同。这种普及性有效地消除了文化传承中的隔阂，使非遗成为全体社区成员共同的文化财富，而不仅仅是某一特定群体的文化遗产。

非遗传承的普及性和全民性不仅仅是指教育内容的覆盖面广泛，更重要的是其能够通过社区教育的途径，将非遗的文化价值深入到每一位社区成员的生活之中。社区教育并不是孤立的，而是与社区的日常生活、文化活动以及社会发展息息相关。通过将非遗的元素融入社区教育中，非遗不再只是一个抽象的文化符号，而是具体、可感知的生活部分。这种教育形式的普及性和互动性，使得非遗的传承不限于课本知识的学习，而是通过实践、互动、参与等多元化的方式，增强社区成员对非遗的认同和保护意识。非遗的传播不再是单纯的知识传递，而是文化的深度体验和情感认同。每一位社区成员都通过自己的方式参与其中，推动非遗在日常生活中的活态传承。

社区教育的全民性和普及性，为非遗的保护与传承提供了广阔的空间。它通过广泛动员社区成员参与，让非遗的传承不再是某一特定群体的责任，而成为整个社区共同的事业。在这一过程中，非遗不仅是文化的保存者，更是社区文化发展的动力源泉。社区教育通过将非遗与社区成员的日常生活结合，让非遗在现代社会中焕发新的生命力，也为非遗的可持续传承提供了源源不断的力量。通过这种全民性的教育模式，非遗的保护不再是被动的历史回顾，而是积极的文化创新与实践，最终实现非遗在当代社会中的长久传承。

二、社区教育的实践性和体验性

社区教育作为一种富有参与感与实践感的教育形式，越来越受到重视。它不仅强调理论知识的传授，更注重通过实践和体验来加强学习者的文化认同和技能掌握。在非遗的传承过程中，社区教育发挥着不可或缺的作用，尤其在其实践性和体验性方面展现出独特的优势。非遗的内涵往往以技艺、习俗、表演艺术、传统技法等为载体，而这些内容的传承，正需要通过动手操作和亲身参与来获得真正的理解和掌握。非遗的学习不仅仅是对其理论价值的认识，更是一种通过实践来感受其文化精神、技艺精髓和历史背景的过程。社区教育正是通过多样化的实践活动，将这些非遗内容生动地呈现出来，让学习者在参与和体验中实现对非遗的深入理解和内化。

在非遗的传承过程中，学习者的实践操作至关重要。许多非遗项目，如传统手工艺、民间艺术、传统饮食制作等，都是通过长时间的实践积累与技艺传授逐步掌握的。这些技艺往往没有固定的书面教材，而是通过师徒传承、口耳相传的方式延续下来。在这种背景下，社区教育通过工作坊、手工艺制作、传统烹饪等形式，帮助社区成员，特别是年轻人，直接参与到这些非遗技艺的学习中。通过动手制作和亲身参与，学习者不仅能获得实践经验，还能在操作中领悟到其中的精髓。与传统课堂教学不同，社区教育强调知识的体验性，学习者通过自身的实践来检验和验证所学内容，使得非遗文化在这种体验式的学习中更加鲜活和具体。

社区教育的体验性表现在其鼓励学习者将所学知识应用于实际生活中。非遗传承并非抽象的文化符号，而是与人们日常生活息息相关的具体实践。例如，传统的手工艺品制作不仅仅是艺术创作，还是文化认同的表达，是与社区日常生活紧密相连的文化实践。在社区教育中，学习者在制作传统陶瓷、编织、刺绣等过程中，不仅学习到了传统技艺，还体验到了这些技艺背后的文化意义和社会功能。通过这种深度的参与和实践，学习者能够真正理解，传承非遗的意义不仅在于对历史遗产的保护，更在于对活态文化的传承与创新。非遗的学习过程从来不是单纯的知识灌输，而是与个人的亲身体验、创造和表达密切相关。

非遗的传承不仅仅是对传统技艺的模仿，它还是对文化精神和生活方式的认同。通过实践和体验，学习者能够更好地理解非遗所承载的历史记忆、文化传统与社会功能。许多非遗项目的传承涉及复杂的文化符号与情感表达，只有通过身临其境的体验，才能真正感受到其中的深层意义。例如，在传统的节庆活动中，参与者不仅仅是观看或参与表演，更重要的是在亲身的互动中，感受到节庆活动背后的文化氛围与社会意义。这种情感的共鸣与文化的认同感，是通过传统教育方式难以获得的，而社区教育以其实践性和体验性，为学习者提供了与非遗文化直接对话的机会。

社区教育中的实践性和体验性为非遗的活态传承提供了持久的动力。非遗的传承不仅仅是过去传统的再现，更是创新性发展的过程。在社区教育的环境下，学习者不仅要继承传统技艺，还需要根据现代社会的需求对这些技艺进行创新性发展。社区教育通过提供开放的学习平台，让学习者在实践中发现问题、提出新思路，并尝试将传统技艺与当代审美、生活方式相结合。这种创新性不仅让非遗在现代社会中焕发新的生命力，也使得非遗的传承不再是静态的、封闭的，而是一个充满活力、不断发展的动态过程。

与此同时，社区教育通过实践和体验活动增强了学习者的文化自信和认同感。在全球化和现代化的背景下，很多传统文化面临着被边缘化或遗忘的风险，而非遗作为文化自信的重要载体，在社区教育中重新获得了关注和尊重。通过组织和参与非遗相关的实践活动，社区成员，特别是年轻一代，能够更加深入地了解和认同自身的传统文化。非遗的学习不仅是一种技能的传授，更是一种文化身份的确认。通过在工作坊、体验活动等形式中实践非遗，学习者能够深刻理解这些文化符号背后的历史脉络和精神内涵，增强他们对本民族文化的认同感和自豪感。这种文化自信不仅仅是对非遗技艺的认同，更是对传统文化价值的传承和弘扬。

社区教育的实践性和体验性为非遗的传承提供了丰富的场域和载体，使得非遗不仅仅是历史的遗存，更是与现代生活紧密联系的活态文化。通过实践，学习者在体悟中获得非遗技艺的真正内涵，理解非遗背后的文化精神和社会功能。在这一过程中，非遗在不断发展和创新中焕发出新的生命力。社区教育通过注重实践和体验，成功地将非遗的传承与现代社会需求相结合，确保了非遗文化的延续和创新。这种结合传统与现代、传承与创新的教育模式，为非遗的保护和传承提供了新的思路和动力，也为当代社会注入了更多文化自信和活力。

三、社区教育的灵活性与非遗传承的地方性

社区教育以其灵活性和广泛性，在非遗传承中发挥了至关重要的作用。其独特的优势在于能够根据不同社区的具体需求、地域特色及社会结构进行个性化的调整，使得非遗的传承不仅能与当地的历史文化紧密结合，还能在尊重传统的基础上进行适应性创新。这种灵活性体现在教学内容、方法及形式的多样性上，可以根据不同社区的资源、居民的文化背景及兴趣进行定制化设计。这种方式有效地将非遗与社区发展需求相融合，使得非遗的传承不再局限于形式上的复制，而是成为具有地方特色、能够回应时代需求的活态文化表现。

非遗的传承往往依赖于特定的地域背景和文化积淀，具有鲜明的地方性特点。从民间艺术、手工技艺到传统节庆、饮食文化，每一种非遗元素都深深植根于特定地区的历史土壤中。在这一过程中，社区教育的灵活性为非遗的地方性传承提供了强有力的支持。通过社区教育，非遗不仅得以保持其历史和文化价值，还能在具体的地域语境中得到传递和创新。不同社区的非遗文化在承载共同的文化特质的同时，又展现出独有的地方特色。无论是通过手工艺的技艺传授，还是通过传统节庆活动的组织，社区教育都能为居民提供直接参与、传承和创新非遗的机会，从而避免了非遗的"泛化"与"同质化"。这种地方性不仅体现在具体的文化内容上，更体现在教育方式和传播渠道的选择上，确保了非遗得以在符合地方需求和文化认同的框架下传承与创新。

第八章　非遗传承在社区教育中的推广

社区教育通过地方化的教学方式，促进了非遗的多元化表达和创新性传承。每一个社区都拥有独特的历史背景和文化脉络，非遗作为地方文化的重要组成部分，不同地域的非遗形式展现出不同的生命力与表现力。社区教育通过注重地方特色，将非遗与当地居民的日常生活紧密结合，逐步让居民在参与非遗传承过程中形成对地方文化的认同与自信。尤其是在现代社会文化多元化和全球化背景下，许多地方文化面临着遗失和淡化的风险，地方特色的非遗教育恰恰为这些文化提供了有效的保护屏障。通过社区教育的途径，非遗不仅能在地域范围内传递，也为其他地区和社会提供了有价值的文化样本，进一步突出了地方文化的独特性，加强了其凝聚力。

非遗的传承不仅仅是对传统技艺的保留，更是在当代语境下对其文化价值的再创造。社区教育通过与当地经济、社会发展需求相结合，推动非遗的活态传承，确保其在现代社会中的应用与创新。这种结合地方性需求的灵活性，能够帮助非遗在适应现代社会发展的同时，避免陷入"博物馆化"的困境，使其仍然保持活力和实用性。在一些地区，传统手工艺和技艺不仅是文化遗产的体现，也在现代社会中找到新的生存方式。通过社区教育的推广，这些非遗项目能够更好地与当地的经济产业、旅游业以及社会活动相融合，从而实现其文化和经济双重价值的提升。

社区教育为非遗传承提供了一个开放、包容的空间，允许不同年龄段和社会阶层的居民参与其中，形成全社会共同参与、共同推动的非遗保护与传承网络。这种开放性与包容性使得非遗的传承不再局限于某一特定群体或年龄段人群，而是能够跨越代际、跨越阶层地得到普及与传承。通过这种全员参与的教育模式，非遗不仅能得到更广泛的传播，也能形成强大的社会共识，使得地方文化更加深入人心。居民的文化认同感和自豪感在这一过程中得到了极大的提升，这为非遗的长期传承打下了坚实的基础。通过社区教育，非遗不再仅仅是一项技艺或文化形式的传递，它逐渐成为一种文化认同的象征，成为全体社区成员共同守护和共享的文化资产。

非遗的地方性特征不仅体现在文化内容上，还体现在其教育方法和传播形式上。社区教育的灵活性能够根据不同地区的文化特征和居民的需求，调整教学的重点和方式,使得非遗的教学内容能够更符合当地的实际情况。这种灵活性使得非遗的传承不局限于某一种模式或形式,而是能够在各种社会背景下找到适宜的传播方式。这种灵活的教育方式不仅能帮助居民更好地理解和掌握非遗技艺,还能增强他们的文化自信,促使地方文化得到更好的传承和弘扬。

社区教育的灵活性使其在非遗保护与传承中的作用变得更加多元和丰富。与传统的教育模式相比,社区教育更注重实际操作和互动式学习,通过体验式的教育形式,让参与者不仅在知识层面获得了解,更能够在实际操作中领略非遗技艺的精髓。这种实践与体验相结合的方式,能够帮助参与者更好地掌握非遗技艺,同时也能让他们更深刻地感受到非遗文化的独特魅力。通过这种互动式学习,非遗技艺和文化不仅得以保留,还能在新的文化语境中得到创新和升华。

第二节 非遗在社区教育中的实施策略

一、确定符合本地特色的非遗教育内容

在实施非遗教育时,确定符合本地特色的教育内容至关重要,这不仅是非遗保护的基础工作,也是在传承地方文化的过程中实现教育与文化的深度融合。每个地区的非遗项目都有其独特的文化内涵和历史背景,这些项目承载着不同地域的传统风俗、技艺、民俗和精神价值。为了使非遗教育在地方社区内真正落地并产生积极影响,教育内容必须根据本地的非遗资源特点进行精准设计。这种因地制宜的策略不仅有助于增强教育内容的相关性与实用性,也能更好地激发社区居民的参与热情和文化认同感。

地方特色是非遗教育内容设计的核心。从地方传统文化的角度出发,不同地区的非遗项目所反映的文化元素差异巨大。某些地方的非遗项目可能以传统手工艺为主,如编织、染布、刺绣等技艺,而其他地方则可能以口头传统和表演艺术为主,如民间故事、舞蹈或地方戏曲等。因此,教育内容的设计需要考虑到各地区的文化差异,既要尊重和保存这些传统,也要在教育过程中实现现代社会需求与传统文化的有机结合。

为了确定符合本地特色的非遗教育内容,必须开展详细的地方非遗资源调研和需求分析。通过实地走访、文献整理、专家咨询等手段,深入了解每个地区拥有的非遗资源,识别出具有代表性和较高保护价值的非遗项目。除了挖掘和保护传统文化之外,调研还需要关注这些非遗项目在当前社会背景下的生存现状与文化传承需求。通过调研可以发现哪些非遗项目在当地社区中有着深厚的历史渊源和广泛的群众基础,哪些项目在现代社会中逐渐消失或面临传承断层,这些信息能够为教育内容的确定提供重要参考。

在明确本地非遗资源的基础上,需要将其有效地融入非遗教育内容中。这一过程中,教育者应根据不同群体的文化背景、认知需求和接受能力设计教育

形式与方法。例如，对于年长的居民，可以侧重于通过口述历史、互动体验等方式传承传统技艺；而对于年轻一代，则可以通过现代数字化手段，如 VR、AR 等技术展示非遗项目的独特魅力，使传统文化以更具吸引力的方式呈现出来。无论形式如何变化，教育内容的核心始终应围绕如何在现代社会中传承和发扬本地非遗项目展开。

为了保证非遗教育的本地化和实用性，教育内容的设计还需要充分考虑社区居民的参与度和认同感。非遗项目的传承不仅是文化的再现，更是社区成员文化自觉的体现。在教育过程中，需通过互动和参与的方式激发居民的积极性，使他们真正成为非遗传承的参与者和受益者。通过组织本地居民参与非遗项目的传承与展示活动，激发他们对本地文化的认同和自豪感，进而形成社区内强大的文化凝聚力。尤其是在一些传统手工艺、节庆习俗或民间技艺的教育中，居民不仅是受教者，还可以通过传授和演绎传统文化参与到非遗保护与传承的工作中。这种双向互动的方式，能够促进传统文化的活态传承，同时增强社区成员之间的文化认同和社会归属感。

本地化的非遗教育内容设计应具有可持续性，确保非遗教育能够在长期内发挥作用。非遗传承的教育内容不仅要适应当前的社会需求，还应根据时代的变化不断调整和优化。这就要求教育者和文化工作者具备敏锐的文化洞察力，能够捕捉到非遗项目在社会发展中的新变化、新挑战和新机遇，及时对教育内容进行修订与更新。例如，随着城市化进程的加速，一些地方传统文化可能会逐步被边缘化或遗忘，如何通过非遗教育将这些逐渐消失的文化遗产重新带回社区生活中，是当前非遗教育面临的重要课题。因此，非遗教育内容的设计不仅要具备历史传承性，还要与当代社会需求紧密结合，确保传统文化能够在现代社会中焕发新的生命力。

二、组织多样化的非遗教育活动

非遗的教育不仅是文化传承的重要途径，也是增强社区凝聚力和文化自信的有效手段。对于社区而言，组织多样化的非遗教育活动具有重要的现实意义，它不仅能使居民了解和认知非遗文化的价值，还能通过多维度的参与激发他们的文化认同感和传承责任感。在组织这些活动时，需要注重形式的多样性与互动性，使非遗教育在社区中的推广和实施既富有理论性，又具备实践性，从而形成一种生动活泼、深入人心的文化氛围。

在传统的非遗教育活动中，理论讲解通常占据主导地位，这种模式虽然能够系统地传递非遗的基础知识，但容易让参与者产生距离感。因此，单纯的讲座或课堂讲解方式并不充分，应该结合实际的体验活动，让参与者通过亲身感知来深化对非遗文化的理解和认同。实践体验活动是非遗教育中的重要组成部分，它能够让参与者在实际操作中感受到非遗技艺的精妙与独特，从而更深刻地理解和珍惜这些文化遗产。通过手工艺制作、传统表演、民间艺术展示等形式，居民不仅能获得技能上的提升，更能在过程中体会到与传统文化的密切联系。

组织社区居民参与到非遗项目的实际操作中，是非遗教育的重要方式之一。通过设置工作坊和实践课堂，居民可以在导师的指导下，学习传统技艺，体验手工艺制作的流程和技巧。例如，某些传统的民间艺术如刺绣、木工、陶艺等，通常具有复杂的技艺要求和深厚的文化内涵。通过与这些艺术形式的接触，居民不仅能掌握传统工艺的技巧，还能深入了解这些技艺背后的历史与文化价值。在这一过程中，居民不仅是文化的接受者，也是文化的创造者，他们通过亲手制作，将传统技艺与现代生活相融合，赋予了这些技艺新的生命和意义。

除了手工艺制作，传统表演艺术的参与也是非遗教育的重要组成部分。社区可以组织以传统戏剧、舞蹈、音乐等为内容的艺术活动，让居民参与到这些表演形式中，体验表演的艺术魅力和文化意义。通过定期的排练、演出和交流，居民能够更好地理解和掌握这些传统表演艺术的技巧和表现方式。在这个过程中，非遗不仅仅是知识的传授和技艺的学习，更是社区文化的凝聚与传承。参与传统表演艺术活动的居民，不仅能提升自己的艺术素养，还能在文化的共鸣中增强对本土文化的认同感和自豪感。

节庆活动作为非遗教育的一部分，也具有重要的文化价值和教育意义。节庆活动不仅仅是一个集体庆祝的时刻，更是一个展示传统文化、传承历史记忆的特殊场合。社区可以通过组织传统节日庆祝活动、民俗表演、手工艺集市等，邀请居民参与其中，亲身体验节庆活动的传统形式和内容。通过这种形式的活动，居民可以更加深入地了解传统节日的历史渊源、习俗礼仪以及背后的文化象征。在节庆活动中，非遗不仅仅是文化的一部分，它更成为一种生活方式的体现，让居民在愉悦和共享的氛围中感受到文化的温度和深度。

除了传统的手工艺和表演艺术，非遗教育还可以通过与社区内其他文化活动的结合，形成更加丰富多彩的教育模式。许多社区本身就具备一定的文化活动资源，如历史文化讲座、艺术展览、农事体验等，通过将非遗教育融入这些活动中，可以实现资源的共享与互补，提升教育的效果和参与度。与这些活动的结合，不仅能使非遗教育形式更加生动和多元化，还能增强社区文化活动的内涵和吸引力。例如，在社区举办的艺术展览中，结合非遗元素进行展示和互动，既能提升展览的文化价值，也能让观众通过实际的触摸与体验，感受到非遗的魅力与传承非遗的深远意义。

这种多样化的非遗教育活动形式，既可以激发居民的学习兴趣，也能帮助他们更全面地了解和融入传统文化。在活动的设计与实施过程中，需要注重教育的互动性和参与感，使非遗教育不仅是文化知识的传递，更是文化情感和社会责任感的培养。通过集体学习和实践，非遗教育可以帮助居民建立与传统文化的深厚联系，激发他们对非遗保护的自觉意识和责任感。

对于非遗传承而言，教育的目标不仅仅是传授知识和技艺，更是要让文化的传承成为一种生活方式、一种日常实践。非遗教育活动的多样化与互动性，不仅能增强居民的参与感和认同感，还能通过实践的形式，让文化的传承在每个人的日常生活中得以体现。通过这种方式，非遗文化得以在社区中生根发芽，逐渐发展成社区文化的核心和特色，最终形成自觉、持续的非遗保护与传承氛围。

三、整合资源，推动跨界合作

在推动非遗教育的过程中，整合各方资源和推动跨界合作具有至关重要的意义。社区教育作为一种基础性的教育模式，其实施需要广泛的社会力量参与和支持。非遗教育作为社区教育的重要组成部分，其实施效果直接受制于资源的配置与协调。为了提高非遗教育的效果，不仅需要整合政府、文化机构、学校、社会团体、非遗传承人等各方面的资源，而且应通过跨界合作的方式促进多方优势的互补与共同发展。在这一过程中，政府、文化机构、学校及非遗传承人等各方的协同作用，将决定非遗教育的质量和可持续性。

政府部门在非遗教育中的作用尤为重要。作为政策制定和资源配置的主导力量，政府能够通过制定相关政策，提供资金支持和制度保障，确保非遗教育的顺利进行。政府的政策支持不仅体现在资金的投入上，还包括通过政策激励措施、法律法规等方式推动社会各界对非遗保护和传承的关注。政府通过发挥主导作用，可以为非遗教育项目的实施提供制度性保障，确保非遗教育能够在一个稳定和可持续的环境中运行。此外，政府还可以通过与其他社会力量的协调，促进跨界合作，形成合力，推动非遗教育的广泛普及和深入发展。

文化机构在非遗教育中的角色不可忽视。作为非遗文化的重要承载体，文化机构往往拥有丰富的非遗资源和专业的研究力量，能够为非遗教育提供高质量的教学内容和方法。这些机构不仅在理论研究和资源保护方面具备深厚的积累，而且在传承和传播非遗方面具有丰富的经验。在非遗教育的实施过程中，文化机构能够为教育工作者提供专业培训，帮助他们更好地理解和传递非遗的价值与意义。此外，文化机构还可以通过组织展览、活动和讲座等方式，将非遗教育带入社区，增强公众对非遗的认知和参与感。文化机构与政府、学校等其他社会组织的合作，可以有效推动非遗教育资源的共享与整合。

学校在非遗教育中的功能则体现在其教育体系和教学资源的优势上。作为基础教育的重要组成部分，学校具备一定的教育基础设施、师资力量以及丰富的教育经验，可以为非遗教育提供一个稳固的教育平台。学校的教育工作者不仅具备专业的教育能力，而且能够根据不同年龄层次的学生需求，设计适合的非遗课程和活动。通过课堂教学和课外活动，学校能够为学生提供系统的非遗知识，帮助学生理解非遗的文化价值及其历史背景。学校还能通过与社区合作，组织非遗相关的实践活动，增强学生的亲身体验感，从而提高非遗教育的实际效果。学校与政府、文化机构等的合作，可以使非遗教育更加多元化和系统化。

非遗传承人在非遗教育中的作用至关重要。作为非遗文化的直接传承者和实践者，非遗传承人通过手把手的传授方式，将非遗技艺和文化传递给下一代。非遗传承人不仅是非遗技艺的保持者，也是非遗文化精髓的传承者，他们的亲身参与和示范对于非遗教育的实施至关重要。非遗教育的核心价值在于实践，通过非遗传承人对传统技艺的生动演绎和教学，学生和社区成员能够更直观地感受到非遗文化的魅力和生命力。非遗传承人往往具有丰富的经验和高超的技艺，他们的参与不仅能提升非遗教育的实用性，还能使非遗教育更加贴近实际，促进非遗文化在年轻一代中的传承。

非遗教育的有效实施离不开各方的紧密合作。政府、文化机构、学校和非遗传承人各自具有独特的资源和优势，单一主体的力量往往难以应对非遗教育中的复杂挑战。通过跨界合作，各方能够发挥各自的优势，形成合力。政府能够通过政策支持和资金保障，为非遗教育提供稳定的运行环境；文化机构则通过丰富的非遗资源和专业知识，为教育内容和形式的创新提供保障；学校则为非遗教育的普及提供广泛的受众群体和稳固的教育平台；非遗传承人则通过亲身示范和实践教学，将非遗文化与教育实际相结合，使教育过程更加生动和富有实践性。通过这样的跨界合作，不仅可以有效提升非遗教育的质量，还能扩大非遗教育的影响力和传播范围。

为了实现资源的最大化利用，各方应当明确自身在非遗教育中的角色与任务，推动各方资源的有效整合。在实践中，跨界合作的实现需要通过建立长期稳定的合作机制，确保各方能够在平等、互利的基础上开展合作。政府可以通过政策引导，搭建平台，为各方合作提供必要的支持和保障。文化机构可以在各方合作中扮演信息交流和资源整合的中介角色，推动非遗教育资源的共享。学校和非遗传承人则需要通过合作实践，创新非遗教育的形式和内容，以满足不同社区群体的需求。多方共同努力，可以实现非遗教育的广泛普及和深入推广，为非遗的传承与发展注入持久动力。

非遗教育的实施不仅是对传统文化的保护和传承，更是对文化自信的塑造和社会责任的担当。整合各方资源，推动跨界合作，能够确保非遗教育在各个层面和领域的有效落实，进而促进非遗文化的长期传承与发展。各方的共同努力，将为未来非遗教育的创新与深化提供源源不断的动力，推动非遗文化在新时代背景下焕发新的生机与活力。

第三节 非遗社区教育的效果评估与改进

一、建立全面的评估体系

非遗的社区教育在全球范围内得到越来越广泛的关注。随着非遗保护与传承的需求不断增大,如何评估社区教育的实际效果,已成为当前文化教育领域亟待解决的重要课题。建立一套全面、科学、有效的评估体系,对于确保非遗教育活动的质量与可持续发展至关重要。有效的评估体系不仅能帮助教育者理解其教学活动的实际成效,还能为未来的改进和优化提供数据支持与理论依据。

在评估非遗社区教育效果时,传统的知识掌握度评估方法仅能反映学习者对非遗内容的基本理解,而对非遗文化的认同感、情感参与及社区层面的深层影响则未能涵盖。因此,建立一个多维度的评估体系必须从多个方面进行全面的分析。评估体系应当关注学习者对非遗文化的认同程度。非遗教育不仅仅是对某种技艺的传授,更重要的是培养学习者对本土文化的认同与尊重。学习者是否能够将非遗融入自己的日常生活,是否能在日常交流中体现对非遗的理解与尊重,是评估教育成效的一个重要指标。文化认同感的提升,往往伴随着情感的投入,学习者在参与非遗教育过程中,是否能够与非遗文化产生情感共鸣,成为衡量教育效果的重要标准。

评估体系应当包括学习者的参与度。这一维度不仅关乎学习者在课堂上的参与积极性,还涉及他们在非遗活动中投入的时间与精力。例如,是否主动参与到非遗技艺的实践中,是否自发组织或参与非遗相关的社区活动,这些都能够直接反映出非遗教育的吸引力与实际影响力。非遗教育活动的参与度能够间接反映出教育者在传递非遗文化时所采用的教学方式和方法的有效性。参与度高,通常意味着学习者在非遗文化学习过程中获得了实际的体验感与满足感,进一步推动了文化认同感的提升。

评估体系应当关注教育活动对社区文化氛围的影响。非遗教育不仅仅是对个体的教育，它还在潜移默化中塑造着社区文化的整体面貌。社区作为非遗教育活动的主要承载体，教育活动的开展与其文化氛围的营造紧密相连。教育活动能否有效激发社区成员的文化自觉，能否通过非遗教育增强社区的凝聚力，是评估体系中的一个重要内容。健康、富有活力的社区文化氛围能够促进非遗文化的传承与创新，而这种氛围的营造往往需要时间的积淀与参与者的共同努力。

除了对学习者个体和社区文化氛围的评估外，评估体系还应当考虑到非遗教育活动对非遗传承和保护的实际贡献。这一维度不仅关乎非遗技艺的传承效果，还涉及非遗项目在现代社会中的可持续性发展。例如，学习者是否能够将所学到的技艺和知识传承给下一代，是否有助于当地非遗项目的创新与延续，这些都应当纳入评估的范畴。通过这一维度的评估，可以全面了解非遗教育活动是否在实际操作中对非遗的保护产生了积极的影响，并为改进教育活动提供宝贵的反馈。非遗教育的最终目标，不仅是传承优秀传统，更是通过创新和适应现代社会需求的方式，确保非遗文化在新时代背景下的生命力。

为确保评估体系的全面性与科学性，评估方法的选择至关重要。传统的问卷调查和座谈会形式，能够从定量与定性两个方面对学习者的反馈进行收集，从而获得对教育活动效果的直观了解。然而，这些方法往往存在一定的局限性，例如问卷调查可能未能充分揭示学习者的内心真实感受，座谈会则可能由于讨论环境和人群的差异，导致结果的主观性较强。因此，评估体系应当结合多种方法，以期获得更为全面和客观的评价。例如，通过观察记录，教师或评估人员可以直接记录学习者在非遗教育活动中的具体表现，如他们参与制作、演绎或讨论的情况，这一方法能够提供更多的第一手资料，帮助教育者更全面地理解教育活动的实际效果。

评估体系还应关注数据分析与反馈机制的有效性。评估结果的有效利用能够推动非遗教育的持续改进。每次评估结束后，及时整理分析反馈，形成具体的改进措施，是提高非遗教育质量的关键。教育者应当根据评估结果，了解哪些教育环节需要改进，哪些教育策略更能够激发学习者的参与热情，哪些方法更能够促进非遗文化的认同和传承。通过这种持续的反馈与调整机制，非遗教育活动能够在不断反思与实践中实现自我优化。

建立一个全面的非遗社区教育效果评估体系，不仅能提供教育活动成效的反馈，更能够为非遗教育的长期发展提供动力与保障。通过多维度的评估体系，教育者能够更清楚地了解非遗教育的实际效果，及时发现问题并进行调整，从而确保非遗文化在社区教育中的健康传承与发展。这一评估体系的建立，不仅是对当前非遗教育实践的总结，也是对未来非遗保护与传承工作的前瞻性布局。

二、根据评估结果优化教学内容与方式

在进行非遗传承的社区教育过程中，效果评估不仅是对教学活动进行监控的工具，更是推动教育内容与方法持续改进的重要依据。社区教育作为一种面向不同群体的文化传播方式，其灵活性和适应性是其能够广泛覆盖并满足多样化需求的关键。因此，在教学内容和教学方式的设计与实施过程中，必须始终坚持以评估为导向，根据评估结果对教育过程进行及时的调整与优化。这种调整与优化不仅有助于提升教育质量，也能确保非遗传承教育能够真正融入社区文化，满足居民的实际需求，促进文化的可持续发展。

社区教育的核心在于为广大居民提供一个互动性强、灵活性高的学习平台，使他们在日常生活中便能够接触并了解本土文化。每个社区居民的兴趣爱好、文化背景、接受能力等方面存在较大差异，因此，教育内容的设定必须从多元化和个性化出发，才能真正激发居民的学习兴趣并提高他们的参与度。当教育活动开展一段时间后，通过对居民参与情况、学习效果、反馈意见等各方面的评估，可以有效识别出哪些内容得到了积极响应，哪些内容则未能引起居民的兴趣。这一过程的核心在于通过数据收集和分析，及时对教学内容进行针对性的调整，以确保教育活动的最大效益。

针对评估结果对教学内容进行优化的第一步，是重新审视哪些非遗项目在教学中受到居民的热烈欢迎，哪些项目未能引起预期的反响。如果评估显示某些非遗项目的受欢迎程度较低或其文化价值未能得到充分的理解，那么就需

要对这些项目的教学策略进行重新设计。这一过程中，可以通过增加内容的多样性或引入更具趣味性和互动性的教学方式来吸引居民的注意力。比如，如果某个传统工艺的学习内容过于枯燥，居民参与感较弱，则可以尝试通过现场演示、亲身体验等形式让居民更直观地感受到传统技艺的魅力，激发他们的学习兴趣。此外，可以将这些非遗项目与现代元素相结合，既保留其文化底蕴，又增强其时代感，使居民能在实际生活中感受到非遗文化的活力和意义。

教学方式的优化同样是评估结果调整的重点之一。评估过程中，若发现传统的讲授式教学模式未能有效调动居民的学习热情，则应考虑改进教学方式，增强互动性和参与性。互动式课堂、合作学习小组、情景模拟等方式能够在一定程度上打破传统课堂的局限，提升居民的主动参与意识。通过这种方式，不仅能增强学习的趣味性，还能使非遗项目的传播不再局限于知识的传授，而是通过体验式学习让居民在实践中感知非遗的深厚内涵。这种方式的实施有助于拉近居民与非遗项目之间的距离，增强他们对非遗的情感认同，从而提高传承的效果。

除了一对一的教学模式外，还可以通过集体学习、社区文化活动等形式进一步拓宽非遗教育的传播渠道。在评估过程中发现某些居民的参与度较低时，可以考虑通过组织相关的文化活动或节庆活动来提高居民的参与度。例如，通过组织非遗技艺的展示、非遗文化节等活动，不仅可以让更多居民直接接触和体验非遗文化，还能通过活动激发居民对非遗保护的自觉性和积极性。这类活动的开展可以成为非遗教育与社区文化紧密结合的重要纽带，也为居民提供了一个共同学习和交流的机会，使他们在集体氛围中分享经验、学习技巧、共同成长，从而推动非遗文化在社区中的传播与发扬。

教学内容和方式的优化还需考虑到非遗传承在不同人群中的传播方式。社区教育通常面向的是各个年龄层的居民，尤其是在非遗的教学过程中，如何针对不同年龄段、不同教育背景的居民设计出合理的教学内容，是一个非常重要的课题。在评估过程中，如果发现某些人群未能积极参与或效果不佳，就应通过调整内容的呈现方式、语言表达方式以及教学手段等方面进行改善。面对老年群体，可以通过将内容设计得更为简洁易懂、情感化来提升其接受度，而面对年轻群体，可以引入更多现代化的教学工具，如多媒体技术或虚拟现实等，使非遗内容呈现得更加生动有趣。这种因材施教的方式能够帮助不同背景的居民更好地理解和接纳非遗文化，提高其传承的效果。

通过对评估结果的反思与分析，教师能够从居民的学习反馈中提取出有价值的信息，进一步发现教学中存在的不足，并据此进行优化。优化后的教学内容与方式，不仅能提升居民的参与感和满意度，还能进一步加强非遗文化的传播与保护工作。社区教育作为一种灵活的文化传播途径，具备高度的可调整性和适应性。在非遗传承的过程中，教育者应当不断关注居民的需求变化与学习反馈，及时调整教学策略，真正实现非遗传承与社区文化的深度融合。在这一过程中，效果评估不仅为教育者提供了改进教学内容和方式的依据，更为非遗传承的可持续发展奠定了坚实的基础。

三、强化社区居民的反馈机制

在非遗传承的过程中，社区教育不仅是文化传播的重要环节，也是培养居民文化认同和增强社区凝聚力的关键途径。与传统的评估体系不同，社区居民作为非遗教育活动的直接受益者，他们的反馈不仅有助于发现教育活动中的不足之处，更能够确保教育内容和形式符合社区的文化特点和实际需求。因此，强化社区居民的反馈机制，建立一个有效的、双向互动的沟通平台，对于非遗教育的持续改进和优化具有深远意义。

社区居民对非遗教育的反馈机制，不应仅仅依赖于专家和教师的评估，更多的应关注居民自身的声音。居民对非遗教育的需求、兴趣以及对教育活动的实际感受，往往能揭示出最真实的教育效果。考虑到社区的多样性，居民的反馈不仅包括对教育内容的评价，还包括对教育形式、教育方法、文化活动的组织等多个层面的意见。这些反馈具有重要的现实意义，能够帮助教育组织者及时发现问题，调整教育策略，改进教学模式，确保非遗教育更贴近居民的实际需求，从而提高教育的针对性和有效性。

定期举办居民座谈会、问卷调查、意见箱等形式的反馈收集活动，是强化社区居民反馈机制的一种有效途径。这些形式可以为居民提供一个畅所欲言的平台，让他们充分表达对非遗教育的意见和建议。座谈会作为一种较为深入的交流形式，能够促进居民与非遗教育工作者之间的面对面沟通，帮助教育者了解居民对非遗内容的兴趣点、关注点以及他们希望改进的地方。通过这种互动，不仅能帮助教育工作者更好地理解居民的需求，还能增强居民对非遗教育的参与感和归属感，使他们感受到自己的意见和建议在教育活动中的价值，从而激发他们的参与热情。

除了座谈会，问卷调查也是一种收集居民反馈的常用方式。通过设计科学合理的问卷，可以收集到居民对非遗教育各方面的评价，包括教育内容的丰富性、教学方法的创新性、活动组织的规范性等。通过分析问卷调查结果，能够直观地发现教育活动中存在的问题，并为下一步改进提供科学依据。问卷调查具有匿名性，能够避免部分居民因顾虑而不敢提出真实意见，从而确保反馈的全面性和客观性。此外，传统的反馈方式还包括意见箱、电话咨询等，这些方式能够为居民提供便捷的反馈途径，保障了居民意见表达的广泛性。

强化反馈机制的另一个重要方面是通过反馈结果的及时反馈与回应来增强居民的参与感与归属感。社区居民的反馈应当得到充分的重视，相关部门应当将其作为改进非遗教育的重要依据，并对反馈内容做出积极回应。通过公开反馈结果和改进措施，不仅能提升居民的信任度，还能让他们看到自身意见的实际影响力。透明的反馈处理过程能够增强居民对非遗教育活动的认同感，提高其满意度，进一步促进居民与非遗教育工作者之间的良性互动。

反馈机制的强化还体现在对反馈信息的有效整合和分析。仅仅依赖单一的反馈形式可能无法全面反映居民的真实需求和期望。因此，除了座谈会和问卷调查等传统反馈方式，非遗教育工作者还需要充分利用大数据和信息化手段，分析居民的反馈信息，综合考虑各类意见和建议的合理性和可行性。通过数据化分析，可以更精确地掌握居民对非遗教育的兴趣趋势、文化需求以及教育活动中的热点问题，为教育内容和形式的改进提供更加科学的依据。

强化社区居民的反馈机制，不仅仅是为了提高非遗教育的质量，更是为了增强居民对非遗教育的参与感和归属感。在非遗教育的实施过程中，居民不仅是受教育者，更是文化传承的重要参与者。反馈机制的建设，能够让居民感受到他们在非遗教育中的重要地位,从而激发他们的文化自信和积极性。居民的反馈不局限于教育内容的评价,还包括对活动组织、文化氛围营造等方面的建议,这些反馈能够为非遗教育活动的全面提升提供全面的视角和丰富的资源。

非遗教育的最终目标是实现文化的传承与发扬,而这一目标的实现离不开居民的支持与参与。强化居民反馈机制,是提升非遗教育质量的必然选择,也是推动非遗文化在社区深度融合的必要途径。通过居民的反馈,非遗教育能够更加精准地对接社区的文化需求,进而推动非遗文化的创新性传承,使其更好地服务于现代社会的文化建设。

在推进非遗教育的过程中,构建一个有效的反馈机制,不仅能帮助教育者提高教育活动的针对性和实效性,还能增强社区居民对非遗教育的认同感和参与感。居民通过反馈了解非遗教育的进展和改进,也能增强他们对非遗保护和传承的责任感。通过这种互动式的反馈机制,非遗教育活动得以持续改进,最终实现非遗文化在社区中的深入传播与创新传承,从而为非遗保护事业的发展提供强有力的支持。

四、持续跟踪与调整改进策略

非遗的社区教育是一项涵盖广泛、影响深远的社会实践活动,它的实施与推进不仅涉及具体的文化项目或教育方式,还与社会环境、文化认知和技术进步密切相关。因此,非遗社区教育的有效开展并非一蹴而就,而是需要在长期实践中不断完善与提升。实现这一目标的关键之一是建立持续的跟踪与调整改进机制,以确保教育活动能够在变动的社会条件下保持其适应性和生命力。

持续的跟踪与改进是确保非遗教育取得长期有效成果的必要条件。在非遗的社区教育实施过程中,教育内容和方式的适宜性往往会受到多方面因素的影响。这些因素包括参与者的文化认知、社会环境的变化以及技术手段的不断更新等。随着时间的推移,这些因素可能会发生变化,原有的教育内容和方式可能不再适应新的需求和环境。因此,定期进行效果评估和跟踪调查,不仅可以帮助教育者掌握非遗教育的实际效果,还能揭示教育活动在实践过程中遇到的障碍和挑战,为后续的调整和改进提供数据支持和理论依据。

在社区教育的实施过程中，居民的文化认知和参与兴趣常常是非遗教育成功与否的关键因素之一。非遗教育的目标不仅是传授某种技艺或知识，更是通过文化的传承增强社区居民的文化认同感和自豪感，进而促进社会的文化凝聚力。然而，随着社会的进步和居民生活方式的变化，传统的文化认同方式可能不再具有同等的吸引力或感染力。社区居民的文化认知和兴趣也可能随之发生变化，这要求教育活动必须具备灵活性，以适应这些变化。只有通过持续的跟踪调查，才能及时发现教育活动中存在的差异化需求，并为非遗教育内容和方法的调整提供有效依据。通过适时调整非遗教育的内容，使其更符合居民的文化兴趣和认同需求，非遗教育才能在社区中实现更加广泛和深入的传播。

除了居民文化认知的变化，社会环境的不断发展也是非遗社区教育需要不断跟踪和调整的重要原因之一。随着社会经济的快速发展和全球化进程的加速，传统文化面临着越来越多的挑战与变革。在这一过程中，社区的文化环境也发生了深刻的变化。新的文化形态和教育方式层出不穷，传统的非遗项目和教育形式可能面临被忽视或被取代的风险。因此，非遗教育的内容和形式需要根据社会发展趋势进行动态调整，以确保其在不断变化的文化环境中仍然能够吸引居民并满足居民的需求。社会发展带来的新技术和新媒体的普及，也为非遗教育提供了更多创新的方式。通过技术手段的融入，非遗教育可以更加生动、互动性更强，并通过网络平台等新兴渠道扩大其传播范围，提高其影响力。

非遗社区教育的持续改进，不仅依赖于对教育效果的跟踪和评估，还需要建立有效的反馈机制。反馈机制可以通过多种形式收集社区居民对教育活动的意见和建议，确保非遗教育的实施更加贴近居民的实际需求。反馈机制的建立不仅有助于发现教育活动中的不足，也为制定针对性的改进措施提供了保障。社区居民的反馈意见可以帮助教育者了解哪些教育内容和形式最受欢迎，哪些方面存在难以克服的障碍，哪些调整可能会更有效地提升居民的参与感和认同感。通过这一过程，非遗教育可以在实践中不断完善，逐步走向成熟与成功。

持续改进的机制还需要确保教育活动具备灵活的调整能力。在具体操作层面，这意味着教育内容、方法以及教学时间等要素可能需要根据反馈和评估结果进行适时调整。例如，如果在某一阶段，非遗教育活动过于注重传统技艺的传授，而忽略了参与者的文化认同需求，教育者就可以根据评估结果调整课程内容，增加文化背景的讲解和传统与现代结合的方式。此外，教育活动的组织形式也可以根据居民的生活节奏和兴趣点进行灵活安排。例如，对于年轻群体，可以采用互动性强的线上教学形式；对于老年群体，则可以更多地通过面对面的文化活动和交流形式进行教育。这种灵活性是非遗教育在不断变化的社会环境中持续有效开展的基础。

在持续改进过程中，技术的支持也发挥着至关重要的作用。现代技术的进步，尤其是数字化技术和互联网的发展，为非遗教育提供了新的平台和方法。这些技术手段可以通过多媒体展示、虚拟现实、互动学习等方式，丰富教育内容，提高居民的参与度，激发其兴趣。例如，通过虚拟博物馆、在线课程和移动应用等形式，居民不仅可以随时随地了解非遗文化，还能在互动中加深对传统技艺的理解和认同。为了保证非遗教育的持续性和吸引力，教育内容和方式的调整需要与现代技术发展相适应，不断探索和利用新的技术手段，使非遗教育更具时代感和吸引力。

非遗社区教育的持续跟踪与调整改进机制，不仅是对当前教育活动进行反思和优化的过程，更是保证非遗教育在不断变化的社会环境中保持活力和有效性的关键。这一机制确保了非遗教育能够不断适应社会的需求变化，强化文化认同，促进社区居民的文化参与，从而使非遗在社区中得以更好地传承和发展。在全球化和现代化的背景下，非遗教育不仅要关注传统技艺的传承，更要通过创新教育方式，使传统文化与当代生活需求相结合，确保非遗文化在现代社会中焕发新的生命力。

第九章　非遗传承与青少年教育的融合

　　青少年教育作为国家未来发展和文化传承的重要基础，其与非遗的结合具有重要的战略意义。随着全球化进程的加速，传统文化的传承面临着日益严峻的挑战，尤其是在年轻一代中，非遗的认知和传承显得尤为迫切。青少年教育作为培养未来社会人才的关键环节，承载着培养文化认同感、传承传统技艺的历史责任。非遗作为文化遗产的活态表现，其在青少年教育中的融入不仅能提升青少年的文化素养，还能激发他们的创新思维，促进传统文化的现代化转型。通过对非遗的学习与实践，青少年可以更好地理解与传承本民族的传统艺术、手工技艺、节庆习俗等，这对于增强民族凝聚力、促进文化多样性的保护具有重要作用。本章将深入探讨青少年教育中的非遗融入方式，分析非遗教育如何帮助青少年形成正确的文化观念，并通过具体的案例展示非遗教育实施的效果与前景，从而为未来非遗传承注入源源不断的活力。

第一节　青少年教育与非遗传承的契合点

一、青少年教育的文化传承功能

青少年教育在当代社会中扮演着至关重要的角色，它不仅是知识传播和技能培养的途径，更是文化传承与认同的关键环节。随着全球化和现代化的进程加快，青少年面临着信息化、城市化及多元文化冲击的挑战，教育作为文化传递的载体，承担着塑造文化认同和文化自信的重要责任。在这一背景下，非遗作为传统文化的核心元素，成为青少年教育中不可或缺的一部分。非遗不仅是一个历史的符号，它还蕴含着丰富的民族智慧、社会价值和精神内涵，对于增强青少年的文化自觉、提升文化认同感、培养文化自信具有深远意义。

青少年是国家和民族未来的建设者和继承者，他们的文化认同和文化自信直接关系到国家文化的延续与发展。受教育阶段是青少年培养和塑造价值观、世界观的关键时期，而文化传承功能则是教育体系中不容忽视的一部分。非遗作为民族文化的重要组成部分，携带着历史的积淀和文化的基因。它通过代际传递，承载着先辈的智慧、情感和精神力量，这种独特的文化形式使青少年能够在与传统文化的接触中，探寻到民族的根脉，感知文化的深度。因此，非遗的学习和实践能够帮助青少年增强对本民族文化的认同感，进一步加深他们对历史、语言、艺术和民俗等方面的理解，形成更加丰富的文化认同体系。

通过对非遗的学习，青少年能够在具体的文化实践中体会到传统文化的魅力和独特性。非遗的内容丰富多样，从传统的手工艺、民间艺术到节庆活动、口头传承等，均体现了民族文化的独特价值。通过参与这些文化活动，青少年不仅能学习到非遗项目本身的技艺和知识，更重要的是，能够感知其中所蕴含的民族精神和集体记忆。这种情感上的认同，有助于青少年更好地理解自己的文化身份，进而增强对传统文化的自信。随着文化自信的增强，青少年在面对外来文化的冲击时，能够更加坚定地维护和传播自己的文化，形成独立的文化判断力。

第九章 非遗传承与青少年教育的融合

非遗的传承在青少年教育中的作用，不仅仅在于文化认同的建立，更在于全球化背景下对多样文化的尊重和认知的培养。当前，社会多元化的趋势日益明显，各种文化和价值观在全球范围内交流与碰撞。对于青少年来说，了解非遗不仅能形成对自己民族文化的认同，也能促进对其他文化形式的尊重和理解。非遗作为文化多样性的具体体现，能够帮助青少年形成宽广的视野和开放的心态，使其在全球化的语境中，能够坚持民族特色，同时尊重与包容他者文化。这种多元文化的认知，有助于青少年在未来的国际交往中，更加成熟和理性地处理文化间的差异与冲突。

非遗的教育功能不仅体现在对青少年文化认同感的塑造上，更体现在其能够为青少年提供实际的文化创意和发展空间。在现代社会，文化创意产业日益成为推动社会经济发展的重要力量，非遗所包含的传统技艺和艺术形式，经过创新与再创造，可以转化为具有市场价值的文化产品。对于青少年而言，学习非遗不仅是对传统文化的继承，也是对其创新价值的探索。在这一过程中，青少年能够通过学习传统技艺，培养创新思维和实践能力，进而为文化的创新性发展做出贡献。传统的非遗项目经过青少年的创新，能够在现代社会焕发新的生命力，成为传承与创新相结合的文化纽带。

非遗在青少年教育中的融入，也为青少年提供了更多的社会实践机会。在参与非遗传承活动的过程中，青少年不仅能学习到传统文化的具体内容，还能通过与老一辈传承人的互动，感受到文化传递的价值。这种跨代际的交流，不仅帮助青少年更好地理解传统文化，也让老一辈的文化智慧得以传承和发扬。在这种互动中，青少年不仅学习技艺，还在传承的过程中树立了责任感和使命感。非遗作为文化传承的桥梁，帮助不同代际的人群建立了共同的文化纽带，进一步促进了社会的文化和谐与持续发展。

在新时代的背景下，非遗的传承与青少年教育相结合，展现出了独特的价值和重要性。非遗的学习与实践为青少年提供了深厚的文化土壤，使其在文化认同与文化自信的建设过程中，不仅拥有扎实的文化基础，还能通过不断创新与探索，赋予传统文化新的生命力。通过非遗教育的推动，青少年不仅能继承民族的智慧，还能为文化的现代转型与创新贡献力量。在全球化与多元化的背景下，非遗的教育功能对于青少年的全面发展，尤其是对于文化自信的塑造，具有不可替代的作用。通过对非遗的学习和实践，青少年不仅能了解和认同自己的文化根源，还能在这个过程中，培养出一种全球视野和对多元文化的理解，从而在更广阔的舞台上自信地展示自我、交流文化、贡献智慧。

青少年教育不仅仅是知识的传递，更是文化传承与认同的过程。非遗作为传统文化的根基之一，承担着塑造青少年文化认同、增强文化自信的重要职能。通过教育系统中的非遗传承，青少年能够深化对本民族文化的认同，增强其历史感和责任感，从而为未来的文化发展和社会进步奠定坚实的基础。在全球化与多元文化交织的今天，非遗的传承为青少年提供了文化认同与创新发展的平台，是他们在新时代中追求文化自信的重要途径。

二、青少年认知发展的特点

青少年阶段是个体成长过程中至关重要的时期，是思想观念、人格特征、行为模式逐步成型的关键阶段。青少年对世界的认知呈现出独特的特点，这一阶段的认知发展不仅受到生理和心理因素的影响，更与社会文化环境息息相关。作为文化传承的承载体，青少年群体处于世界观、人生观、价值观初步形成和不断完善的过程中，因此他们对于文化的理解和接受具有重要意义。在这个时期，教育不仅仅是知识的传递，更是对思维方式、情感体验以及文化认同的塑造与培养。青少年尤其对新鲜事物充满好奇心和求知欲，他们渴望通过接触未知的领域扩展视野，理解复杂的文化内涵，这为非遗的教育与传承提供了巨大的潜力。

在认知发展的过程中，青少年对抽象的文化知识往往难以直接接受，而具体的、可感知的文化形式更容易被他们所认同和吸收。非遗作为一种直观、具体的文化表现形式，能够有效激发青少年的兴趣，并通过实践体验帮助他们更好地理解和认知传统文化的深刻内涵。通过亲身参与传统技艺的学习、体验节庆文化，青少年不仅能感知文化的多样性和独特性，还能在实践中逐渐形成对非遗的兴趣和尊重。在这种沉浸式的文化体验中，他们不仅仅是知识的接收者，更是文化传承的参与者。这种从感性到理性的认知过程，有助于他们逐步形成更加深刻的文化认同,并在与非遗文化的接触中增强对传统文化的理解与热爱。

这一时期,青少年在大脑的认知功能和感知能力上呈现出高度的可塑性,尤其在学习和接纳外部信息方面具有很强的适应性。他们能够在体验中快速吸收新知,转换为内化的文化记忆。非遗作为一种具备丰富历史背景和文化内涵的文化形式,对于青少年来说具有很强的吸引力。传统技艺如手工艺、民间艺术、音乐舞蹈等,通过具体的操作和参与,让青少年在动手和动脑的过程中,体验到传统文化的生动性和创造力。这种参与性和互动性为他们提供了深度认知文化的机会。通过实践,青少年能够将这些文化元素转化为个人的经验,从而在情感上产生共鸣,并形成较为稳定的文化认同感。这样的认知发展路径,不仅增强了青少年对传统文化的兴趣,还促进了他们在文化自信方面的建设,使其能够在全球化日益加剧的时代背景下,依然保有对本土文化的认同和热爱。

与此同时,青少年对文化的接受和理解往往是通过情感和价值观的认同来完成的。在这一过程中,非遗不仅是一个学习的对象,更是一种能够激发情感共鸣的文化资源。非遗的文化价值常常包含着深刻的人文精神和历史智慧,它所传达的不仅仅是技艺和形式,更是一种文化的态度和情感。青少年通过参与非遗相关活动,能够在潜移默化中受到文化传统的熏陶,并在心中种下文化自信的种子。文化自信是个体和群体对自身文化价值的认同与坚守,它不仅是文化传承的基础,也是文化创新的动力源泉。对于青少年来说,非遗的学习和体验帮助他们树立起对本土文化的自豪感,使他们在产生文化认同的过程中,形成积极的价值观和正确的文化态度。

青少年认知发展的特点还体现在他们在群体互动中的学习方式。青少年往往具有较强的社会性,他们不仅通过丰富个体的体验进行学习,还通过与同龄人、老师、家庭成员等的互动不断拓宽视野。非遗的传承与教育在这一过程中,能够通过集体活动、文化节庆等形式,增强青少年的集体意识和社会责任感。通过在群体中共同参与非遗项目,青少年能够在分享与交流中互相启发,激发彼此的创造力与协作精神。这种集体化的文化认知,不仅促进了非遗的传播,还强化了青少年对传统文化价值的集体认同,使其更容易形成文化传承的责任感和使命感。青少年在这种群体互动中不仅学习传统文化,更通过互动交流加深了对其深层文化内涵的理解。

进一步来看,非遗的教育功能不仅体现在文化的传递上,更体现在通过实践活动培养青少年的综合素质上。通过对传统技艺的学习和对节庆文化的参与,青少年能够在动手操作中锻炼自己的创新能力和解决问题的能力。非遗传承的实践性活动,不仅注重技能的传授,还强调创新思维的激发。青少年在这些活动中可以自由表达个人的创意,既继承了传统文化的核心精神,又能在这一过程中加入个人的创新元素。这种创新与传统的结合,反映了文化的动态传承,促使青少年在保持文化本质的同时,也能推动文化的不断发展和演变。因此,非遗不仅是对历史的回望,更是面向未来的文化创新。

在这一过程中,教育工作者和非遗传承人扮演着至关重要的角色。教师不仅需要具备文化传承的知识,还需要了解青少年认知发展的特点,能够根据其身心发展和学习规律,设计出富有吸引力和教育意义的非遗教学活动。非遗教育的方式应注重激发青少年的自主学习兴趣,鼓励他们在探索和发现中增强对非遗的认同感,并通过不断的实践体验培养其文化自信。随着数字化技术的发展,非遗的传承途径也变得更加多元化,青少年通过数字平台和虚拟空间也能参与到非遗的学习中,这为传统文化的现代化传承提供了新的可能性。

三、现代教育中的文化认同危机

在全球化日益深入的今天,青少年的文化认同面临着前所未有的挑战。随着信息技术的飞速发展与现代教育的广泛普及,外来文化已经渗透到青少年生活的方方面面,尤其是西方文化和消费主义的影响,给传统文化的传承带来了极大的压力。全球化不仅加速了跨文化的交流与碰撞,也让青少年接触到多元的文化信息,导致他们在面对本土文化时,常常产生认同上的模糊与冲突。西方流行文化的普及和市场经济带来的消费主义思潮,逐渐改变了青少年对于文化认同的关注点,传统文化和价值观念显得越来越边缘化。这种背景下,非遗作为承载传统文化的独特符号和民族认同的根基,具有不可忽视的重要性,它需要在现代教育体系中占据更为重要的地位,成为青少年文化认同教育的一部分。

第九章　非遗传承与青少年教育的融合

非遗作为传统文化的活态表达，不仅仅是某种技艺或艺术形式的展示，更是与民族历史、地方习俗和文化认同紧密相连的文化符号。通过非遗的学习与传承，青少年能够深入理解和感知本土文化的独特性，从而在多元文化的对比中更加明确自己的文化身份。在全球化的背景下，青少年常常面临多重文化信息的冲击，传统文化的教育往往被视为过时或不合时宜，尤其在流行文化和现代娱乐产业的影响下，许多年轻人更容易被外来文化的娱乐性和消费性特点吸引，忽略了本土文化的深厚积淀。然而，非遗作为一种活跃的文化资源，通过创新的形式与现代生活相融合，使青少年能够感受到文化的延续性和创造性，从而激发他们对传统文化的认同与热爱。

现代教育体系中的文化认同教育，若能够有效融入非遗教育，便能够为青少年提供更加全面的文化视野和认知框架。在面对全球化文化冲击的同时，青少年不仅能学习到全球化文化的丰富性与多样性，更能在此基础上坚定对本土文化的理解和认同。通过对非遗的学习，青少年能够掌握传统技艺，了解历史和文化的内涵，并在亲身实践的过程中，感受到传统文化所蕴含的生命力与智慧。非遗教育不仅是知识的传授，更是文化认同感的塑造，它让青少年在全球化背景下，在文化多样性中找寻到自己的文化根脉，理解自己与祖先、社会、民族之间的联系。

非遗教育还能帮助青少年在面对外来文化时，培养出更加理性和具有批判性的文化态度。全球化进程中的文化互动和交流不可避免地带来文化冲突和价值观差异，但这一过程也为青少年提供了重新审视自己文化的契机。非遗教育通过引导青少年了解和认知自身文化的独特性，使其在接纳外来文化的同时，能够保持文化自觉和文化自信。这种文化自觉不仅仅是对外来文化的认知和接受，更重要的是，青少年能够在全球文化互动的背景下，坚定地认同和传承本土文化，进而形成强烈的文化归属感和民族自豪感。

文化认同的危机并非一成不变，而是可以通过教育的引导和文化的实践得到有效缓解与解决。在全球化时代，教育的功能不仅在于传授知识和技能，更在于塑造学生的文化认同和价值观。非遗教育是现代教育体系中不可或缺的一部分，它通过历史传承与现代创新的结合，为青少年提供了一种文化认同的建设路径。在全球文化大融合的背景下，非遗教育能够帮助青少年在文化认同的建构中保持对传统的尊重并投身于其传承，在多元文化的碰撞中找到属于自己的文化立场。

非遗教育对于青少年文化认同的塑造，不仅仅是通过理论的学习来实现，更需要通过实践活动的参与来实现。非遗技艺的传承往往具有较强的实践性和互动性，青少年在亲身体验传统手工艺、参与传统节庆活动或学习地方民俗时，能够更直观地感受到文化的魅力与生命力。这种实践性的非遗教育，不仅让青少年对文化有了更加深刻的感知，也帮助他们通过直接的体验与传承，形成对传统文化的情感认同。非遗教育的这种实践性特点，使其成为现代教育中一种有效的文化认同培养途径，能够帮助青少年在全球化的浪潮中，保持对本土文化的忠诚与热爱。

在文化认同的建构过程中，非遗教育的作用不限于对青少年个人文化认同的塑造，还能推动整个社会文化认同的重建和巩固。青少年作为社会未来的主力军，其文化认同的形成将直接影响到未来社会的文化面貌。通过非遗教育，能够有效地增强社会成员对传统文化的认同感，从而为文化的传承和创新提供广泛的社会支持。非遗教育的普及，不仅有助于青少年群体文化认同的塑造，还有助于全社会在面对全球化文化冲击时，形成共同的文化认知与文化自信，增强社会文化的凝聚力和向心力。

非遗教育在青少年文化认同塑造中的重要作用，最终将为文化的多样性保护与传承提供坚实的基础。青少年在接受非遗教育的过程中，不仅学会了传承与创新的技巧，更重要的是，他们在全球文化互动中逐步建立了对自己文化的认同与自信。非遗作为一种文化符号，它不仅代表着一个民族的历史与智慧，也承载着时代的责任与使命。在现代教育体系中融入非遗教育，能够有效地帮助青少年构建正确的文化认同，激发他们的文化自觉，培养他们对传统文化的热爱与尊重，最终为文化的繁荣与传承注入新的动力。

四、非遗传承与青少年教育的双重意义

非遗的传承与青少年教育的结合，展现了文化保护和青少年成长教育之间

的相互作用与互补性。这种融合不仅是非遗保护的新方式，更是青少年教育的新路径，具有独特的社会与文化价值。从历史文化的传承角度来看，非遗作为民族文化的重要组成部分，其所包含的传统技艺、艺术形式、节庆活动等，凝结着一个民族的智慧与情感。通过非遗教育，青少年不仅能接触到丰富的文化遗产，领略传统艺术的魅力，还能在学习过程中理解和认同自己文化的根基。非遗的传承，实际上是通过代际传递，使得文化的脉络不断延续，使文化自信在青少年心中扎根。随着社会环境的快速变化，非遗的传承面临着现代化进程带来的挑战，青少年作为未来社会的中坚力量，其对非遗的认知与继承，将影响非遗文化的生存与发展。因此，将非遗元素融入青少年教育，不仅有助于培养其文化认同感，还能增强民族凝聚力。

另一方面，青少年教育的核心目标是全面素质的提升和综合能力的培养。在这一过程中，非遗作为独特的教育资源，提供了丰富的学习素材和多样化的实践平台。通过非遗的学习，青少年能够提升艺术感知能力，培养审美情趣，同时激发创新思维。传统技艺、民间艺术、节庆文化等，都是青少年可以在体验和动手实践中获得知识和技能的领域。在这些活动中，青少年不是被动的知识接受者，而是文化创新的参与者。在制作传统手工艺品、演绎民间舞蹈或演唱传统歌曲的过程中，他们能够理解文化的传承机制，并在传统的框架内，进行新的创造与表达，从而为非遗的创新性传承提供了新的活力。这种文化创新不仅是技艺层面的延续，更是对传统文化的现代化转化。青少年在学习非遗的过程中，往往会对传统文化进行思考与重塑，尝试将这些传统元素与现代社会的需求、生活方式相结合，从而推动非遗文化的创新性发展。

在青少年教育中融入非遗元素，还能培养其团队合作精神和社会责任感。非遗教育通常需要团体合作来完成，例如舞蹈表演、手工艺制作等，这些活动能够激发青少年之间的协作精神，增强集体主义意识。在这些合作中，青少年不仅学会了如何与他人分工合作、共同解决问题，还在集体活动中体验到文化的共鸣与凝聚力。同时，非遗教育也是一种文化责任的教育，它让青少年意识到自己肩负的文化传承使命。在不断传承和创新的过程中，青少年不仅能增强对文化的认同，也能感受到作为文化守护者的责任，激发他们对民族传统和文化遗产保护的热情。通过这种教育，青少年能够更加自觉地参与到社会和文化活动中，形成对文化和社会的责任感与归属感。

非遗教育对于青少年个性发展的促进作用也不可忽视。青少年在接触和学习非遗过程中，可以根据个人兴趣与特长选择适合自己的传统艺术形式或技艺，逐步发掘和培养自己的艺术才能与兴趣爱好。这一过程不仅能让他们获得精神上的满足，还能够为他们个性的发展提供广阔的空间。无论是对传统音乐的学习，还是对传统手工艺的实践，都能够帮助青少年培养细致的观察力和强烈的创造力。非遗教育通过将文化学习与个人兴趣结合，促进了青少年身心的全面发展。这种教育模式强调个体的独立性与创造性，鼓励青少年在尊重传统的基础上，探索并创造属于自己的文化表达方式。通过非遗教育，青少年能够更好地理解自己所在文化体系的独特性和多样性，从而在全球化背景下培养出自信且具有国际视野的文化传承人。

非遗与青少年教育的结合，还对培养青少年的历史意识与文化自信起到了积极作用。传统文化作为历史的见证，不仅仅是过去的积淀，更是当下与未来的文化根基。在非遗教育中，青少年通过了解和学习历史，能够更加深刻地认识到文化的延续性和历史的连续性。通过非遗教育，青少年可以在感知历史的过程中建立起对文化的敬畏与认同，增强文化自信，树立起对本土文化和民族历史的深厚情感。这种历史意识和文化自信，不仅让青少年更加珍视自己的文化根基，也帮助他们在未来的社会生活中更加自信地面对多元文化的碰撞与融合。非遗教育通过帮助青少年树立正确的文化观念，强化其尊重多元文化、理解历史与发展的意识，从而为青少年适应快速变化的全球化世界提供了坚实的文化支撑。

非遗与青少年教育的融合不仅是对传统文化的保护与传承，更是对青少年个人素质、创新能力和社会责任感的全面培养。通过非遗教育，青少年不仅能学习到传统技艺和艺术，还能在参与的过程中锻炼自己的综合能力，提升团队协作能力与创造力。更重要的是，非遗教育在青少年中植入了文化认同和历史传承的意识，增强了他们对本民族文化的认同感与责任感。非遗与青少年教育的结合，对于文化的可持续发展和社会的长远进步，具有深远的意义。

第二节 非遗在青少年教育中的融入方式

一、通过课堂教学融入非遗内容

课堂教学是青少年接受教育的主要渠道,传统文化和非遗的传承需要通过这一途径得以有效实施。将非遗内容纳入课堂教学体系,不仅是对青少年文化教育的创新,更是推动文化多样性保护和传承的重要措施。非遗的教学内容远不限于传统技艺和知识的单纯传授,它通过课程设计,能够激发学生对本土文化的认知、兴趣与责任感,从而培养他们对非遗的深刻理解和传承意识。将非遗融入课堂教学,不仅能使青少年在知识学习过程中感知并理解其历史和文化价值,还能激发他们对传统艺术的热爱与尊重,形成文化自信,最终推动非遗的创新性传承。

在课堂教学中融入非遗内容的首要意义,在于能够让青少年在学习现代知识的同时,深刻领会传统文化的丰富内涵。青少年正处于世界观、人生观、价值观逐步成型的关键时期,他们的思维方式和文化认知逐步深入。课堂教学作为知识传递和思维培养的重要载体,必须注重对非遗文化的传递,使学生不仅理解非遗的历史和艺术价值,还能从文化自觉的高度,体会其在当代社会的意义。传统工艺、民间艺术、节庆习俗等非遗元素,通过学科课程的有机整合,可以展现其作为文化遗产的独特性和生命力,并带给学生一种与历史、传统亲密接触的感动和认同感。在课堂上,教师可以通过与学生的互动,引导他们去思考和探索非遗文化背后的故事、技艺与情感,使学生不仅能识别非遗元素,更能感知其在文化背景下的深层价值。

课程设计的创新性和多元化,使得非遗在课堂教学中的融入不再是单一的知识传授,而是更具互动性、探究性和实践性的文化体验。课堂中的非遗教育不限于对非遗项目的表面介绍,更通过教学策略的设计,使学生能够在动手操作、创作和体验的过程中深入了解传统技艺。例如,利用美术、音乐、历史等学科的教学内容，引导学生参与到传统手工艺品的制作、民俗文化的表达、传统乐器的演奏等实践活动中，不仅能增强学生对非遗文化的认同，也能通过这些生动的活动，帮助学生更好地理解传统技艺的技巧与内涵。在这种实践中，学生不仅仅是文化的接受者，更成为传统文化的传承者和参与者，进而形成自己对非遗文化的独立见解与思考。

通过跨学科的融合，将非遗融入不同学科的教学中，有助于拓宽青少年对非遗文化的认知视野，同时也让非遗内容不再局限于传统文化课程。历史学科能够为学生提供关于非遗项目产生、演变的历史背景，使学生对传统文化在历史长河中的地位和作用有更为深刻的认识；艺术学科则通过美术、音乐、戏剧等形式的表现，帮助学生感知非遗的艺术魅力与独特表现形式；语文和语言学科则通过诗词、故事、方言等方式，帮助学生了解非遗的文学价值和语言传承的内涵。通过这种跨学科的方式，非遗教育不仅能使学生增加对传统文化的知识储备，还能促使他们在不同学科间建立起对非遗的综合认知，形成跨领域的知识体系。

课堂教学中的非遗教育，还能通过情感的共鸣与文化认同的培养，激发学生对本土文化的自豪感和责任感。传统文化作为一种集体记忆，承载着社会的历史、信仰、习俗与智慧。当学生在课堂上了解并接触到这些非遗项目时，他们不仅在知识层面得到了启发，更多的是在情感层面获得了一种与祖先和传统的精神连接。通过非遗的教学，学生能够体会到传统文化的独特性与价值，这种情感的共鸣，有助于他们增强文化自信，成为积极参与非遗传承的力量。课堂教学通过引导学生探索非遗的内涵，使他们认识到传承非遗不仅是对过去的继承，更是对未来文化发展的责任。学生在课堂中的学习体验，将成为他们未来文化行动的根基和动力。

非遗教育的目标，不仅是让青少年掌握非遗的知识和技艺，更重要的是培养他们将非遗精神与当代文化结合的能力。在现代化与全球化的浪潮中，非遗的传承面临着巨大的挑战，而课堂教学则是这一挑战中最为基础的应对手段。通过非遗内容的融入，学生不仅能从学术层面学习非遗文化，还能通过创造性的学习方式，将这些传统元素与现代社会的需求、发展相结合，实现传统文化的创新性传承。课堂教学为非遗文化的传承提供了丰富的思想资源和实践平台,青少年在这一过程中不仅是文化的传递者和保护者,更是文化创新与发展的积极推动者。

非遗内容的课堂教学融入,不仅是对传统文化的回溯与传承,更是文化创新与时代发展的需求。通过课堂教学,非遗能够更好地融入现代社会,并在青少年中播种下文化自信与责任感的种子,为未来的非遗传承培养出更多的实践者、创造者与创新者。课堂不仅是知识的传递场所,也是文化认同的塑造空间。通过课堂教学,将非遗文化融入青少年的思想和行动中,不仅能促进其文化素养的全面提升,也为非遗的长远传承奠定了坚实的基础。在全球化和现代化的语境中,非遗文化的活力与创新性将得以传承并焕发出新的生机。

二、组织非遗文化实践活动

非遗的传承不仅是文化保存的一项重要任务,更是文化再生与创新的动力源泉。在当今快速发展的社会中,非遗的保护与传承面临着前所未有的挑战,这要求我们采取更加多样化与富有创新性的手段,将非遗文化与现代社会相结合。而组织青少年参与非遗文化的实践活动,已成为非遗传承的一项重要策略。通过这些活动,青少年不仅能在实践中领略非遗的魅力,更能在文化的沉浸式体验中,切实感受到传统技艺的独特价值,从而激发他们对传统文化的认同与热爱。

非遗的传承要求我们不只重视知识的传授,更需要通过亲身实践让文化真正"活"起来。青少年是文化传承的重要主体,他们的文化认同感和参与意识将直接影响到非遗的延续性。通过组织各种形式的非遗实践活动,青少年能够在动手操作中理解和感悟传统文化的深层内涵。无论是传统手工艺的制作,还是传统戏曲的演绎,或是节庆庆典的参与,这些活动都能为青少年提供一个沉浸式的文化体验平台,使他们能够在实际操作中发现非遗的独特性与历史意义。

在非遗手工艺品制作的过程中,青少年不仅学会了技艺,还能通过手中的工具与材料感受到与古老传统之间的联系。每一个细节、每一次操作,都能让他们对非遗工艺背后的文化价值有更加深刻的理解。例如，传统的刺绣、陶艺、编织等技艺，在动手实践中，不仅能培养青少年的耐心与专注力，还能让他们在重复的劳动中感受到工匠精神的内涵。通过这些具体的实践活动，青少年能够看到传统技艺的现代转化和创新空间，也能体验到传统工艺在现代社会中的文化生命力。

传统戏曲表演作为非遗传承的另一重要形式，也为青少年的文化体验提供了丰富的内涵。戏曲作为一种综合性的艺术形式，融合了表演、音乐、舞蹈与文学等多重元素，是传统文化的重要体现。通过参与戏曲的排练与演出，青少年能够在实际的表演中体会到戏曲的艺术魅力与历史底蕴。他们不仅要学习台词、身段和表演技巧，还需要了解戏曲的历史背景与文化内涵。这种全方位的参与，不仅能帮助青少年加深对戏曲艺术的理解，还能帮助他们在参与的过程中体会到传统文化的生动性与多样性。

节庆庆典作为非遗文化的重要组成部分，是传统文化最具活力与魅力的体现。通过参与节庆活动，青少年能够更加直观地感受传统文化的节奏与魅力。在节庆活动中，青少年不仅是观众，更是参与者，他们能够通过亲身体验感受节日的氛围、学习传统的礼仪和习俗，感知节庆背后的历史与文化意义。这种参与感能够深刻激发他们的文化认同感，使他们意识到文化的传承不仅仅是知识的积累，更是感情与认同的传递。

非遗文化实践活动不仅仅是让青少年学习和传承传统技艺，还能帮助他们在实践中培养创新思维。许多传统技艺和表演形式，虽然经过了数百年的发展与变化，但仍然保持着鲜活的生命力。这种生命力不仅体现在技艺的不断创新与发展，还体现在文化的跨越与超越。在青少年参与非遗实践活动的过程中，他们不仅仅学习传统，更在传统的基础上进行创造。通过创新性的思维，他们能够将传统技艺与现代审美需求相结合，赋予传统文化新的生命力。这种创新精神，正是非遗文化能够在现代社会中得以传承与发扬的关键所在。

组织非遗实践活动对于青少年动手能力的培养也具有重要意义。在当今社会，许多青少年虽然知识丰富，但在实际操作能力方面却往往有所欠缺。而非遗实践活动恰恰提供了一个锻炼和提升动手能力的平台。通过制作传统工艺品、参与戏曲演出、参与节庆活动等，青少年能够在实践中不断提升他们的动手能力、团队协作能力与创造力。这不仅是对他们文化素养的培养，更是对其综合素质的全面提升。

非遗文化的实践活动，还是一种跨学科的学习过程。在这些活动中，青少年不仅能接触到历史、艺术、文化等多方面的知识，还能在实际操作中将这些学科知识结合起来。例如，在学习传统手工艺制作时，青少年不仅要掌握手工技艺，还需要了解相关的历史背景、文化传统与材料知识，这种跨学科的学习模式能够拓宽他们的知识视野，培养其综合运用知识的能力。

更为重要的是，非遗实践活动能够让青少年更加直观地了解文化的传承与创新之间的关系。在传统文化的保护与传承过程中，如何实现创新是一个重要的课题。通过亲身体验和参与，青少年能够看到传统文化在传承中的不断变革，认识到文化的生命力在于其创新性与活力。非遗的实践活动不仅是对过去的还原，更是对未来的展望。青少年在实践过程中，既是传统文化的传承者，也是文化创新的探索者。他们通过对传统技艺的再创造，能够推动非遗在现代社会中的创新性发展，进而使非遗文化在新时代的语境中焕发出新的生机。

通过非遗实践活动，青少年在感知和体验中收获的，不仅是对传统文化的认知，更是对自我价值和社会责任感的认同。传承非遗文化不仅有助于个人的修养与能力的提升，更有助于整个社会文化认同感和共同体意识的增强。青少年通过参与非遗实践活动，能够树立文化自信，并将其内化为一种自觉的文化责任感。这种责任感将激励他们在未来的社会生活中，继续为非遗的保护与创新贡献自己的力量。

三、利用数字技术推动非遗教育

随着数字技术的不断进步，尤其是信息技术、人工智能、虚拟现实以及大数据等技术的快速发展，非遗的教育与传承迎来了前所未有的机遇。数字化手段为非遗教育提供了新的视角和模式，通过信息化工具，非遗的保护和传播可以跨越地理与时间的限制，为广大民众，尤其是青少年群体，提供了更为便捷的学习途径。传统文化的传承不再受制于物理空间和文化隔阂，数字技术的引入改变了以往线性、单一的教育形式,为非遗教育开启了全新的维度。

数字化技术的应用使得非遗教育从传统的课堂模式延伸至线上平台,借助网络,运用 VR 以及 AR 等先进技术,非遗资源得以以更加生动、直观的方式展现在公众面前。青少年通过参与虚拟课堂、观看互动展示、在线学习模块等途径,不仅能获得文化知识,还能身临其境地体验非遗项目的独特魅力。例如,借助虚拟现实技术,学生可以模拟体验传统技艺的操作过程、观看民间艺术表演,甚至直接与文化传承人进行互动。这种沉浸式的学习体验,不仅增强了学生对非遗的理解与感知,还激发了他们主动探索和学习的兴趣,提升了非遗教育的参与度和效果。

传统的非遗教育往往局限于课堂教学和地方文化活动,一些偏远地区的青少年,受限于信息资源的匮乏和教育资源的不足,往往难以接触到丰富的文化遗产。而数字化非遗教育打破了这一局限,通过互联网平台和移动终端,青少年能够随时随地访问和学习非遗相关的资料、视频、互动课程等,跨越了时空的障碍,为不同地域的孩子们提供了平等的学习机会。尤其对于一些偏远的乡村或经济欠发达地区,数字化手段使得非遗文化的传播变得更加广泛。无论是地理位置上的偏远,还是经济水平上的差异,数字技术都能通过虚拟学习和线上交流的形式,消除传统教育形成的壁垒,推动了文化资源的均衡分配。

在数字化非遗教育的推进过程中,技术的多样性为教育模式提供了丰富的选择。通过多媒体课件、互动式游戏、动画视频等形式,非遗的各类文化要素得以生动呈现,符合青少年对信息化、互动性和娱乐性的需求。这种多元化的教育手段,使得非遗的学习不再是单调的理论传授,而是通过动态的呈现和参与式的互动,激发学生的深层次兴趣。在这些形式中,青少年不仅能听到传统文化的声音,还能看到、触摸甚至参与其中,从而加深对文化内涵的理解。此外,利用大数据分析技术,教育者能够根据学习者的兴趣与学习进度,个性化地定制课程内容和学习方式,使得非遗教育更加灵活和精准,提升了教学的针对性和有效性。

数字化技术在非遗教育中的应用不仅为传统文化的传承带来了创新,也促进了非遗的多元化传播。通过多渠道的传播方式,非遗资源能够覆盖更广泛的受众，尤其是能够吸引到更为年轻的群体，激发他们对传统文化的兴趣和保护意识。数字平台能够实时更新内容，及时向公众发布非遗的最新动态，让非遗不再是历史遗存的静态存在，而是一个充满活力、不断发展的文化体系。通过社交媒体、视频网站以及在线教育平台等渠道，非遗教育实现了大规模的传播，不仅将地方性的非遗项目介绍给世界，也让全球观众有机会通过数字化手段了解和体验不同文化的独特性。

与此同时，数字化非遗教育也在教育方法和理念上做出了深刻的创新。传统的非遗教育多依赖于师傅传授和文化传承人的面对面教学，而在数字化时代，教育者可以通过网络课堂、虚拟博物馆、在线培训等形式，突破传统教学资源的限制，充分利用海量网络信息资源，拓宽非遗教育的边界。非遗的教学内容不限于技艺的传授，还涵盖了文化背景、历史沿革、社会功能等多维度的内容，使得教育者能够更全面地向青少年传递非遗的丰富内涵与价值。此外，数字化的教学平台也能为非遗文化的创新和发展提供更为广阔的空间，数字工具可以帮助青少年将传统技艺与现代技术相结合，探索非遗在当代社会中的新形式和新表达，推动传统文化的创造性转化与发展。

数字化非遗教育的推广和普及，不仅有助于提升青少年对传统文化的认知，加深其理解，还能激发他们的文化自信，增强他们的文化传承责任感。在全球化背景下，非遗教育的数字化趋势为培养具有全球视野的文化传承人奠定了基础。通过数字技术，青少年可以在任何时间和地点接触到全球各地的非遗文化，进一步拓宽他们的文化视野，并激发他们对世界多元文化的兴趣。这种全球化的非遗教育模式，不仅有助于丰富青少年的文化素养，还能促进不同文化之间的理解与对话，推动全球文化的多样性发展和谐共生。

四、学校与社区合作推动非遗教育

学校与社区合作推动非遗教育，已经成为一种重要的文化传承和教育模式。这种合作不仅为非遗的保护与传承提供了新的视角和平台，更为青少年的文化认同和传统文化的学习提供了丰富的资源和途径。学校作为知识传播和人才培养的主阵地，具有系统性和规范性，而社区则以其接地气的生活场景和日常性活动为特色，能够为非遗教育提供更加丰富和多元化的实践形式。通过这两者的紧密合作，非遗教育能够更加深入人心，成为青少年文化素养培养和民族文化认同的重要途径。

学校在非遗教育中的作用毋庸置疑。作为正式教育体系的一部分，学校具备了实施非遗教育的组织保障和专业支持。通过学科融合和课程设计，学校能够将非遗内容纳入教学体系，从而帮助学生在知识层面上获得对非遗的初步了解。无论是语文课程中对传统文化的传授，还是艺术课程中对传统工艺和手工技艺的学习，都能够帮助学生从小就接触并逐步形成对非遗文化的兴趣和认同。此外，学校还能通过丰富的课外活动，如非遗工作坊、文化节等形式，为学生提供更多的学习机会。通过与地方非遗传承单位的合作，学校可以组织学生参观非遗展览、聆听专家讲座、参与文化传承项目，进一步加深他们对非遗的感性认知。

社区作为青少年日常生活的场所，具有独特的非遗教育功能。社区不仅是青少年文化生活的重要基地，也是文化传承的活跃空间。相比于课堂内的理论教育，社区提供的非遗教育往往更加接地气、富有实践性。青少年在社区中能够更直接地接触到非遗的传统技艺、节庆活动和民间习俗等，这种沉浸式、体验式学习方式，更能够激发他们对非遗的兴趣和探索欲望。社区的非遗教育不局限于课堂上的知识灌输，而是通过日常的文化活动、节庆庆典、技艺展示等形式，让青少年在生活中感受到非遗文化的生动性和传承的延续性。在这些活动中，青少年不仅能参与其中，亲身体验非遗项目的魅力，还能在实践中学习和传承这些文化技艺。

学校与社区的合作可以打破单一教育模式的局限，使非遗教育得以在更广泛的场域中实施。学校通过与社区的联动，能够将课堂上学到的非遗知识转化为实践体验，而社区则能够提供更具实践性和生动性的非遗教育内容。通过这种协同作用，非遗教育不仅能实现理论和实践并重，还能在青少年心中播下文化认同的种子。在这一过程中，学校和社区双方各司其职，共同为青少年提供了一个更加完整的非遗教育体系。学校通过学科融合和课程设计为非遗教育提供理论支持，而社区则通过实际的文化活动和传承项目为学生提供实践机会和沉浸式文化体验。两者的合作，能够有效地将非遗文化嵌入青少年的日常生活，促使他们在潜移默化中接受和继承传统文化。

在这种学校与社区合作的模式下，非遗教育得以广泛传播并深入人心。青少年不仅能在学校课堂上获得对非遗知识体系的认知，还能在社区的文化活动中，通过直接参与和体验，进一步理解非遗的内涵和价值。这种"学"和"做"相结合的教育模式，不仅有助于提高青少年对非遗文化的认识，更能够在他们的生活中产生深远的影响，激发他们对传统文化的热爱与传承的责任感。随着非遗教育的逐步推广，越来越多的青少年将成为非遗文化的继承者和传播者，他们将在现代化进程中担负起传承和弘扬民族文化的责任。

学校与社区的合作不仅限于对非遗教育的普及和传播，也在推动非遗的创新性传承方面起到了积极作用。在全球化和现代化的背景下，非遗的传承不仅要保持其传统的本质，还要与时俱进，进行创新和发展。学校作为培养创新人才的摇篮，可以在非遗教育中融入现代教育理念和技术手段，为非遗的创新传承提供支持。社区则能够根据当地的文化特点和青少年的兴趣需求，开展形式多样的非遗创新活动。例如，结合现代艺术形式和数字技术，将传统的非遗技艺与当代艺术创作相结合，既保留了非遗的传统特色，又能让青少年感受到非遗与现代生活的融合。通过这种创新性传承，非遗文化在青少年中不仅能得到有效的传承，还能焕发出新的生机和活力。

学校与社区合作推动非遗教育，是非遗保护和文化传承的有力举措。通过这一合作模式，非遗教育不再局限于单一的教学场域，而是能够在更广泛的社会环境中生根发芽，成为青少年日常文化生活的一部分。学校和社区各自发挥着不可替代的作用，前者通过系统的教育和教学，后者通过丰富的文化活动和实践体验，共同为青少年提供了一个多维度的非遗教育平台。在这一过程中，非遗文化的传承不仅仅是一种文化的保护，更是一种文化认同的塑造。通过学校与社区的共同努力，非遗教育将为青少年提供更多的成长机会，也为非遗文化的未来传承提供了坚实的基础。

第三节 非遗教育的实施效果与发展前景

一、非遗教育对青少年文化认同的影响

非遗教育作为传承和弘扬民族文化的重要途径，在青少年文化认同的形成过程中扮演着至关重要的角色。青少年处于世界观、人生观、价值观逐步形成的阶段，他们的文化认同不仅决定着个人的文化归属感，还深刻影响着其未来对待文化多样性、全球化和现代化的态度。通过非遗教育，青少年能够更全面、深刻地理解和认同本民族的文化，增强民族自豪感，坚定文化自信，从而为民族复兴和社会和谐做出积极贡献。

非遗教育为青少年提供了一个接触和学习传统文化的渠道，使他们得以通过亲身体验、参与和实践，理解非遗所蕴含的深刻文化内涵。在全球化背景下，传统文化常常面临被边缘化的危险，青少年对本土文化的认知与认同可能被外来文化的强势影响所削弱。然而，通过非遗教育，青少年能够在全球化的语境中重新审视自己的文化身份，认识到传统文化不仅是历史的积淀，也是现代生活的重要资源。非遗教育不仅帮助青少年学习本民族的语言、艺术、技艺、节庆等文化形式，还鼓励他们思考这些文化形式在当代社会中的价值和意义。通过这种教育模式，青少年逐渐形成了对本民族文化的认同，增强了对传统文化的自信心，培养了更为深刻的文化归属感。

青少年正处在人生的关键成长期，他们的文化认同受多方面因素的影响。非遗教育通过让他们深入了解民族历史和文化的底蕴，促进了其文化自觉性的提升。与那些单纯接受现代化或全球化文化的青少年相比，接受非遗教育的青少年往往能够以更为积极的姿态面对外来文化的冲击，并在多元文化的交融中坚守文化根脉。这种文化自觉性的增强，不仅仅体现为对民族文化的认同，更表现为对本民族文化独特性和价值的坚持，使他们在全球化进程中能够以更加自信的姿态参与世界文化的交流与互动。

通过非遗教育，青少年能够从本土文化出发，树立起更为正确和全面的文化观念。在全球化的背景下，文化的多样性与包容性越来越受到重视，青少年在日常生活中接触到的文化信息愈加丰富多元。非遗教育为青少年提供了一个桥梁，让他们能够在继承和发扬本土文化的基础上，更好地理解和尊重其他民族的文化。通过这种方式，非遗教育不仅帮助青少年构建了文化认同，还使他们对多元文化更加尊重与包容。青少年在学习非遗的过程中，不仅加深了对本民族文化的理解，也通过对其他文化形式的学习和接触，培养了跨文化的思维方式和视野。这对于青少年今后在全球化社会中扮演积极角色，尤其是在促进文化交流与合作方面，具有深远的意义。

非遗教育在青少年文化认同的培养上，起到了重要的纽带作用。它不仅帮助青少年树立了对本民族文化的认同感，还通过在学习和传承过程中所获得的知识与经验，推动他们形成更为开放、包容的文化观念。随着非遗的传播和教育形式的多样化，青少年在接触和体验非遗的过程中，能够更全面地理解文化的价值与意义，并将这种理解内化为自己的一部分，成为他们思考和实践人生的一个重要维度。通过非遗教育，青少年逐步形成了对自己文化的深厚认同，进而将这种认同转化为对世界其他文化的尊重与欣赏，培养了更为广阔的国际视野和全球化思维。

在非遗教育的过程中，青少年不仅仅是传统文化的学习者，也是文化传承的参与者。非遗教育强调实践性和互动性，鼓励青少年通过亲身体验和参与非遗技艺的学习，感受文化的活力与魅力。通过这种方式，青少年能够在身临其境的体验中，真切地感受到文化的力量，并将这种体验转化为对传统文化的情感认同。这种实践式的教育方式，不仅增强了青少年对文化的感知，还使他们在传承过程中获得了自我认同和自我肯定，从而进一步增强了文化自信。

非遗教育的意义还在于它能够激发青少年对未来的文化责任感。青少年是国家未来的栋梁，非遗教育通过增强他们的文化认同感与自豪感，培养了他们对传承本民族文化的责任感和使命感。青少年通过对非遗文化的学习与传承，深刻认识到文化的延续不仅仅是对历史的尊重，也是对未来的期许。在这一过程中，青少年逐步意识到自己肩负着将民族文化传承给下一代的责任，进而形成了积极向上的文化价值观,并为他们在未来社会中的文化创新和文化传播奠定了坚实的基础。

在现代社会,青少年的文化认同不仅仅是对本民族传统文化的认同,还涉及如何在全球化的多元文化环境中找到自己的文化定位。非遗教育正是通过对本民族文化的深度挖掘与再创造,帮助青少年构建起强烈的文化认同感,并在此基础上,培养他们的跨文化理解能力和全球视野。这种教育模式不仅使青少年能够更加全面地认识自己的文化,更重要的是帮助他们在多元文化的交流与碰撞中,始终保持文化自信和自豪感,成为真正的世界公民。

二、非遗教育在青少年创新能力培养中的作用

非遗教育在青少年创新能力培养中的作用,不仅体现在对传统文化的传承上,更在于其对青少年思维方式、创造力与实践能力的深远影响。非遗作为一种有机的文化体系,蕴含着深厚的历史积淀与智慧。在当代社会,非遗教育为青少年提供了一个独特的学习平台,培养了他们的创新能力、解决问题的技巧和综合实践能力。通过接触、学习和创造这些传统技艺,青少年不仅能更好地理解和认知本民族的文化,还能在这一过程中激发其思维的灵活性和创新性。

学习非遗技艺的过程,是一个需要动手操作、反复实践的过程。无论是传统手工艺、民间音乐、舞蹈还是戏曲,青少年在学习时都需要投入大量的时间和精力进行不断的探索与尝试。这一过程要求青少年在严格的技艺规范中注重细节,同时,也需要他们在一定的框架下,思考如何进行自我表达和创新。因此,非遗教育不仅能帮助青少年掌握具体的技艺,更能够激发他们在创作过程中独立思考的能力。在这种"学习—创造"的过程中,青少年逐渐培养起了在复杂情境中分析问题、寻找解决方案的能力,这些能力对于未来的学术研究和社会实践都具有重要意义。

非遗技艺的学习和实践,不仅仅是对传统艺术的模仿,更多的是通过对传统技艺的再创造和再设计,青少年能够探索其中的创新潜力。在继承传统技艺的基础上,他们有机会在尊重传统的前提下,加入现代元素进行创新。例如,在传统手工艺中,青少年可以借助现代科技的支持,结合新材料、新工艺,开

发出既符合传统文化特色又具有现代审美的作品。这种能力的培养，促使他们在面对各种问题时，能够不拘泥于传统解决方案，而是善于从多维度、多角度寻求新的路径。

非遗教育还注重对青少年综合能力的提升。在学习非遗技艺的过程中，青少年不仅锻炼了他们的动手能力，还提高了他们的团队协作能力。许多非遗项目往往需要多人共同完成，在这一过程中，青少年不仅要学习如何独立完成任务，还需要与他人进行有效沟通和协调，共同完成集体目标。通过这样的集体合作，青少年在思维方式上逐步摆脱局限，能够更好地理解协作、整合和多元化的重要性。这种团队协作的经验，将为他们在未来的学习和工作中提供有益的指导，促使他们能够更有效地在复杂的团队环境中发挥作用。

非遗教育对青少年创新能力的提升，具有不可忽视的跨学科意义。在传统技艺的学习过程中，青少年需要通过对自然、物理、化学等学科知识的运用，解决实际操作中遇到的技术性问题。例如，在传统织布技艺中，青少年需要运用数学中的几何学知识来精确设计图案和结构，运用物理学中的力学原理来调节织机的运转。在这种跨学科的学习过程中，青少年不仅将不同学科的知识进行融合，还能形成更加灵活和新颖的思维方式。这种跨学科的创新能力，是青少年日后在科技、艺术、商业等多个领域发展的重要基石。

非遗教育还能为青少年提供丰富的文化自信和认同感。在全球化背景下，许多青少年可能面临文化认同的困惑和迷茫，而通过非遗教育，他们不仅能更好地理解和认同本民族的文化，还能在全球化的文化交流中找到属于自己的文化定位。非遗作为民族文化的重要载体，其本身蕴含的历史智慧和艺术魅力，可以帮助青少年建立起对本民族文化的深厚感情，从而激发他们在全球化背景下进行文化创新的动力。在这种文化自信的基础上，青少年能够更有信心地去面对未来的挑战，积极投身于各类创新实践中，创造出具有时代价值的成果。

非遗教育还在帮助青少年形成良好的个人素养方面发挥着重要作用。在学习非遗的过程中，青少年不仅锻炼了细致入微的观察力和耐心，还培养了持之以恒的毅力和专注力。非遗技艺的掌握往往需要经过长期的训练和反复的实践，这种过程不仅是技艺的学习，更是对青少年个性和意志力的塑造。通过学习非遗，青少年可以更好地体会到创造背后的艰辛与坚持，从而培养出一种坚韧不拔、持续进取的精神。这种精神将在他们未来的学习和工作中产生深远的影响，帮助他们克服困难、解决问题，推动他们不断取得创新性的成果。

三、非遗教育的社会效益与文化传承前景

非遗教育不仅是对传统文化的传承，更是现代社会文化生态建设的重要组成部分。在全球化程度日益加深的背景下，文化多样性面临着前所未有的挑战，传统文化的生存与传承逐渐面临边缘化的风险。在此背景下，非遗教育的推广不仅有助于保持文化的连续性，也为社会提供了新的文化发展动力。非遗教育的作用远远不限于知识和技艺的传授，它是社会文化基因的传递，是多元文化共生与包容性社会发展的基础。通过非遗教育的实施，尤其是青少年群体的文化素养培养，不仅能让传统文化焕发新的生命力，也能为文化的持续创新性发展打下坚实的根基。

青少年是社会文化发展的未来，其对于文化传承的认同与理解将直接影响到文化的延续与创新。非遗教育通过将传统文化的核心元素融入青少年的日常教育中，使得青少年能够在感知、体验和实践中理解和认同本民族的文化特色。在这一过程中，非遗不仅仅作为静态的文化遗产存在，而是成为一种活生生的、可持续发展的文化力量。通过非遗教育的普及，青少年不仅能继承传统的文化技艺和知识，还能在传统文化的基础上发展创新意识，形成传统与现代相融合的文化创造力。这种文化认同与创新能力的培养，不仅提升了青少年的文化自信，还为未来社会的发展培养了一批既能够传承文化精髓，又能推动文化创新的文化使者。

非遗教育对社会文化生态的健康发展具有深远影响。随着城市化进程的加速和全球化进程的推进，许多传统文化面临消失或遗忘的风险，非遗的存在逐渐变得脆弱。非遗教育的推广，能够引起社会对于传统文化的重视，并通过教育系统的渗透，形成全社会对于文化遗产的共同关注。这种关注不限于对传统技艺的保护和传承，更重要的是通过教育引导社会各界认识到非遗在当代社会中的独特价值。非遗不仅仅是历史的见证，它与现代社会的发展具有内在的联

系。非遗教育的普及，能够促进社会成员对传统文化的认知与尊重，增强文化认同感，进而推动文化自信的形成。

文化产业的发展是非遗教育的另一项重要社会效益。非遗作为文化产业的核心组成部分，蕴含着巨大的文化和经济价值。非遗教育的推广，不仅能增强民众对非遗的保护意识，还能推动非遗产品和服务的创新，从而推动文化产业的发展。非遗产业的发展不仅仅是文化的再现，它还包括非遗技艺的商业化应用、非遗衍生产品的开发、文化旅游等多领域的融合。通过非遗教育培养出的文化创意人才，将为地方经济注入新的活力，推动文化资源的有效利用和文化经济的可持续发展。同时，非遗教育也能促进社会对于文化产业的理解与支持，帮助社会大众树立对文化产业价值的认同，从而为文化产业的长远发展提供强大的社会动力。

非遗教育的推广还具有促进社会多元化与包容性发展的潜力。在当今社会，文化的多样性成为全球文明的重要特征之一。非遗作为民族文化的核心内容，承载着各个文化群体的独特价值和历史记忆。非遗教育的实施，不仅可以增进各民族、各地域间的文化认同，还能促进文化之间的对话与交流。在全球化的背景下，文化的多样性和包容性愈发显得至关重要。非遗教育通过培养青少年对不同文化的认同与尊重，能够为建设一个和谐、多元、包容的社会奠定文化基础。非遗作为文化多样性的核心载体，其教育价值超越了对单一文化的保护，它有助于培育一个尊重并欣赏文化差异的社会环境。

非遗教育在社会文化生态中所起到的连接作用也不容忽视。在传统文化与现代社会的互动中，非遗教育不仅是文化传承的桥梁，也是文化创新的催化剂。通过非遗教育，传统文化可以在现代社会的语境中得到新的理解和发展，进而为社会的整体文化创新提供源源不断的动力。非遗教育作为文化传承的一个重要环节，其不仅仅注重保存和复兴传统文化，更通过创新的教育手段，使得传统文化可以适应现代社会的需求。通过非遗教育的创新性发展，非遗的内涵和外延得到拓展，传统文化与现代科技、艺术、设计等领域得以深度融合，推动了文化领域的跨界创新。

通过这一系列的社会效益，非遗教育对于社会文化生态的健康发展，社会成员的文化认同与文化自信的增强,文化产业的繁荣,以及文化多样性与包容性社会的建设,都起到了重要的促进作用。随着非遗教育的不断深入,它不仅将在传承和保护传统文化方面取得积极成果,也将在推动社会的全面文化发展、促进社会经济的文化振兴等方面,发挥出日益重要的作用。非遗教育通过培养具有文化自觉和创新能力的人才,必将为社会注入更多的文化活力,推动文化传承与创新相辅相成,为文化事业的繁荣和社会进步贡献更多的力量。

四、非遗教育的可持续发展战略

非遗教育的可持续发展战略是非遗保护工作中的一个核心议题,其意义不仅体现在传承和保护传统文化,更在于通过教育体系的创新和社会各界的共同努力,确保非遗得以活态传承,激发青少年对传统文化的认同与热爱。实现非遗教育的可持续发展,既需要政府的政策支持和资金投入,也需要教育体制的改革与完善,更依赖于社会各界的广泛参与。非遗教育并非简单的知识传授,而是跨学科、多元化的文化认同和技能培养过程,涉及文化的深度理解、技艺的传承与创新,以及文化认同的构建。因此,发展非遗教育必须注重教育内容、形式、机制的全面创新,形成具有时代性和广泛影响力的教育体系。

政府在推动非遗教育的可持续发展中扮演着不可或缺的角色。政府不仅需要制定支持性政策,通过资金投入、政策引导等手段促进非遗教育资源的积累与整合,还应当通过政策制定规范非遗教育的内容与实施方式,确保其科学性和系统性。政府应支持非遗教育的多元化发展,推动地方和中央教育资源的协调与整合,加强对非遗教育领域的制度建设。非遗教育不限于课堂上的知识传授,还应当注重实践教学与体验式教育。政府部门可以通过建立专项基金、鼓励地方政府和学校开展非遗教育实验项目,推动非遗文化的实践性教学,如通过非遗技艺工作坊、民俗活动等形式,让青少年在实践中感知和理解非遗的独特魅力。此外,政府应鼓励高校与研究机构参与非遗教育的研究与发展,推动非遗学科的形成和完善,为非遗教育提供理论支持和学术指导。

非遗教育的可持续发展同样依赖于教育体制的创新。在当前的教育体系中,传统文化和非遗的教学内容往往没有得到足够的重视,教学形式也较为单

第九章　非遗传承与青少年教育的融合

一，缺乏与现代教育模式的有效结合。因此，推动非遗教育的可持续发展，首先需要对现有教育体制进行深入反思和调整。教育体系应通过课程设置、教材编写以及师资培训等方面，逐步将非遗教育纳入基础教育体系，构建专门的非遗课程，开设非遗相关的专题讲座和文化活动，使非遗的内容与现代教育体系有效融合。学校可以将非遗教育与传统学科教育结合起来，利用跨学科的方式，让学生在学习历史、语文、艺术等课程时，自然地接触到非遗文化及其相关内容。培养学生的非遗认知与兴趣，可以有效地增强青少年对非遗的文化自信。

为了实现非遗教育的可持续发展，社会的广泛参与至关重要。非遗文化作为一种社会财富，不能仅依赖于学校教育的单一形式来传承，它需要社会各界的共同努力和支持。文化机构、社区组织以及相关企业等，都可以在非遗教育的推广过程中发挥重要作用。文化机构可以通过组织非遗展览、举办非遗文化活动等方式，深化公众对非遗的认知，激发其兴趣，创造良好的社会氛围。社区组织则可以结合本地的非遗资源，开展形式多样的非遗教育活动，如民间艺术展示、传统节庆活动等，使青少年在日常生活中接触并参与非遗文化的实践。社会企业也可以通过设立奖学金、举办非遗创意比赛等形式，激励青少年对非遗的关注和学习，推动非遗文化的创新发展。社会各界的积极参与不仅能为非遗教育提供更多的资源支持，还能形成共建共享的文化生态，推动非遗文化在全社会范围内的传播与认同。

除了政府的支持和社会的参与，非遗教育的可持续发展还需要借助科技手段的创新。数字化技术和网络技术为非遗的教育传承提供了全新的平台和途径。通过数字化的非遗资源库、在线学习平台以及虚拟现实技术等，可以突破传统教育方式的局限，提供更加直观、多元、互动性强的学习体验。数字化的非遗教育不仅能将传统的技艺、知识和文化以更为生动的形式呈现给青少年，还能为他们提供灵活的学习方式和丰富的学习资源。通过现代科技的应用，非遗教育可以在全球范围内得到推广，使不同文化背景的青少年都能通过数字化平台接触和学习其他国家的非遗文化。数字化技术还为非遗的传承注入了创新的元素，使得非遗教育不限于传统技艺的复刻，更可以在现代技术的支持下进行创新性的发展。

非遗教育的可持续发展还应注重教育评价机制的建立和完善。有效的评价体系不仅能衡量教育效果，还能为教育的改进和优化提供依据。教育评价应当从多个维度入手，既考虑学生对非遗知识的掌握程度，又考虑学生的实际参与度和文化认同感。此外，评价体系还应关注教育过程中的创新性和实践性，鼓励学生在非遗项目中进行自主创作和表达，培养他们的创新能力与动手能力。通过多元化的评价体系，非遗教育能够及时调整教学内容和形式，确保教育效果的最大化，推动非遗教育的不断完善和发展。

非遗教育的可持续发展是一个多层次、多维度的系统工程，需要政府、教育体制、社会参与以及科技手段等多个方面的共同努力。只有在政策支持、社会参与、教育创新和科技助力的多重作用下，非遗教育才能在青少年中扎实推进，为非遗的传承注入持久的动力，最终实现文化的永续传承和可持续发展。

第十章　非遗传承的国际交流与合作

在全球化程度日益加深的今天，非遗的保护与传承不仅仅是一个地方性、国家性的议题，更是具有全球意义的文化挑战。随着各国文化交流的不断深入，非遗的跨国传播和国际合作日益成为文化保护和交流的重要方式。国际社会对于非遗的重视程度日益提高，不同国家和地区通过多边和双边的合作机制，共同推动非遗的保护、传承和发展。特别是在联合国教科文组织第32届大会上通过《保护非物质文化遗产公约》之后，全球范围内的非遗保护行动逐步形成了相互支持、资源共享的局面。非遗的国际交流不仅帮助各国加强文化认同，也促进了世界范围内文化的多样性发展和互相理解。通过国际会议、文化展览、学术交流等平台，各国在非遗领域的合作与经验分享已成为推动全球文化多样性保护的有效手段。特别是在非遗数字化保护和传播技术的支持下，国际非遗保护合作进入了一个新的发展阶段。本章将分析非遗传承的国际视野，探讨非遗国际交流机制的构建，展示国际合作的成功案例与启示，为全球非遗保护提供理论支持与实践经验。

第一节 非遗传承的国际视野

一、全球化背景下非遗传承的重要性

在全球化的浪潮下,非遗的传承问题已经超越了传统的国家和地区范畴,成为全球文化多样性保护的重要组成部分。全球化进程的加速使得世界各国和地区之间的联系愈加紧密,信息、技术、资本和文化的跨国流动推动了人类社会在经济、科技、文化等领域的高度融合。尽管这种跨国互动带来了诸多便利,但也不可避免地加剧了文化同质化的趋势,导致一些地方性和民族性的文化特色在全球文化大潮中逐渐消失。在这一背景下,非遗作为文化的重要组成部分,其保护和传承的意义愈加凸显。非遗作为民族历史、社会习俗、传统技艺和地方特色的承载体,不仅代表了一个国家或地区的文化根脉,更是全球文化多样性的重要标志。

非遗的保护不仅仅是为了保存某一特定国家或某一民族的文化传统,它在全球文化语境中具有更加广泛的价值。非遗涉及的传统知识、技艺、习俗和艺术形式往往蕴含着深厚的文化智慧,是特定社会历史背景下的文化成果,代表着各民族的独特性与多样性。因此,非遗的传承不仅关乎某一民族或国家的文化延续,也与全球文化多样性的保护息息相关。全球化的进程,使得不同文化之间的互动和碰撞愈加频繁,这种文化交流为世界各地提供了相互学习与借鉴的机会,而非遗正是这一交流过程中的核心元素之一。非遗不仅展现了各民族独有的文化符号和表达方式,也是人类智慧和创造力的体现。通过非遗的跨国传播和合作,世界各国可以更加深入地理解和尊重彼此的文化差异,从而推动文化多样性的共存与发展。

全球化不仅推动了文化的交流和融合,也带来了新的挑战。在信息化和现代化的浪潮中,传统文化和生活方式面临着前所未有的冲击。现代化进程带来了诸多便利,然而同时也加速了文化的商业化、工业化,导致许多传统的非物

质文化形态逐渐被边缘化。在这种情况下，非遗的保护与传承不再是一个单纯的文化问题，更是社会、经济、政治等多个层面交织的复杂问题。全球化不仅加速了信息和知识的传播，也促进了技术和资本的流动，这些因素在推动文化发展的同时，也引发了文化价值观的差异与冲突。尤其是在一些传统非遗面临现代化发展压力的地区，非遗传承的困境更加突出。全球化背景下的非遗保护，需要从全球文化多样性的角度出发，寻找合理的保护机制，平衡传统与现代、地方与全球的关系。非遗的传承不能仅依赖某一国家或地区的力量，而应通过国际合作与交流，实现全球范围内的资源共享与经验互鉴。

非遗作为文化传承的核心内容，在全球化的进程中扮演着越来越重要的角色。全球化带来了文化的快速流动和互相影响，但与此同时，它也给地方文化带来了巨大的压力，许多传统的非遗项目在现代化的背景下面临着逐渐消失的风险。在这一过程中，非遗的保护不仅需要考虑到传统技艺和习俗的延续，还需要适应全球化背景下的文化生态变化。全球化要求各国和地区在坚持本国文化特色的基础上，更加重视跨文化交流与合作，在尊重不同文化的前提下，共同推动文化的繁荣与发展。

从全球视角看待非遗传承问题，有助于认识到非遗在全球文化体系中的独特地位和作用。非遗作为文化传承的重要形式，其在全球多样性文化中的地位无可替代。非遗的传承与创新，不仅可以增强国家和地区的文化软实力，也能促进全球文化的和谐共存与多样化发展。在全球化程度日益加深的今天，非遗的保护与传承不应局限于单一国家的范围，而应当加强国际合作与交流，推动跨文化的共建与共享。非遗不仅是一国一地的文化财富，它是全人类的共同遗产，是世界文明多样性的重要组成部分。

非遗的国际化传承与保护是全球文化多样性保护战略的重要组成部分。面对全球化带来的文化同质化压力，各国不仅应加强本国非遗的保护与传承，也应在全球范围内促进非遗的互认与共建。全球化进程中的非遗传承，既是对传统文化的保护，也是对未来文化多样性发展的有力推动。非遗传承的国际化，不仅能帮助各国保存并发扬传统文化，还能促进世界各国对文化多样性的共同尊重与理解。通过全球视野看待非遗保护，世界各国可以在文化交流与合作中互相学习与借鉴，为全球文化的繁荣与发展贡献力量。

二、非遗作为文化外交的重要工具

非遗作为一类具有历史价值、艺术特色和深厚文化内涵的传统文化表现形式，在全球化时代的背景下，逐步从国家文化建设的内部资源转变为一种重要的文化外交工具。随着全球文化交流的日益频繁和国际关系的日渐紧密，非遗的保护、传承和展示已不再局限于本国范围，而是成为推动国际理解、促进文化多样性保护的重要途径。各国通过积极展示和传承自身的非遗项目，不仅展示了本国深厚的历史文化底蕴，也为世界各国提供了更为丰富的文化交流平台，使得国际社会能够更加全面地理解和认同其文化特色。非遗成为文化外交中的一座桥梁，跨越了语言、地域与文化的界限，推动了不同文化之间的深入对话和交流。

在这一过程中，非遗展现出的文化价值不局限于传承某一民族或国家的历史与艺术，还在于各国文化认同与文化身份的塑造。在世界日益多元化的社会背景下，非遗为不同文化提供了一种能够跨越时间与空间的共鸣点。各国通过展示自身非遗的独特性，增进了国际社会对其历史文化的理解与认同，从而使文化外交成为一种文化身份与软实力的延伸。软实力，作为国家影响力的重要组成部分，在传统的经济与军事影响力之外，更多地表现为国家文化的吸引力和辐射力。非遗作为文化外交的重要内容，能够在国际社会中展现出独特的文化魅力与深度，进而提升国家的国际地位和文化影响力。

在国际政治和经济局势日益复杂的今天，国家之间的互动已经超越了单纯的经济利益和政治对抗，文化交流与合作成为推动国际关系和谐发展的重要力量。非遗的国际传播和合作，恰恰为各国提供了推动文化交流的契机。通过国际文化交流活动、文化展览、非遗节庆等形式，国家之间可以共享各自的非遗资源，增进对彼此文化的尊重和理解。这种跨文化的互动，不仅能促进不同国家人民之间的友谊，也能为各国提供互鉴、共同发展和创新的机会。文化的互鉴是相互理解的基础，而非遗的交流与合作为这一过程提供了可持续的动力源泉。通过非遗传承的国际合作，各国可以借助彼此的优势与经验，共同推动非遗的保护和创新性发展，提升全球文化的多样性与活力。

非遗不仅是单一文化的象征，更是文化全球化背景下的一种共享资源。在这一过程中，国家通过文化外交将非遗纳入国际文化合作的范畴，使其成为促进国家形象塑造和文化外交的重要载体。非遗在国际交流中的重要性，不仅体现在文化自信的展示上，还在于它为跨国界的文化对话提供了有力的支持。非遗的跨国传播不仅展示了文化的多样性，也为全球化进程中的文化碰撞与融合提供了和谐的空间。随着全球化的发展，非遗逐渐成为全球文化交流中的重要内容，它代表着人类文明发展的共同成果，具有普遍的价值意义。非遗的国际传播使得人们能够重新审视自身的文化根源，同时也在不同文化之间架起了一座沟通的桥梁，帮助各国理解彼此的文化与价值观，从而实现文化的多维交流与相互包容。

在这种背景下，非遗作为文化外交的一个重要部分，促进了国家间的文化交流与合作。它不仅为参与国提供了一个展示文化自信的机会，还促使各国在文化传承的过程中，考虑到全球文化背景的变化，努力推动非遗的创造性转化与活态传承。通过多种形式的文化活动，非遗成为增强文化认同感与凝聚力的有效途径。在国际文化合作的推动下，非遗不仅保护了传统文化的精髓，还为全球文化创造了更多的交流与融合的机会。文化外交所带来的影响力，不仅在于它在国家之间搭建了沟通的渠道，也在于它促进了各国在全球文化平台上的共同发展。

非遗的国际传播与合作，已经超越了简单的文化展示，而成为全球文化互动与协作的一部分。各国通过非遗项目的共享与互通，不仅加强了文化间的联系，也让世界在更加多元与包容的视野中，认识到文化多样性的宝贵价值。文化外交通过非遗的传播，推动了人类文化的共同发展，促进了全球文化生态的丰富与完善。随着国际社会非遗保护意识的不断增强，非遗在国际文化事务中的地位和作用将会愈发重要，成为推动全球文化交流与相互理解的关键因素。

非遗作为文化外交的重要工具，其意义和作用远远超出了传统的文化传承范畴。它不仅是单一国家文化的体现，更是全球文化多样性、文明交流与文化共存的重要体现。在全球化的背景下，非遗的国际传播和文化外交为各国提供了一个共同的文化平台，使得不同文化背景的国家能够在相互尊重和理解的基础上，共同推动文化的创新、发展与共享。通过非遗，国家不仅能向世界展示自己的文化特色，还能在全球文化竞争中占据一席之地，提升自己的国际地位与文化影响力。非遗的跨国传播与其传承的国际合作，正日益成为全球文化交流中的重要力量，为文化的可持续发展提供了坚实的基础与广阔的前景。

三、非遗的全球传播与普及

随着全球化进程的推进和信息技术的飞速发展，非遗的传播与普及已突破了传统的地域与国界限制，成为全球文化交流和文化多样性保护的重要组成部分。非遗的全球传播不仅体现了文化的跨国流动，也为各民族、各地区文化的传承与创新提供了广阔的平台。国际社会通过多渠道、多形式的合作，推动了非遗的广泛传播，不仅提升了其国际影响力，也为非遗的保护与传承注入了持续的动力。

非遗传播的方式逐渐从传统的实地传承和区域性保护转向更加多元化的形式，特别是在信息技术与数字化手段的支持下，非遗的全球传播进入了一个全新的发展阶段。互联网和数字化技术的应用，使得非遗资源不再受限于特定的地理空间和时间框架，而能够实现跨国、跨文化的共享与传播。数字技术不仅突破了非遗传承的时空限制，还为其在全球范围内的普及提供了更加便利和高效的渠道。数字化手段使传统的文化形式焕发了新的生命力，不仅将非遗的魅力传递给了更广泛的公众，也促进了传统文化元素的再创造与再发展，为其适应现代社会的需求提供了新的可能。

通过国际组织、文化交流平台和学术会议等多种形式，非遗得到了更加系统和有效的传播。联合国教科文组织等国际机构通过开展一系列保护与推广活动，使得非遗的全球保护网络逐步成型，并为各国提供了交流与合作的机会。国际文化交流和学术研究平台为非遗的传播提供了理论支持和实践路径，同时促进了不同国家和地区之间的经验分享和知识互通。展览会、文化节等活动成为非遗传播的重要载体，这些活动不仅展示了各国的传统文化和艺术形式，也促进了国际文化认同。通过这些形式，非遗的保护与传承逐渐从地方性的文化项目升级为全球性的文化使命，成为促进文化多样性发展和增进国际理解的重要途径。

数字化技术的应用使得非遗的传播更加广泛，特别是在互联网和社交媒体平台的帮助下，非遗资源的展示和传播实现了前所未有的便捷性。全球范围内的数字博物馆、虚拟展览、在线课程等形式，不仅为公众提供了接触非遗的机会，还让非遗文化得到了前所未有的关注与传播。传统的手工艺、民间艺术、节庆活动等，通过高清图像、视频和互动平台的展示，打破了文化和语言的障碍，使得不同国家和地区的观众能够以更直观的方式理解和欣赏这些传统艺术和文化形式。

非遗的全球传播不仅仅是信息的传播，更是一种文化认同的构建。通过全球性的交流与展示，非遗逐渐成为全球文化认同的共同语言，帮助不同国家和地区的人们增进对彼此文化的理解与尊重。非遗的传播使得世界各国的民众能够看到和理解不同文化的独特性与魅力，增强了全球文化多样性的认同感。与此同时，非遗的传播也促进了各国文化的创新性发展。传统文化的活态传承不仅仅是对过去的保留，更是对传统与现代结合的不断探索。通过与现代社会的对接和融合，非遗逐步适应了当代社会的发展需求，并在此过程中实现了文化的再创造与创新。

随着全球文化合作的不断加强，非遗的全球传播不仅在文化保护领域取得了显著成果，也在经济、社会等多方面产生了积极的影响。非遗作为文化遗产的核心组成部分，不仅仅具有文化价值，还具有巨大的经济潜力。各国通过文化旅游、创意产业、教育培训等途径，推动了非遗的产业化发展。与非遗相关的文化创意产品，不仅能满足现代人对文化消费的需求，还能促进当地经济的发展，增加就业机会。非遗产业化的推进，不仅为社会发展提供了更加可持续的经济支持，也为全球经济的多样化发展贡献了力量。

随着非遗全球传播的深入发展，国际社会对于非遗保护与传承的重视程度不断提高。全球范围内的非遗保护行动正在形成一个互通有无、协同发展的局面。各国在非遗保护方面的交流与合作日益频繁，国际文化政策趋于一致，推动了全球非遗保护体系的逐步完善。通过联合国教科文组织的框架构建以及各类国际文化机构的推动，非遗逐步成为全球文化治理中的重要组成部分，各国不仅在文化保护上达成共识，还在实际操作中相互学习与借鉴，形成了更加完善的非遗保护与传播模式。

非遗的全球传播与普及不仅为文化多样性发展提供了保障，也为全球文化的繁荣与发展提供了动力。通过数字化技术与现代传播手段的结合，非遗的传承进入了一个崭新的时代。在这个过程中，非遗不仅仅是过去文化的遗存，它还在全球化时代得到了新的生命与意义。其传播和保护不仅仅是为了延续历史，更是为了在多元文化的背景下，促进全球文化的和谐共生。非遗的全球传播使得各国文化得以在更广阔的空间中交流与融合，最终形成一种共生共荣的文化格局。

四、非遗传承与国际文化交流的互动

非遗作为文化传承的关键载体，其保护与传承在全球化背景下显得尤为重要。非遗的保护和传承与国际文化交流之间形成了一种深刻的互动关系。随着全球化进程的推进，世界各国在文化交流和合作中更加注重对非遗的保护与创新传承，形成了一种跨国、跨文化的合作机制，这一机制既推动了不同文化的相互理解和尊重，也为非遗的创新性保护与传承提供了新的途径与视角。

非遗在国际文化交流中的作用日益凸显，尤其是在推动全球文化多样性和增进跨文化理解方面，非遗成为文化交流的重要桥梁。各国通过展示其独特的非遗项目，不仅让世界了解其历史文化，也通过展示本国文化的独特性和多样性促进了全球文化认同的加强。在全球化的时代背景下，非遗的跨国交流已经不再是单纯的文化输出或输入，更是一种全球发展共同体的构建过程。每一种文化在全球文化大体系中的位置都逐渐变得更加平等和多元，而非遗正是这个共同体中的一部分，通过其独特的文化价值，促进了世界各国在文化交流中的平等对话与相互尊重。

从文化交流的角度来看，非遗的国际传播不仅仅是物质层面的技术转移或艺术形式的传递，更重要的是它承载的思想、情感和人类智慧的跨文化流动。在全球化进程中，各国文化在传播和交流的过程中不断寻求相互融合与补充，

非遗作为文化的活态表现，其创新性传承提供了多种跨文化的理解方式。非遗的跨国交流推动了不同文化之间的互动，使得各国能够更深刻地理解彼此文化的内涵，并为非遗的创新性传承提供了丰富的灵感和方法。通过国际文化交流，非遗不仅得以保留其传统的文化特征，还能在现代社会背景下焕发新的生命力。

随着国际合作机制的逐步完善，非遗的跨国传承成为可能，世界文化遗产的保护工作取得了显著进展。非遗的国际交流为世界文化遗产保护提供了重要的示范作用，全球范围内的文化互助与合作逐渐建立了一种有效的沟通机制，使得非遗的传承与保护不局限于某一地区或国家的范畴内，而是能够跨越国界，实现全球范围的共同保护与发展。各国在非遗保护方面的合作从最初的交流与分享经验，到逐步形成具体的合作行动，如共同开展非遗的保护项目，创建跨国非遗文化保护网络等。这些行动不仅有助于全球范围内非遗保护理念的共享，也为世界文化遗产保护积累了丰富的实践经验。

在世界文化遗产保护工作中，非遗作为文化多样性的代表之一，逐渐成为全球文化保护体系中的核心组成部分。国际社会越来越意识到，非遗的保护不仅仅是个体国家文化身份的体现，更是人类共同文化财富的一部分。在这一过程中，国际文化交流与合作成为推动非遗保护的关键动力。各国通过文化交流活动、学术合作、跨国文化项目等多种方式，携手推动非遗的保护与传承。与此同时，非遗的传承也更加灵活和多元。数字化技术的运用、现代化教育手段的融入、跨学科研究的推动等，为非遗的保护与创新传承提供了更加丰富的资源和手段。

非遗与国际文化交流的互动关系也体现在非遗的创新性传承上。在传统的非遗保护模式中，非遗往往是以"保持原貌"的方式进行传承，而在国际文化交流的推动下，非遗的创新性传承逐渐成为一种新的趋势。各国通过吸收国际文化的优秀元素和创意方法，将非遗项目与现代社会的需求相结合，从而为非遗注入新的活力。这一创新性的传承模式不仅能使非遗适应现代社会的变化和发展，还能使其更好地融入当代生活。通过国际合作与交流，非遗的传承不再是封闭的、静止的，而是动态的、与时俱进的。

非遗的传承与国际文化交流之间的互动，不仅仅是一个单纯的文化传播过程，更是全球发展共同体建设的一部分。通过跨国文化交流和合作，非遗在全球范围内得到了更广泛的认知与保护，也为全球文化多样性发展和人类文明的共同发展做出了积极贡献。在这一过程中，非遗不仅是文化认同和历史传承的载体，更成为全球文化对话的重要组成部分。各国在合作中相互学习、相互借鉴，为全球非遗的保护与传承创造了更加丰富的可能性。同时，这种互动关系也使得非遗在全球化的背景下，能够保持其独特的地方性特色，同时具备了更广泛的全球视野。随着国际文化交流的不断深入，非遗的保护和传承将继续为全球文化的多样性和丰富性发展做出贡献，成为促进全球文化相互理解与尊重的重要力量。

第二节　非遗传承的国际交流机制

一、联合国教科文组织的非遗保护机制

自 2003 年联合国教科文组织（UNESCO）通过《保护非物质文化遗产公约》以来，全球范围内的非遗保护与传承工作进入了一个新的发展阶段。该公约的出台，标志着国际社会对非遗保护的高度重视，并为全球非遗的定义、保护、传承提供了统一的框架，使得非遗的保护不再局限于个别国家或地区的事务，而成为全球文化多样性保护的重要组成部分。通过这项公约的推动，联合国教科文组织不仅确立了非遗保护的国际标准，还为世界各国提供了一个国际合作的平台，促进了各国在非遗领域的互动与协作。

联合国教科文组织通过组织全球性和地区性的会议，为各国提供了一个相互学习、经验交流和共同探讨非遗保护问题的交流平台。联合国教科文组织定期召开非遗领域的国际会议，邀请全球的专家学者、政府官员及文化工作者参与，讨论非遗保护中的最新动态、创新方法和未来发展方向。这些会议不仅帮助各国在非遗保护中分享实践经验，还通过构建国际合作网络，为全球非遗保护工作提供了多维度的视角和解决方案。通过这些全球性的交流活动，联合国教科文组织为非遗保护领域的国际合作架起了桥梁，推动了跨国文化的相互理解和尊重，也促进了各国文化政策的创新和升级。

联合国教科文组织还通过提供资助与技术支持，推动全球非遗保护的具体实践。教科文组织不仅为一些国家和地区的非遗保护项目提供经济援助，还提供技术援助和人才培训，帮助那些资源相对匮乏的地区增强非遗保护能力。这些资助和支持形式，包括资金支持、项目管理协助、文化遗产的数字化保护技术等，显著提高了非遗项目在全球范围内的保护水平。尤其在数字化技术的推动下，教科文组织促进了大量非遗项目的数字记录与虚拟展示，使得这些传统文化能够跨越时空的限制，传递给更广泛的国际观众。这种技术支持不仅增强

了非遗项目的可视性，也使得非遗得以在现代社会中焕发新的生机与活力。

在联合国教科文组织的引领下，非遗逐渐走向全球视野，成为国际文化政策的核心组成部分。通过《保护非物质文化遗产公约》的实施，各国逐步认识到非遗保护对于文化身份、民族自信和社会发展的深远影响。非遗作为承载传统文化和社会记忆的重要载体，其保护不仅是对过去的尊重，也是对未来的责任。通过教科文组织的倡导，全球范围内的非遗保护事业逐渐进入了国家文化战略的议程，各国开始在政策层面更加重视非遗保护与传承的系统性和持续性。在许多国家，非遗保护不仅仅是文化遗产的保存，更是社会和经济发展的动力之一。文化旅游、创意产业、教育等领域，都开始与非遗保护相结合，形成了新的文化经济模式。

联合国教科文组织还通过倡导非遗保护与现代化发展的融合，推动了非遗的创新性传承。非遗的保护不应仅仅局限于传承传统形式，而应该在尊重其本源的基础上，结合现代科技与社会需求，探索新的表现形式和传播方式。在教科文组织的推动下，非遗保护的理念逐渐拓展至非遗创新的层面，鼓励各国在保护的同时，探索如何在当代社会中将非遗与现代文化、技术、产业相融合，使得非遗在当代依然保持活力，并能为未来的发展提供动力。这一理念的提出，不仅提高了各国对非遗保护与创新的认知，也促进了非遗项目的多元化发展，为全球非遗保护工作提供了创新的路径。

通过联合国教科文组织的倡导和推动，非遗的全球保护工作取得了显著进展。教科文组织不仅为各国提供了理论框架和技术支持，还通过各种机制促进了国际合作与资源共享。随着非遗保护意识的普及和国际合作的深化，全球非遗的传承不仅得到了保障，也为世界各国文化的多样性和创造力注入了源源不断的活力。非遗保护的国际合作机制通过促进各国文化的交流与共识，推动了全球文化多样性的保护与发展，使得非遗不仅在本国文化中得到传承，也在全球范围内展现出了更加旺盛的生命力和非凡的影响力。在这一过程中，联合国教科文组织作为全球非遗保护的核心力量，为非遗的可持续发展、创新传承和全球文化的繁荣做出了不可替代的贡献。

二、区域性非遗保护合作平台的建设

区域性非遗保护合作平台的建设已经成为世界文化遗产保护体系的重要组成部分。在全球化进程加速的今天，文化的多样性和地方特色正面临前所未有的挑战，而非遗作为文化的重要载体，正处于亟须保护与传承的关键阶段。在这一背景下，区域性合作平台的建设显得尤为重要。不同地区之间通过共建合作平台，分享各自的非遗保护经验与方法，不仅可以有效促进区域文化的互学互鉴，还能在全球非遗保护体系中占据重要地位。通过区域合作，不同文化间的联系与交流得到加强，从而使各国和地区能够在全球非遗保护和传承领域形成合力，推动文化遗产的可持续发展。

随着区域性文化交流的深入，非遗保护已不再局限于单一国家或地区的范畴，而是逐渐成为跨国界的文化合作项目。区域性平台的建设在推动文化多样性保护方面发挥着重要作用，尤其是在促进地区间非遗保护政策的共享、技术与资源的整合方面具有不可忽视的意义。这些平台不仅为参与国提供了交流和合作的空间，也为各国提供了借鉴和学习的机会。通过这些区域性合作，国家之间可以在非遗保护政策、法律框架、文化遗产管理等方面进行深入探讨，推动制定出符合地区实际情况的保护策略，形成更为有效的非遗保护模式。

在区域性合作平台的推动下，非遗的保护与传承逐步从各国单打独斗的局面走向协同合作的局面，尤其是在东南亚、非洲等文化多元的地区，通过建立地区性非遗合作平台，促进了各国在文化遗产保护领域的协作与交流。这些平台不仅推动了地方传统文化的传播，也提高了人们对非遗保护重要性的认识，促进了各国文化自信的增强。通过这种合作，参与国家能够在不同层次上进行对话和协作，包括非遗教育、技术研发、资源共享等方面的深入合作，推动了非遗保护工作的纵深发展。

区域性非遗合作平台的建设，有助于实现本土文化特色的强化。不同国家和地区在分享非遗保护经验的过程中，能够更好地理解和尊重彼此的文化差异，进而推动本土文化特色的保护与传承。通过平台的建设，各国能够汲取其他地区成功经验，并根据本土文化的需求进行适应性创新，这不仅强化了本国非遗的保护力度，也为全球文化多样性发展做出了贡献。与此同时，区域性平台的合作还提升了参与国在全球非遗保护体系中的话语权，尤其是一些文化相对薄弱的地区，通过区域性合作能够在国际舞台上发出自己的声音，争取更多的文化资源和支持。

在区域性合作平台建设的过程中，非遗的传播与创新成为一个不可忽视的重要议题。尽管非遗的保护旨在保持传统文化的纯粹性，但在全球化的背景下，文化的交流与融合已是不可避免的趋势。在这种背景下，如何在保护的基础上推动非遗的创新与传播，成为区域性合作平台面临的重要课题。通过平台内的合作，各国可以共同探讨非遗保护和传承在现代社会中的创新路径，如何将传统技艺与现代科技相结合，如何通过数字化手段提高非遗的传播力和影响力，从而实现非遗的活态传承。在这一过程中，区域性平台为各国提供了共同探讨的机会，使各国在保护非遗的同时，也能找到文化创新与传承的平衡点。

区域性非遗保护合作平台的建设，促进了非遗保护领域的资源共享和技术合作。不同地区在面对非遗保护和传承的挑战时，可以通过合作平台交换保护技术、资源和资金支持，共同研发非遗保护技术，推动非遗项目的数字化保护与传承工作。例如，在一些技术较为先进的地区，数字化保护技术已得到广泛应用，这些地区的经验和技术可以通过合作平台传播到其他地区，提高其非遗保护的技术水平。同时，区域合作还可以为非遗传承提供更加充足的资金保障，一些国际组织和基金会可以通过区域性平台为有需要的地区提供资助，从而为非遗保护提供持续的支持。

区域性合作平台的建设也促进了非遗教育的普及与发展。非遗教育作为非遗保护的重要组成部分，不仅仅是在学校中进行知识传播，它同样包括了社会公众的文化认知与传承意识的增强。在这一过程中，区域性合作平台为各国的非遗教育工作者提供了交流的机会，促进了教育资源的共享。通过跨国合作和经验交流，区域内的非遗教育不仅能引入其他国家成功的教育模式，还能在全球范围内倡导非遗保护的理念，提高公众对非遗的认知度，推动非遗教育向更广泛的层面发展。

通过构建区域性非遗保护合作平台，不仅加强了各国间文化遗产的保护合作，更为非遗的可持续发展提供了多方面的支持。这种合作模式将进一步促进全球文化的多样性发展，为非遗的保护与传承创造出更加有利的环境。通过深入的区域性合作，非遗保护将不再是局部的文化行动，而是全球发展共同体的重要组成部分。

三、国际非遗保护与教育合作

国际非遗保护与教育合作是当今全球化时代文化传承和发展的重要组成部分，体现了各国在保护文化多样性和促进文化遗产传承中的共同责任与努力。在全球化进程中，传统文化面临着诸多挑战，包括文化同质化、传统技艺的消失以及文化认同的淡化。在这种背景下，非遗的保护不仅仅是单一国家的任务，更是国际社会共同承担的文化责任。非遗保护和教育合作在促进非遗传承的过程中，发挥了重要作用，不仅为非遗的保护提供了坚实的技术与人才支持，也增强了公众对非遗价值的认知与尊重，推动了跨文化交流与文化多样性的尊重。

非遗的保护与教育是密不可分的。随着传统技艺和民间文化逐渐失传，非遗传承面临着巨大挑战。各国在非遗保护的努力中，逐渐认识到教育对传承非遗的重要性。通过国际合作，非遗的教育得到了更广泛的推广和深入的实施。许多国际组织与各国政府、学术机构以及非政府组织紧密合作，共同开展非遗保护与教育项目。这些项目涵盖了从非遗技艺的传授到文化交流的各个方面，特别是在技术和方法创新方面，不断推动着非遗保护的进步与发展。通过这些项目，非遗的传承不再是孤立的文化活动，而是融入国际合作和全球文化交流的大背景中。

非遗技艺的培训是国际合作中的一个重要组成部分。非遗技艺的传承不仅是对技艺的保护，更是对背后文化理念和社会习俗的传承。通过多国合作，专业的非遗培训课程和工作坊在全球范围内开展，培训项目不仅帮助各国培养了一批非遗传承的专业人才，也为非遗技艺的保存提供了创新的方法和手段。这些培训项目强调技术与文化的融合，既注重传统技艺的操作规范，也倡导文化意识的加强。通过这些培训，非遗传承人能够不断提升技艺水平和教育能力，为非遗的持续发展注入了活力。

除了技艺培训，文化交流活动在国际合作中也占据了举足轻重的地位。文化交流不仅是非遗教育的重要手段，也是推动非遗国际化的重要途径。通过多样化的文化交流活动，如国际艺术节、展览、学术研讨等，世界各国可以共享非遗资源，了解不同文化背景下的非遗内涵与表现形式。文化交流活动为非遗的国际传播提供了平台，世界各国通过这种跨文化的互动，增强了对非遗的认知与保护意识。文化交流的开展，不仅促进了对传统文化价值的重新审视，也为全球文化合作提供了实践经验与理论支持。

在现代科技迅速发展的背景下，数字化技术的应用成为非遗保护中的一项创新突破。数字化保护技术使得非遗得以在全球范围内以新的方式进行传播与保存。通过数字化技术，非遗的内容得以记录、存储和传播，使得原本难以保存的非物质文化遗产，能够以虚拟形式跨越时空的界限，实现全球共享。国际合作在数字化技术的推广和应用中起到了至关重要的作用。各国通过共享数字技术平台，推动了非遗保护的科技化、智能化发展，非遗的数字化档案和虚拟展示不仅方便了学术研究和文化传播，也为下一代的非遗传承提供了新的教育工具和资源。

非遗保护与教育的国际合作也涉及政策和法律层面的支持。许多国家已经认识到，单靠技术和文化活动的推动是远远不够的，必须有制度化、法律化的保障。国际组织在此过程中发挥了积极作用，通过制定和推动国际公约、协议，帮助各国加强非遗保护政策的实施。在这一过程中，非遗教育被纳入了国家文化政策的重要内容，成为国家文化战略的一部分。这些国际合作的成果，帮助各国在非遗保护的实践中获得了更加清晰的政策指引，提升了各国政府在非遗保护中的执行力和规范性。

非遗保护的国际合作还在不断向着更加多元化和深入化的方向发展。在过去，非遗保护的国际合作主要集中在文化资源的共享与传统技艺的传承上，而如今，合作的内容逐渐拓展到非遗的社会功能、创新发展等更广泛的领域。随着社会经济的发展和文化需求的提升，非遗的保护已经不再仅仅是为了保存过去的记忆，更是为了在现代社会中找到其新的生命力。国际合作的深化促使各国重新审视非遗的现代价值,推动非遗保护和教育的可持续发展。通过创新的合作机制和教育方法,非遗不仅在历史中得以延续,也在当代得以焕发新的光彩。

国际非遗保护与教育合作已经成为全球文化保护和传承的重要途径。通过各国政府、国际组织、学术机构和社会团体的共同努力,非遗的保护和教育工作在全球范围内取得了显著进展。随着全球文化交流的进一步深化和数字化技术的发展,非遗保护的合作模式将继续创新,非遗传承的范围和影响也将不断扩大。在这一过程中,非遗教育无疑将继续发挥关键作用,为全球文化多样性的保护和文化传承的可持续发展提供有力支持。

四、非遗传承中的跨文化对话机制

非遗的传承与保护不仅是各国文化发展的重要组成部分,也是一项全球性的文化议题。在全球化的背景下,非遗的传承面临着跨国界、跨文化的挑战。为了更好地应对这些挑战,推动非遗保护的国际合作和全球传播,各国通过建立跨文化对话机制,加强了文化间的交流与合作。跨文化对话机制的建设在非遗的国际交流中扮演着重要角色,为全球非遗保护提供了宝贵的经验和借鉴,也促进了世界各国文化认同的深化和对文化多样性的共同维护。

跨文化对话机制作为非遗传承的重要组成部分,具有多维的文化意义和实质性的功能。在当今多元文化交汇的时代,文化交流的形式日益丰富,跨文化对话机制为各国提供了一个交流思想、分享经验的平台。通过这个平台,各国的文化专家、学者、艺术家及政府代表可以聚集一堂,围绕非遗保护、传承与创新等关键议题展开深入讨论。这种讨论不限于技术性和政策性层面的交流,更注重文化层面的对话,旨在理解不同文化背景下非遗传承的特殊性,尊重各国在非遗保护方面的差异性,并寻求共同的解决方案。这种机制推动了非遗保护工作中理念的相互碰撞与融合,逐步形成了全球范围内的非遗保护共识,强化了国际社会在非遗传承工作中的共同责任感。

跨文化对话机制不仅增强了非遗保护领域的学术性讨论和理论研究,也为非遗的全球传播提供了新的动力。在以往的非遗保护和传承过程中,往往存在局限于本国或本地区的保护方式和理解角度。随着全球化的加速,文化流动和信息技术的发展，非遗传承的视野逐渐拓宽，文化交流的深度和广度也日益增加。跨文化对话机制使得不同国家和地区的非遗得以相互借鉴，形成了更加多元和包容的传承模式。这一机制通过国际性论坛、学术研讨会、文化节等活动，使非遗走出了国界，进入了更加广阔的国际交流平台。通过这些平台，各国能够展示自己独特的非遗资源，也能分享和借鉴其他国家的成功经验，推动非遗的全球传播和普及。

在这个过程中，跨文化对话机制促进了各国之间对非遗传承共同问题的探索与解决。全球范围内的非遗保护往往面临着相似的挑战，如如何平衡非遗的现代化与传统化、如何利用现代科技手段进行非遗的数字化保护、如何推动非遗与当地社区经济社会的融合等。通过跨文化对话机制，国际文化交流能够帮助各国总结并提炼出这些问题的共性，促进全球范围内的有效合作。这不仅有助于形成全球非遗保护的统一框架，也使得各国能够在不同的文化背景下探讨适合本国的非遗保护路径和策略。

非遗的全球传播不仅需要文化认同的共建，还需要相互尊重和包容的精神。跨文化对话机制作为推动这一进程的重要手段，帮助各国文化建立了平等的交流平台。在这一平台上，参与各方并不以文化优越性为前提，而是本着尊重文化多样性、保护文化遗产的共同目标，积极开展跨国合作与交流。通过这种机制，不同文化背景下的非遗传承不再是单向的输出或输入，而是形成了双向甚至多向的互动。这种互动不仅促进了全球非遗保护资源的共享，也增强了世界各国对非遗的认同与尊重，从而推动了全球文化认同的共同构建。

跨文化对话机制的建设，促使各国在非遗保护中更加注重文化的包容性和多样性。非遗的价值不仅体现在其本身的艺术性和历史性，更在于它作为文化身份的象征，承载了民族的记忆与情感。在跨文化对话的过程中，不同国家和地区的非遗代表性项目被赋予了更多的文化意义，非遗保护的理念也更加人文化，注重保护其传承的社会性和群众性。这一过程中，非遗不再仅仅是某个特定群体的文化符号，而是成为全球文化对话的一部分，具有了普遍的历史价值和文化意义。通过跨文化对话，各国在互相理解、尊重差异的基础上，共同推动了非遗的传承与创新，使其在全球范围内得到更广泛的认同与传播。

除了促进文化间的理解与合作，跨文化对话机制还帮助非遗在国际舞台上获得更多的关注与支持。随着非遗的国际影响力逐步增强，越来越多的国际组织、政府机构、非政府组织及民间团体开始关注和参与到非遗保护的工作中。通过跨文化对话机制，非遗的国际化程度得到了提升，为其传承与保护提供了更加多样化的支持。这种支持不仅体现在资金、技术、人才等硬件资源的提供上，更体现在文化层面的认同与传播上。非遗的保护不再仅仅是某个国家的文化事务，更成为全球文化共同体的责任，得到国际社会的广泛参与和支持。

在未来，跨文化对话机制的建设将进一步推动全球非遗保护事业的发展。随着国际文化交流的不断深入，非遗的国际化进程将不断加快，跨文化对话机制将发挥更加重要的作用。它不仅为非遗传承提供了一个文化互动的平台，也为全球文化的多样性保护和可持续发展提供了新的思路。通过加强跨文化的合作与交流，非遗将不仅仅是各国历史文化的见证，更成为全球文化认同的纽带，促进世界文化的和谐共生与共同繁荣。

第三节　非遗传承的国际合作案例与启示

一、非遗国际合作的成功案例

非遗的保护和传承面临着许多复杂的挑战，尤其是在全球化的进程中，传统文化往往面临着流失和消亡的风险。然而，随着国际社会对非遗保护认识的不断深化，多个成功的国际合作案例展示了跨国合作在非遗传承方面的重要性。通过国际合作，各国不仅在技术上取得了显著突破，在保护和传承方式的创新上也取得了显著的进展。这些成功的实践不仅促进了非遗的有效保护，也为全球文化多样性的保持和优秀文化的传承提供了宝贵的经验，推动了各国文化交流与合作的不断深化。

楚雄彝族服饰作为国家级非遗，是中华优秀传统文化的重要代表，其历史悠久、内涵深厚，是人类文明的重要财富。在全球化与现代化的背景下，非遗逐渐融入现代文明的建设发展，不仅成为文化认同的重要载体，也通过文创产品、生活方式和文化展演的形式为现代社会增添独特的文化价值。楚雄彝绣的保护、传承与创新为非遗国际合作提供了成功的范例，同时也彰显了中国非遗文化在国际舞台上的时代魅力。

近年来，楚雄彝族自治州政府高度重视彝绣这一特色文化产业的发展，坚持"在保护中传承，在传承中创新"的理念，通过多方协作与文化输出，让彝绣从乡村走向世界，从传统民间手工艺转型为具有国际影响力的文化品牌。楚雄彝绣的活化传承，不仅仅是对传统技艺的保存，更是将其融入经济社会发展的重要实践。这一非遗项目先后登上上海、纽约和米兰等国际时装周的舞台，展示了中国非遗文化在全球化语境中的深度参与，也成功开创了非遗保护与社会经济建设相互促进、协调发展的新模式。

2024年恰逢中法建交60周年，也是中法文化旅游年。在此背景下，中国外文局国际传播发展中心与楚雄彝族自治州合作，以彝绣为桥梁，积极推动楚雄彝绣走向国际舞台，特别是在巴黎时装周上的展示，成为中法文化交流的重要活动之一。本次活动通过非遗元素的现代设计发布和服装展示，充分展现了中国非遗元素与国际时尚的深度融合，赋予楚雄非遗文化时代特质与国际化表达形式。

巴黎时装周期间，楚雄彝绣的亮相，不仅仅是一次传统工艺的展现，更是中国非遗文化"走出去"的标志性事件。活动邀请了中国驻法国大使馆、法国政府相关部门、巴黎市政府以及中法时尚领域的专家学者和媒体记者等约百人参加。这种多层次、多领域的国际合作模式，进一步推动了非遗文化的交流互鉴，为全球文明对话提供了新范式。值得一提的是，中法双方高度重视本次活动，并将其列入中法建交60周年系列官方活动，这不仅体现了非遗文化在国际交流中的独特作用，也凸显了其在促进文化多样性与全球文明互鉴中的积极贡献。

同时，中国外文局国际传播发展中心与楚雄州联合制作的彝绣主题国际宣传片也成为本次活动的重要内容。这部宣传片以国际化的表达方式，生动展现了云南楚雄多姿多彩的非遗项目及彝绣在保护与传承中的成就，进一步加深了国际社会对中国非遗文化的理解和认同。通过视频、时尚展演和文化交流等多种形式，楚雄彝绣的文化价值得到了全面的诠释，也为未来非遗文化的国际传播提供了可借鉴的路径。

2024年10月，"有一种叫云南的生活·非遗彝绣秀北京"活动在北京中轴线地标性建筑钟鼓楼前举行，刚刚于9月末"惊艳"了巴黎时装周的楚雄彝族服饰再次起航，在首都北京续写"指尖新传奇"，展非遗之韵、传文化之美。这一活动不仅延续了巴黎时装周的传播效应，也通过海内外联动的方式，为非遗文化的保护与传承提供了更多可能性。通过系列活动的策划与实施，楚雄彝绣和楚雄时装周品牌的知名度得到显著提升。非遗文化通过跨文化传播，实现了从地方特色到国际文化品牌的跃升，成为中国文化"软实力"的重要体现。

楚雄彝绣在国际舞台上的成功，不仅在于其深厚的文化底蕴和艺术魅力，更得益于现代技术和设计的有机融合。通过时尚化、国际化的表达方式，彝绣传统技艺得到了现代审美的重塑，成为兼具传统文化精髓与当代设计理念的文化符号。这一成功案例表明，非遗保护不仅仅是对传统的固守，更通过创新赋予其新的生命力，使之成为文化与经济、传统与现代、地方与全球相互融合的纽带。

二、非遗国际合作中的挑战与应对策略

非遗的国际合作在近年来取得了显著成效，但在实际操作中依然面临着诸多挑战。这些挑战既涉及文化层面的差异，也包括政策、资源和技术等方面的障碍。尽管各国在非遗保护领域存在共同的目标，即促进文化多样性发展和传承传统技艺，但由于各国的文化背景、经济发展状况以及社会需求不同，非遗保护的优先级、实施方式和具体策略往往存在较大的差异。这种差异性往往使得国际合作变得复杂，如何协调各国之间的利益、弥合不同国家间的文化鸿沟，成为非遗国际合作中的一项重大挑战。

在非遗保护的国际合作中，文化差异和理念的冲突是最为常见的问题。每个国家对非遗的理解与重视程度存在差异，这不仅体现在对特定遗产的保护重要性的认知上，还反映在不同文化价值观的差异上。某些国家强调非遗保护的传统性，认为遗产的核心价值在于其历史的延续与完整保留，而另一些国家则更侧重于非遗的现代转化和创新性应用，这种理念上的分歧导致了合作中难以达成统一的共识，更难以制订统一行动方案。此外，非遗保护与当地社会、经济发展之间的关系也呈现出一定的复杂性。在一些地区，非遗作为地方经济和社会文化的支柱，其保护和发展常常与经济效益、旅游开发等因素紧密相关，而在其他地区，非遗保护则更多地聚焦于其文化和历史的传承。这种不同的价值取向和文化优先级差异，使得各国在合作时需要面对许多现实问题和矛盾。

除了文化差异外，非遗国际合作中还面临着政策实施与资源分配的挑战。不同国家的政策环境和资源状况决定了它们在非遗保护方面的投入和优先级。在一些国家，非遗保护已经纳入国家文化政策的核心领域，政府通过制定相关法律、政策和资金支持措施，确保非遗得到了有效的传承与保护。然而，在一些资源相对匮乏的地区，非遗保护往往缺乏足够的资金支持和专业人才，这使得非遗的保护面临着严重的资金短缺和技术瓶颈。即使是同一地区或同一国家，在不同地方的非遗项目也可能面临不同的资源状况，造成了资源分配的不均衡，这种情况在国际合作中尤为明显。当多个国家或地区共同参与某一非遗

项目时，各方的资源配置和政策协调往往受到复杂因素的制约，如何平衡各国的需求和贡献，确保项目能够顺利实施，是合作中需要解决的难题。

面对这些挑战，许多国际合作项目采取了灵活的应对策略，力求在文化差异、政策冲突和资源不均的背景下，促成顺利的合作与互动。一个重要的应对策略是通过多层次的合作平台进行协调。不同层次的合作平台可以涵盖政府、非政府组织、学术机构、文化团体等多方参与者，通过跨部门和跨领域的协作，减少文化差异和政策冲突带来的影响。例如，国际组织和地区性文化机构通过组织研讨会、文化交流活动、培训项目等，促进不同国家和地区在非遗保护领域的经验交流与知识共享。这种多层次的合作方式不仅有助于打破单一机构或国家的壁垒，还能在更广泛的范围内推动非遗的跨文化交流与共同保护。

另一个有效的应对策略是灵活的政策协调机制。针对各国政策差异可能带来的合作障碍，许多国际合作项目在实施过程中采取了灵活的政策调整措施。这些措施通常包括在项目启动阶段对各方需求的充分调研与评估，确保合作框架能够根据不同国家的实际情况做出适当调整。此外，跨国的政策协调往往需要通过外交渠道或国际法律机制来进行，这要求合作方在国际法框架下找到共识，减少法律制度之间的冲突。实施这种灵活的政策机制，可以避免政策壁垒的形成，为非遗国际合作奠定更加稳定的基础。

跨领域的合作方式也是非遗国际合作中的一种重要策略。在非遗的保护与传承中，单一领域的合作往往无法解决复杂的文化和经济问题，因此，跨学科、跨领域的合作显得尤为重要。这种合作不限于文化领域，也涉及旅游业、教育、科技等多个行业。通过与旅游业、社区发展、教育培训等领域的协作，非遗保护能够更好地融入当地社会的经济发展中，从而形成良性循环。跨领域的合作能够为非遗的保护注入新的活力，也为其传承提供更多的资源与支持。

非遗国际合作的顺利推进离不开对实际困难的深刻理解和对复杂问题的有效应对。通过多层次的合作平台、灵活的政策协调和跨领域的合作方式，国际社会可以在尊重文化差异的基础上达成共识，推动非遗保护项目的顺利实施。这些应对策略不仅为解决非遗国际合作中的实际问题提供了思路，也为未来的非遗保护工作提供了宝贵的经验。随着各国之间的文化交流日益加深，非遗国际合作将逐步走向成熟，推动全球范围内非遗的共同保护与传承。这一过程将为文化多样性的保护、民族身份的认同以及全球文化的共同繁荣做出积极贡献。

三、国际合作中的知识共享与技术创新

非遗的保护不仅仅是对传统技艺和文化表现的维护，更是对文化多样性的一种承认与尊重。在这一过程中，国际合作发挥着重要的作用，尤其是在知识共享和技术创新方面。随着全球化进程的推进，非遗的保护面临着前所未有的挑战，尤其是在快速变化的现代社会中，传统的传承方式难以满足新的文化需求。在这种背景下，现代科技特别是数字化技术的应用成为非遗保护与创新的重要推动力。数字化技术的引入不仅改进了传统非遗保护的方式，也为全球范围内的非遗资源传承提供了新的渠道和途径。通过国际合作，世界各国能够在非遗保护方面分享知识和技术经验，这种合作不仅拓展了非遗传承的全球视野，也为各国在文化遗产保护上提供了更多的创新解决方案。

在非遗保护领域，技术创新的应用日益显现其重要性，尤其是在数字化方面。数字化技术通过图像处理、三维扫描、VR、AR等手段，使得传统非遗项目得以更加精准地记录、保存和传播。通过将非遗的各种形式——无论是传统音乐、舞蹈、手工艺、民间故事，还是传统节庆等——转化为数字化形式，非遗的文化价值不仅能被永久保存，还能通过互联网等现代传播手段迅速传播至全球。这一转化不仅仅是形式上的变革，更是保护与传承的内在动力。数字化的存储和传播方式为非遗的跨国传播提供了技术保障，让更多的人能够接触到、了解和体验不同国家和地区的传统文化。在此过程中，国际合作成为不可或缺的组成部分。各国在非遗数字化技术的研发、应用及推广方面通过合作共享知识，避免重复劳动，提升了非遗保护工作的整体效率和效果。

数字化技术不局限于非遗资源的数字化记录，更进一步推动了非遗项目的数字传播与互动。通过互联网平台，非遗的文化表现形式可以在全球范围内得到展示与传播。尤其是在现代网络技术的支持下，非遗的传播不仅能突破时间和空间的限制，还能通过在线课程、虚拟博物馆等方式，让公众随时随地接触到多元文化遗产。这种传播方式与传统的展示形式相比，更加灵活，能够满足不同

地区、不同文化背景人群的需求。通过国际合作，各国可以共享数字平台的建设经验、技术标准以及传播方式的创新成果，为全球非遗文化的传播开辟新的空间。这不仅提升了非遗的国际影响力，也促进了全球范围内文化认同的共同构建。

除了数字化技术，其他现代科技同样在非遗保护中发挥了积极作用。比如，AI、大数据分析和物联网技术等的应用，进一步提升了非遗的保护效率和质量。人工智能技术通过数据挖掘和模式识别，能够对非遗项目进行智能化管理，提高了非遗资源的保护和监测精度。而大数据技术则可以帮助各国在全球范围内进行非遗项目的分类、分析和评估，为非遗保护提供科学依据。物联网技术则通过实时数据监测和远程管理，使得非遗资源能够在全球范围内得到更加全面的保护。这些现代技术的应用，丰富了非遗保护的技术手段，推动了其保护工作的现代化和智能化，也为国际合作提供了新的平台。各国可以通过合作，共享这些先进技术，并结合本国的实际情况，创新性地进行非遗的保护与传承。

国际合作中的知识共享不仅仅体现在技术层面，更多的是在经验和管理模式上的交流。在非遗保护的实践过程中，各国根据自身的文化背景和社会需求，积累了不同的保护经验和管理模式。这些经验和模式往往因各国的历史文化、社会结构、政策环境等方面的差异而呈现出独特性。通过国际合作，国家间可以互相借鉴和学习，吸收对方的成功经验和先进管理理念，提升自己在非遗保护方面的能力。例如，某些国家通过非遗的法律保护机制建立了强有力的文化保护框架，而其他国家则通过加强社区参与和民众教育提高了文化认同感。通过这种跨国知识共享，非遗的保护方式和理念得以不断创新与改进，全球的非遗保护体系逐渐趋向完善。

国际合作中的知识共享还体现在对非遗保护政策的共同推进上。随着非遗保护工作的深入发展，许多国家认识到单一国家的努力往往无法满足全球化背景下非遗保护的需求，尤其是在全球性的非遗资源面临威胁时。此时，国际合作尤为重要。各国政府、国际组织及学术机构通过合作，推动非遗保护的国际政策框架建设，从而形成全球性的共识和行动。这种政策层面的合作不仅能促进各国间的文化互鉴，还能为全球非遗保护提供法律和政策保障，推动全球范围内非遗保护工作的规范化与制度化。

通过国际合作中的知识共享与技术创新，非遗保护得以在全球范围内取得显著进展。现代科技的应用不仅使得非遗得到了更加高效的保护，也为其创新性传承提供了新的方式。数字化、人工智能、大数据等技术的推广与应用，在为非遗提供先进技术支持的同时，也促使非遗跨越国界、跨越文化界限，走向更加广阔的国际舞台。在此过程中，全球各国通过共享技术、经验和政策，推动非遗保护从单一的国家行为向全球性合作迈进。这种知识共享与技术创新的国际合作模式，不仅提升了非遗的全球影响力，也为其传承与创新开辟了新的前景，为世界文化遗产的保护提供了有力的支撑。

四、非遗国际合作的未来发展方向

非遗的国际合作正处于一个充满机遇和挑战的关键时期，未来其发展方向将是多元化与创新性的。随着全球化进程的不断推进，世界各国逐渐认识到，非遗作为文化多样性的核心组成部分，承载着不可替代的历史和文化价值，其保护和传承不仅是单一国家的责任，更是全球共同的任务。在此背景下，非遗的国际合作将不再局限于传统的文化交流与保护层面，而是逐步向社会发展、现代化进程与可持续发展等更广泛的领域拓展。未来的非遗国际合作将呈现出更加深入的跨领域融合，更加注重文化传承与当代社会需求的契合，并以此推动非遗的创造性转化和可持续发展。

一方面，未来非遗的国际合作将逐步加强与现代社会发展的融合，尤其是在经济、教育、科技等领域的交汇点上。非遗的保护和传承不能仅仅停留在形式上，而需要深入到社会的各个层面，尤其是与现代经济活动的结合。当前，许多国家和地区已经开始尝试通过非遗文化产业化的方式，将非遗元素融入现代生产和市场体系中，推动传统技艺与现代技术的结合，提升非遗的应用价值。未来，国际合作将推动各国在这一领域的经验交流与技术共享，帮助各国尤其是发展中国家在保护和传承非遗的同时，促进经济发展和社会繁荣。与此同时，非遗的保护与社会发展之间的互动关系也会更加紧密。例如，非遗项目可能与当地的旅游、教育、环境保护等领域形成深度联动，通过现代化的传播手段和创新模式，不仅实现非遗的活态传承，也为社会的可持续发展提供动力。

与此相应的是，非遗的教育功能将愈加凸显，国际合作将帮助各国建立起更为系统和规范的非遗教育体系。教育是非遗传承的基石，全球化趋势下，如何在不同文化背景中普及非遗教育，培养能够传承非遗的专业人才和社会公众，成为非遗国际合作的重要方向。共享教育资源，将推动国际非遗教学模式的创新，促进各国教育体系内非遗教育的互通与融合。未来，随着教育方式的不断更新与发展，非遗的教育形式将更加多样化，不局限于传统的课堂教学，还包括线上学习、社区教育、互动性项目等多种形式。这些形式将通过科技手段与数字平台，弥补传统教育方式的局限，使非遗教育更加广泛地覆盖到世界各地的年轻一代，激发他们对传统文化的兴趣。国际合作将在这一过程中起到桥梁作用，帮助不同国家和地区根据各自的文化背景与教育需求，设计出既符合本土特色又能通行国际的非遗教育方案。

科技的进步与创新也将在非遗国际合作的未来发展中起着至关重要的作用。数字化技术和信息化手段的快速发展为非遗的保护和传播带来了前所未有的机遇。未来，非遗的保护不仅仅依赖于物理性保存和传统工艺的传承，更需要依靠先进的技术手段实现数字化保存和虚拟重建。非遗数字化的关键在于通过现代信息技术手段，如3D扫描、虚拟现实、增强现实等技术，将非遗项目进行精确记录、虚拟展示和跨区域传播。这种技术手段的创新和普及，将大大增强非遗的互动性与观赏性，也为未来非遗的全球传播与交流提供了新的方式。各国在非遗数字化方面的技术互通和经验共享，将成为未来非遗国际合作的重要组成部分。数字化非遗不仅仅是技术层面的革新，更是文化传承方式的创新，它将使非遗从局限于传统的地域和文化环境中走向全球，实现更广泛的文化传播。

除了与现代社会领域的深度融合，非遗国际合作的另一个重要方向是关注可持续发展。非遗的可持续发展不仅仅是指其物质文化的延续，更是其在现代社会中价值和生命力的延续。未来，非遗的国际合作将更多地聚焦于如何实现非遗与当代社会的和谐共生。这包括在现代社会发展过程中，如何利用非遗资源实现环境保护、经济发展与社会公平等目标。通过国际合作，多个国家可以共享在非遗保护过程中积累的经验和成功模式,推动非遗与可持续发展的有机结合。无论是在推动绿色发展、促进生态旅游,还是在传统农业、手工业等领域的现代化转型中,非遗的参与都将为全球可持续发展贡献力量。国际合作与经验交流将促使各国不仅仅关注非遗本身的保护,还要从更宏观的角度思考非遗对全球可持续发展目标的贡献。

随着全球文化交流的不断加深,非遗的国际合作将进一步推动全球文化多样性保护的进程。未来,全球各国将共同致力于通过多边合作机制、国际会议、文化交流项目等途径,推动非遗在全球范围内的保护与传承。非遗的国际合作不仅仅是文化保护的手段,更是全球文化认同和相互理解的重要桥梁。通过文化交流,世界各国将在保持自身文化独特性的同时,也尊重和欣赏其他文化的多样性,为全球文化的繁荣与发展奠定基础。

非遗的国际合作未来将进入一个更加开放、协同和创新的阶段,推动非遗从局部到整体、从本土到全球的跨越。随着国际社会对非遗保护和传承的认知不断提升,非遗将与现代文明在全球化的背景下相互融合,焕发出新的生机与活力。通过更加紧密的国际合作,各国不仅能保护和传承非遗这一珍贵的文化资源,还能通过创新性的方式推动其在当代社会中的重生,为文化多样性的保护、全球可持续发展目标的实现提供新的思路和实践经验。

参考文献

[1] 李柱. 群众文化工作与非遗传承保护相结合的问题及解决对策分析[J]. 参花, 2024, (29):140–142.

[2] 刘鹏. 让非遗在群众文化活动中"活"起来[J]. 文化产业, 2024,(26):31–33.

[3] 张筱琛. 优秀传统文化点亮群众文化活动[J]. 文化产业, 2024,(24):40–42.

[4] 范浩. 新时代群众文化工作的创新需求与发展路径[J]. 文化创新比较研究, 2024,8(23):177–181.

[5] 王丽娜. 非遗保护与传承在农村群文工作中的作用[J]. 中国民族博览, 2024,(13):100–102.

[6] 马俊原. 浅论群众文化在非遗保护与传承中的作用——以通渭草编艺术为例[J]. 参花, 2024,(20):104–106.

[7] 康洪瑞. 非遗在群众文化活动中的传承[J]. 文化产业, 2024,(18):83–85.

[8] 方玲. 浅析群众文化与非遗保护有机整合的路径[J]. 参花, 2024,(17):134–136.

[9] 鹿海波. 文化馆群众文化工作的实践探索与创新思考研究[J]. 中国民族博览, 2024,(10):256–258.

[10] 刘哲甫. 新时代文化馆促进群众文化工作的实践[J]. 新传奇, 2024,(20):120–122.

[11] 马俊原. 探究群众文化活动与非遗保护的有机整合[J]. 牡丹, 2024,(8):108–110.

[12] 宋辉. 群文工作中音乐创作的传承与创新[J]. 中国音乐剧, 2024,(2):133–136.

[13] 徐学超. 试论新形势下如何开展群众文化工作[J]. 中国民族博览, 2024,(7):68–70.

[14] 高静. 非遗传承保护与群众文化工作融合的有关思考探究[J]. 参花, 2024,(11):143–145.

[15] 康洪瑞. 基于"非遗"的群众文化活动创新研究[J]. 参花, 2024,(8):137–139.

[16] 王一萍. 新媒体时代下群众文化工作的推广路径研究[J]. 文化创新比较研究, 2024,8(7):47–51.

[17] 屈志远. 文化活水滋润群众心田——文化馆群众文化工作的实践探索[J]. 中国民族博览, 2024,(1):104–106.

[18] 刘峰. 群众文化工作与传统文化的融合[J]. 文化产业, 2023,(33):22–24.

[19] 黄琳清. 新形势下文化馆群众文化工作的创新发展研究[J]. 参花(上), 2023,(11):125–127.

[20] 钟丽媛. 群众文化工作的实践探索与创新思考[J]. 明日风尚,2023,(10):182–184.

[21] 王雪娇. 文化馆群众文化工作创新发展研究[J]. 中国报业,2023,(8):150–151.

[22] 孔令松. 试论新时期创新基层群众文化工作的策略[J]. 中国文艺家,2022,(8):163–165.

[23] 周一新. 文化馆群众文化工作的实践探索与创新思考研究[J]. 参花(上),2022,(2):125–127.

[24] 宿柯,李敏. 网络时代群众文化工作的创新和发展[J]. 参花(下),2021,(12):143–144.

[25] 刘霞. 做好群众文化工作,打造群众精神家园——记景泰县文化馆关于群众文化工作的探索与实践[J]. 丝绸之路,2021,(3):181–185.

[26] 刘品. 新时期基层群众文化工作的特点及创新路径研究[J]. 艺术品鉴,2021,(12):90–91.

[27] 张卓玛. 非遗传承保护与群众文化工作相结合遇到的问题及对策[J]. 收藏与投资,2020,11(11):101–103.